JN422711

R 데이터 시각화 쉽게 배우기

ggplot2, lessR을 중심으로

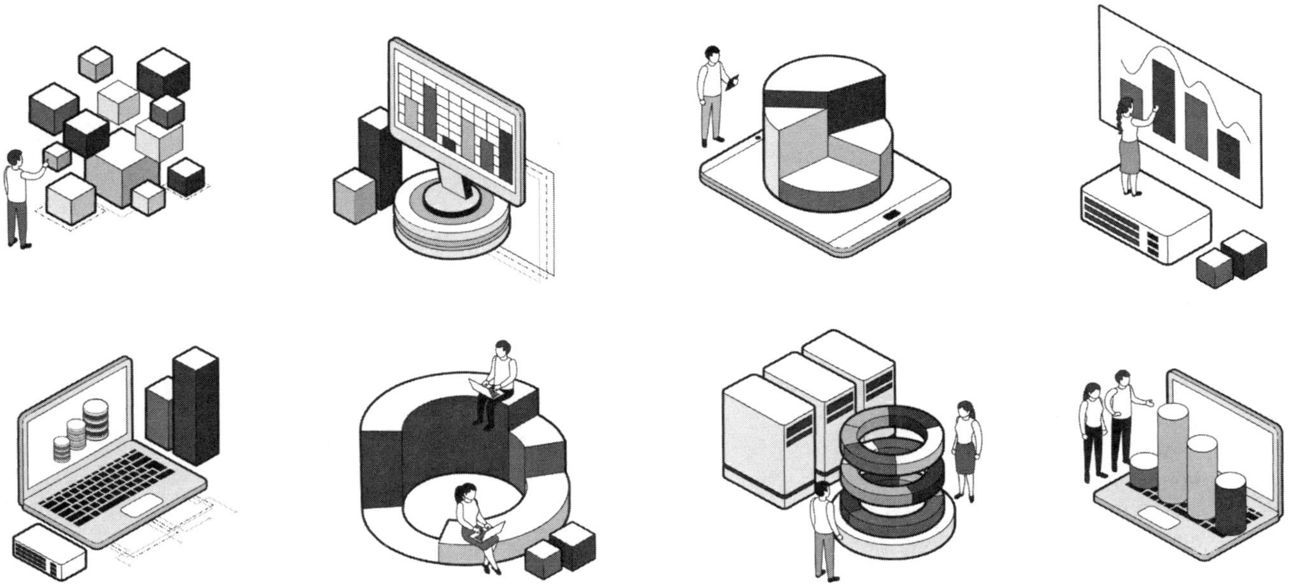

R Visualizations

Derive Meaning from Data

David W. Gerbing 지음

오승교 옮김

황소걸음 아카데미
Slow & Steady

R 데이터 시각화 쉽게 배우기 - ggplot2, lessR을 중심으로

펴낸날 | 2022년 12월 28일 초판 1쇄
지은이 | David Gerbing
옮긴이 | 오승교
만들어 펴낸이 | 정우진 강진영
디자인 | 김재석(carp518@hanmail.net)
펴낸곳 | 서울시 마포구 토정로 222 한국출판콘텐츠센터 420호
편집부 | (02) 3272-8863
영업부 | (02) 3272-8865
팩 스 | (02) 717-7725
홈페이지 | www.bullsbook.co.kr
이메일 | bullsbook@hanmail.net
등 록 | 제22-243호(2000년 9월 18일)

황소걸음 아카데미
Slow & Steady

ISBN 979-11-86821-80-0 93310

교재 검토용 도서의 증정을 원하시는 교수님은
이메일로 연락주시면 검토 후 책을 보내드리겠습니다.

R Visualizations: Derive Meaning from Data, 1st edition
by David Gerbing
ⓒ 2020 Taylor & Francis Group, LLC
All rights reserved.
Authorised translation from the English language edition published by CRC Press, a member of the Taylor & Francis Group LLC.
Korean translation copyright ⓒ 2022 by Slow & Steady Publishing Co.

이 책의 한국어판 저작권은 PubHub 에이전시를 통해 TAYLOR & FRANCIS GROUP, LLC.와 독점계약한 도서출판 황소걸음에 있습니다.
저작권법에 의해 한국 내에서 보호를 받는 저작물이므로 무단 전재와 무단 복제를 금합니다.

저자 서문

이 책은 R 데이터 분석 언어를 이용해서 데이터를 시각화하는 방법을 보여준다. 광범위한 분야의 데이터를 시각화는 다양한 R 패키지에 포함된 예의 사용법에 주안점을 두고 있다. 여기서는 본 저자의 `lessR` 패키지를 이용하여 데이터 시각화하는 방법을 재고할 뿐만 아니라 능력이 뛰어난 `ggplot2` 시각화 패키지를 검토한다.

Hadley Wickham의 `ggplot2` 패키지는 가장 많이 다운로드된 R 패키지이며, R 시각화의 표준이 되었다. 문자 그대로의 그래픽 문법(grammar of graphics), `ggplot2` 함수들은 인상적인 범위의 시각화를 창작할 수 있다. 일련의 함수를 배열함으로서, 사실상 무한히 표현이 가능하도록 레이어별로 시각화를 구성한다.

'데이터를 시각화할 수 있는 가장 간단한 코드 상상해보자'라는 상호보완적 관점에서 `lessR` 패키지가 개발되었다. 첫 번째로, 함수의 수를 최소화한다. 예를 들어, `ggplot2`는 기본형 막대 그래프 하나를 구현하려면 3개의 함수가 필요한 반면, 매우 다양하게 데이터를 시각화하는 `lessR`은 오직 3개의 핵심 함수들 `BarChart()`, `Histogram()`, `Plot()`과 색상 팔레트를 선택하는 `getColors()`, 그리고 스타일 테마를 수정하는 `style()` 함수를 제공한다. 지금은 편리하게도 한 위치에서 찾을 수 있는, 각각의 함수에 대한 도움말 매뉴얼, 사용설명서와 함께 3개의 핵심 함수 중 하나의 매개변수를 통해 시각화를 제어할 수 있다.

데이터를 시각화할 수 있는 가장 복잡하지 않은 함수 호출은 무엇일까? 최소한도로, 데이터 값을 이미지로 변형시키려면 함수 이름과 적어도 하나의 변수 이름이 필요하다. 반드시 그렇지는 않지만, 변수는 데이터 테이블(data table)내에 존재한다. `lessR` 시각화 함수는 데이터 테이블에 대해 기본적으로 설정된 이름, 가능한 가장 단순한 이름, 즉 데이터(data)의 *d*를 인식한다. 데이터 테이블 *d*에 하나 이상의 변수를 시각화하려면, 예를 들어 `Histogram(Salary)`처럼, 괄호내에 변수 이름과 함께 핵심 시각화 함수 중 하나를 R 콘솔로 입력하기만 하면 된다.

결과로 얻어진 lessR 시각화는 ggplot2에서처럼 일상적인 상향식 관점 대신 하향식 관점에서 생성된다. 하나씩 레이어를 쌓아 올리는 대신, lessR 시각화는 자연스럽게 가장 시각적으로 흥미롭고 유용한 것으로 간주되는 레이어를 포함시킨다. 원하지 않는 레이어는 추가하지 않고 제거한다. 또한, 가능한 한 적은 작업으로 단순화하고 시각화한다.

더 나아가서, lessR 시각화 함수는 데이터 시각화만으로 끝나지 않는다. 해당 통계 분석도 출력에 포함된다. BarChart() 함수는 도수 분포와 카이제곱 검정을, Histogram() 함수는 도수 분포, 이상치 분석, 그리고 요약 통계를 제공한다. 예를 들어, 두 가지 연속형 변수에 적용될 때, Plot() 함수는 해당 상관계수의 서술적이고 추론적인 분석을 수행한다.

lessR 개발은 2009년에 시작되었다. 10여 년이 지나면서, 개발 과정에 많은 영향이 있었다. 물론, 오픈-소스 버전의 분석 소프트웨어를 공급하기 위하여 R 팀과 패키지 개발자들이 엄청난 양을 작업한 것이 첫 번째이다. 또한, International School on Big Data 세미나의 여러 세션에 참가하도록 초대해 주신 것에 대해 Spain의 Tarragona에 소재한 Rovira i Virgili 대학의 Carlos Martin-Vide께 감사드리고 싶습니다. 세미나 발표는 lessR을 개발할 추가적인 동기를 제공하였을 뿐 아니라 학생들과 다른 교수들의 직관력있는 피드백의 자극원 역할을 하였다. 지금은 lessR이 의존하는 Trellis 그래프의 기준으로 Deepayan Sarkar의 lattice 패키지를 사용하도록 권고해주신, 미국, South Carolina 주, Columbia에 위치한 South Carolina 대학의 Paul Bliese께 감사드립니다.

본 저자가 재직하고 있는 대학, Portland 주립 대학의 경영학부는 lessR이 개발될 수 있도록, 초기부터 연이은 버전의 소프트웨어를 사용했던 많은 학생들을 수용하는 지원 환경을 제공하였다. 나의 학생들은 프로그래머가 아니며 통계학자도 아니다. 대부분 학생들은 이전에 명령줄 환경(command-line environment)을 본 적이 없다. 그러나, 그 들은 데이터를 분석하고 의사소통하기 위하여 시각화를 구현하는 수단이 필요하다. 어떻게 학생들에게 강력한 R의 능력을 소개할까? 그 해답은 lessR을 개발하는 것이었다.

나의 아내, Rachel Maculan Sodré는 내내 나의 동반자였다. 그렇지 않았다면 이 프로젝트를 마칠 수 있겠는가? 그만큼 재미가 있었을까? 당연히 그렇지 않죠.

역자 서문

최근, 유망 미래기술에 대한 대부분의 조사 결과를 바탕으로, 4차 산업혁명의 한 축을 이루는 데이터 과학 분야로 범위를 좁히면 데이터 분석, 시각화 및 모델링 등을 처리하는 R 프로그래밍이 두각을 보이고 있는 것을 알 수 있다.

정보 기술의 발전과 더불어 생활 방식의 변화로 분석이 필요한 데이터의 양이 급격하게 증가하고, 데이터 유형도 매우 다양해지면서 기존의 도구만으로 데이터 분석 및 데이터 시각화를 실현하는데 어려움이 있었으나, R과 같은 해석적 프로그램 언어가 적합한 해결책이 되어 다행스럽게 생각한다. 특히, 데이터 분석가와 생물정보학자에게 매력적인 인기를 얻고 있는 R은 오픈소스 컴퓨팅 패키지이기 때문에, 쉽게 구할 수 있으며 사용하기에 매우 경제적이라는 점을 주목할 만 하다. 게다가 사용자가 더욱 쉽게 직관적으로 R 프로그래밍 언어를 코딩할 수 있는 통합개발환경(Integrated Development Environment)을 제공하는 RStudio를 활용하면, 마크다운(Markdown), 샤이니(Shiny), 콰토(Quarto), 그리고 스위브(Sweave) 등의 프로젝트를 통해 다양한 확장 기능들을 구현할 수 있는 장점이 있다.

통계적으로 데이터를 분석할 뿐 아니라 데이터 시각화를 통해 데이터로부터 의미를 도출하는 R 프로그래밍 언어의 기능을 독자들에게 소개할 목적으로 이 책의 번역을 기획하게 되었다. 다른 그래픽 시스템, 예를 들어, 데이터 시각화용 패키지로서 지금까지 최고의 인기를 누리고 있는 ggplot2 패키지보다 훌륭한 능력을 발휘하는, 2022년 개발된 lessR 그래픽 시스템을 소개하고자 하였다. ggplot2 등과 같은 다른 그래픽 시스템보다 매우 적고 단순한 코딩으로, 보다 매력적인 데이터 시각화를 구현할 뿐 아니라, 동시에 데이터를 통계적으로 분석한다는 것이 lessR 그래픽 시스템의 장점이다. 이 책 전반에 걸쳐 ggplot2 그리고 lessR 패키지 모두에서 구현된 데이터 시각화 결과를 비교하면서, 데이터 시각화의 다양한 확장성을 보여줄 것이다.

이 책은 R 언어를 처음 접하는 초보자 또는 어떠한 프로그래밍 경험이나 데이터 분석 지식을 갖지 못한 독자를 대상으로 하며, 독자가 데이터 시각화 또는 데이터 분석을 추구하는 데이터 과학자가 되고자 할 때 훌륭한 안내서가 될 것이다. 1장과 2장에서는 데이터 시각화 시스템을 정의하고, 빠르게 시각화하는 방법을 터득할 것이다. 그리고 변수의 유형에 따라 범주형 변수의 시각화(3장), 연속형 변수의 시각화(4장), 두 연속형 변수 관계 시각화(5장), 다중 범주형 변수 시각화(6장), 시간 경과에 따른 시각화(7장), 그리고 지도 및 네트워크 시각화(8장)를 배우며, 9장에서 샤이니 앱을 통한 대화형 시각화를 구현하는 방법을 다루며, 10장에서 고급스러운 데이터 시각화를 실현하기 위하여 사용자 지정 데이터 시각화를 배우게 된다.

끝으로, 원고를 준비하는 내내 따듯한 격려를 해주시고, 늦은 시간까지 살뜰히 야참을 챙겨 준 나의 어머니 김귀순 여사, 그리고 아내 김수연에게 깊은 감사와 사랑을 전하고 싶습니다. 그리고 이 책이 출간될 때까지 바쁜 일정 중에도 세심한 원고 검토와 아낌없는 도움을 주신 분들에게 감사의 뜻을 전하며, 특히, 황소걸음 출판사 정우진 사장님, 강진영 이사님 및 편집부에 감사를 드립니다.

건양대학교 대전 메디컬캠퍼스 죽헌정보관 1076호에서

오승교

목차

데이터 시각화

1.1 소개

1.1.1 데이터 시각화와 분석

우리 인간은 놀라운 정도로 유능한 시각정보 처리장치이다. 우리의 일상을 둘러보면, 먼 옛날로 거슬러 올라가 우리의 조상들이 잘해왔던 것들을 반복한다: 우리를 둘러싸고 있는 모양과 이미지의 파노라마, 즉 우리의 시각적 세계의 풍경 안으로 스며든 패턴을 쉽게 처리한다. 그러나, 현대 생활은 우리가 고려해야 할 새 발명품을 전달한다: 데이터[1]. 데이터가 있으면, 정상성, 추세 및 관계와 같은 패턴을 찾고, 이런 패턴에서 예외를 찾을 수 있다. 이런 정보를 파악하기 위하여 데이터의 행과 열을 조사했을까? 우리의 먼 조상은 전혀 이런 데이터 테이블(data table)을 직면하지 못했기 때문에, 우리 두뇌는 직접적으로 데이터를 평가하도록 적응하지 못했다.

그 해답은 있는가? 우리에게 익숙한 형태, 시각적 이미지로 돌아가 보자. 데이터 시각화(data visualization)[2]를 구현하기 위하여, 데이터의 행과 열을 가시적 객체로 변형시키는 컴퓨터 기술을 사용한다. 시각적 미학(visible aesthetics)[3]에 따라 이런 객체들을 인식한다.

[1] 다른 사람, 구조, 위치, 물건 또는 사건을 나타내는 특성 측정.

[2] 모양, 크기, 색상 그리고 위치처럼 쉽게 인식할 수 있는 가시적 객체로 데이터값 변형.

[3] 시각적으로 인식되는 객체의 특성.

- 다른 모양의 (점, 선, 막대)
- 다양한 크기로 보여주는 (영역, 길이)
- 다른 색상 팔레트를 이용한 (색조, 채도, 명도, 투명도)
- 다른 위치를 점유하는 (좌표계를 정의하는 축)

시각적 미학은 우리의 인식을 데이터에 내재하는 창의적 패턴에 집중시킨다. 우리는 문자 그대로 시각화의 패턴과 관계를 본다. 이 책 전반에 걸쳐 찾아볼 수 있는 이러한 시각화 생성에 대한 지침은 기본적으로 만족스러운 미학을 제공한다. 결과로 얻어진 시각화를 사용자 지정해서 시각적 패턴과 관계를 한층 더 강조할 수 있다.

현대의 데이터 분석[4]은 데이터를 정리하고 준비하는 것으로부터 시작되었다. 그리고 데이터 시각화와 분석 모델을 적용해서 발견한 패턴으로부터 예측 모델을 구축하였다. **그림 1.1**에 요약해 놓은 것처럼, 컴퓨터를 이용해서, 이런 방법들을 기존의 소규모 데이터 세트와 빅데이터 세트 모두에 적용한다.

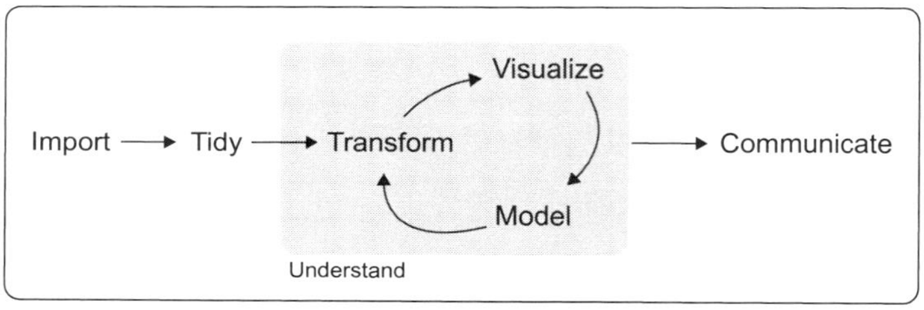

그림 1.1: Wickham과 Garrett(2017) 분석 프로젝트의 데이터 처리 단계의 개요.

일자리의 성장 동력이 되어온, 새로운 데이터 과학[5] 분야는 이런 분석 체계 실행이 가능하다는 것을 입증하고 있다. 데이터 과학자는 응용 프로그램의 내용 영역, 관련 통계적 기술 및 시각화, 기술 구현을 위한 컴퓨터 사용, 그리고 결과의 해석과 시행 등 여러 분야의 지식을 필요로 한다. 이 책은 데이터 시각화의 의미와 시각화를 구현하는 방법에 중점을 두고 있다.

데이터를 수집한 다음, 외부 데이터 파일로부터 분석 시스템으로 데이터값을 불러오거나, 다

[4] 데이터를 정제하고 정돈하고, 데이터를 시각화하고 요약하고, 그리고 예측 모델을 구축하는 과정.

[5] 통찰력과 예측력을 실현하는 광범위한 데이터 분석 과정의 응용 분야.

중 소스로부터 데이터를 읽은 다음, 통합 데이터 세트로 병합한다. 그리고 정돈된 데이터(tidy data)로 부르는 형식으로 분석할 준비가 되도록 데이터를 정제하고 준비한다. 자체 분석 도구 세트로 수행된 데이터 준비 단계는 분석 자체보다 훨씬 더 많은 시간을 허비할 수 있다. 빈번히, 데이터 구성과 관련된 구조적 문제, 잘못된 코딩, 갖가지 모순, 결측 데이터 그리고 다른 사안들은 데이터 준비를 방해한다. 전형적으로, 초기 버전의 데이터를 분석에 적합하도록 정제되고 정돈된 버전의 데이터로 변형시키려면, 분석가는 데이터 랭글링(data wrangling)[6]을 해야 한다.

데이터 준비는 변수를 새로운 변수로 변형하는 과정을 포함할 수도 있다. 데이터 변형은 여러 번 길이를 측정한 후에 다른 변수로 나타내기 위하여 센티미터같이 흔한 단위로 환산하는 것만큼 간단할 수 있다. 또는, 연속 변수를 값의 하위 절반과 값의 상위 절반으로 나눈다. 아니면, 특정 통계 분포에 따르기 위하여 변수 값을 제곱한다.

정제되고 정돈된 데이터 세트로부터, 두 가지 주요 도구(시각화와 모델링)로 분석이 진행된다. 모델을 구축하고 해석하는 것이 통계 분석의 가장 중요한 개념이다. 예측 변수 또는 설명 변수라는 하나 이상의 다른 변수 값들이 주어지면, 모델은 하나의 변수 값을 예측하고 설명한다. 통계적 모델의 응용은 전통적인 다중 회귀 분석에서부터 고급 계산 집약적인 머신러닝 절차까지 다양하다. 각 분석은 다른 분석에 대한 수정 사항을 알릴 수 있도록 시각화와 모델링은 계속해서 반복적으로 수행된다.

이 책은, 데이터의 기본만 이해하는 초보자뿐 아니라 의도한 독자들에게 분석 과정 전반에 걸쳐 응용할 수 있는, 다양한 데이터 시각화를 구현하는 방법을 보여준다.

- 분석하는 동안, 관계 및 추세와 같은 기저를 이루는 패턴에 대한 통찰력을 얻기 위하여 데이터를 탐구한다.
- 분석한 다음, 의도된 그리고 아마도 기술자가 아닌 일반 대중에게 분석 결과를 전달한다.

데이터 시각화(data visualization)[7]는 패턴 발견과 결과 전달 모두를 추구한다.

[6] 원 데이터를 정제하고 정돈하는, 또는 분석을 위해 데이터를 준비하는 과정.

[7] 데이터에 내재된 기저를 이루는 패턴에서 유용한 정보를 발견하고 전달하는 목적을 가짐.

1.1.2 데이터 시각화용 오픈 소스 소프트웨어

소프트웨어 시스템(R Core Team, 2019)에 유효한 함수를 이용해서 데이터 분석 계산에 주안점을 둔다. R[8]은 **그림 1.1**에 요약된 각 분석 과정(데이터 준비 및 변형, 모델링, 그리고 물론, 시각화)을 수행하는 함수[9]들을 제공한다. R은 어떤 데이터 분석 도구만큼 강력하고 포괄적이다. 물론 오픈 소스인 R은 비용이 0달러인 것처럼 무료이며, 윈도우, 맥, 무료 리눅스/유닉스 운영체계에서 동등하게 작동한다. 언제나 많은 RAM을 가진 수행 속도가 빠른 컴퓨터를 갖는 것이 더욱 좋지만, 적당한 크기의 데이터 세트에 대해서 R은 오래되고 성능이 떨어지는 컴퓨터에서도 잘 작동한다.

단순 시각화 함수 호출

R은 데이터 분석을 위한 정교한 프로그래밍 언어이긴 하지만, 하나의 간단한 R 함수 호출만으로 이 책에서 제시된 대부분의 시각화를 얻을 수 있다. 예를 들어, 다음 두 장에서 자세하게 다룰 `BarChart()` 함수를 생각해 보자. 데이터가 주어지는 경우, 다음에 주어진 함수 호출을 이용해서 풍부한 색상과 레이블이 붙은 주어진 막대 그래프와 *Dept*로 부르는 변수에 대한 해당 통계 분석을 생성한다.

```
BarChart(Dept)
```

일단 분석을 위해 데이터가 준비되면, 이 책 전반에 걸쳐 보여준 단순 함수 호출에 필요한 기술은 R 프로그래밍도, R 전문 지식도 요구하지 않는다.

이전에 논의한 것처럼, 전형적으로 데이터 랭글링에 데이터 분석의 대부분 시간과 노력을 소비한다. 이렇게 데이터를 준비하는 소프트웨어 전문가도 데이터 분석 컴퓨터 언어를 배우기 위하여 대부분 시간과 노력을 소비한다. 다행스럽게도, 분석가는 랭글링을 위한 데이터 분석 언어 선택에 전문성을 극대화할 수 있으며, 여전히 이 책에서 다룬 시각화 함수에 접근할 수 있다.

[8] 포괄적, 오픈-소스, 다양한 운영체계에서 사용 가능한 분석용 소프트웨어.

[9] 반복적 작업, 여기서는 특정 통계 계산 세트를 수행하는 과정.

예를 들어, 다른 주요 오픈-소스, 무료 데이터 분석 소프트웨어 시스템은, R과 대등하게 데이터 랭글링 및 다른 역량들을 제공하는, *Python*[10]이다. 데이터는 R, Python, 또는 기타 선택된 언어로 원본 데이터(original data)를 랭글링한다. 그리고 엑셀 또는 csv와 같이 널리 사용되는 파일 형식으로 쉽게 데이터를 정제한다. 그리고 R 환경으로 정제된 데이터를 읽어오거나, Python의 rpy2 패키지를 이용해서 직접 R 함수에 접속한다.

BarChart(Dept)와 같이, 단순 함수 호출로 시각화한다. 이 책 전반에 걸쳐 다양한 하나의 서술문으로 이루어진 읽기 함수 호출과 하나의 서술문으로 이루어진 시각화 함수 호출의 예들을 찾아볼 수 있다. 데이터 랭글링을 위한 언어 선택은 중요하지 않다. R 환경에 접속하고, 정제된 데이터를 읽은 다음, 이 책 전반에서 보이는 것처럼 간단한 시각화 함수를 실행하기만 하면 된다.

R 내려받기 및 실행

cloud.r-project.org 사이트에서 R을 내려받고 설치한다. 결과로 보여지는 웹페이지 상단에 보이는 링크에서 운영체계를 선택한다(2022년 10월 31일 기준).

- 윈도우: 페이지 상단에 링크, base를 클릭한다. 다음 페이지 상단에 Download R-4.2.2 for Windows와 같은, 윈도우 운영체계용 현재 버전의 R 링크를 클릭한다.
- 맥: R-4.2.2.pkg와 같은 맥용 현재 버전의 R 링크를 클릭한다.

일단 내려받으면, 다른 앱에서처럼 설치 과정이 진행된다. 진행 단계마다 주어진 기본값을 받아들인다. 설치를 마치면, 운영체계 화면의 응용 프로그램 아이콘을 두 번 클릭해서 R 앱을 실행한다.

R 프로그램이 열리면, **그림 1.2**에 보이는 것처럼, 프롬프트, >가 있는, 콘솔(console)[11]로 부르는 창이 나타날 것이다. 정보를 입력하는 공간은 명령 라인(command line)[12]이다.

---

[10] 데이터 분석 및 일반 프로그래밍용 포괄적, 오픈-소스, 크로스 플랫폼 소프트웨어.

[11] 명령을 입력하고 텍스트 출력을 받는 장소.

[12] R의 명령 프롬프트에 반응해서 명령을 입력하는 장소.

그림 1.2: 콘솔의 R 프롬프트가 있는 명령 라인.

아마도 대부분 분석가들은 RStudio(Team, 2016)[13]라는 또 다른 무료 응용 프로그램 내에서 R 콘솔에 접속을 원한다. 다음 웹 사이트에서 무료 데스크탑 버전을 내려받는다:

```
https://www.rstudio.com/products/rstudio/download/
```

RStudio는 R 분석을 위한 환경을 개선한다. 표준 R 앱과 동일하지만, 윈도우 창(window pane)이 아닌 R 콘솔에 접속하려면 RStudio 앱을 실행한다. RStudio는 프로그램 전체 화면을 최대 4개로 구분된 페인(pane) 또는 작은 창들로 나누며, 각각의 화면은 유용한 정보를 제공한다. 콘솔 이외에, 페인들은 하나 이상의 R 코드 파일, 현재 그리고 이전 세션에서 입력된 명령 기록, 그리고 시각화와 같은 정보를 포함할 수 있다.

⚜ 기여 패키지

R은 패키지[14]로 부르는 그룹으로 관련 함수들을 구성한다. R을 설치하는 것은 `graphics` 패키지와 같은, 내려받은 패키지 세트도 함께 설치하는 것이다. R Core Team(2019)이 개발하고 유지하는, 기본 R(base R)[15]은 이런 패키지와 함께 구성된다. R 세션을 시작하면 작업 메모리로 설치된 기본 R 패키지를 활성화한다. R 사용자는 R이 실행되는 동안 이런 함수들을 사용할 수 있다.

R의 장점 중 하나는 확장 가능성이다. 누구라도 R 함수를 작성할 수 있으며, 엄격한 테스트를 통과한 함수들을 기여 패키지(contributed package)[16]로서 공식 R 서버, CRAN 네트워크로 업로드할 수 있다. 기여 패키지에 포함된 함수들은 이미 이용할 수 있는 수많은 데이터 분석과 그 밖의 기본 R 함수들을 수행한다. 기여 패키지의 함수들은 표준 R 환경에서 작동한다. 이 책은 데이터 시각화를 위하여 광범위하게 사용되는 `ggplot2` 패키지뿐만 아니라, 데이터 시

[13] R 실행을 위한 향상된 통합개발환경을 제공하는 응용 프로그램.

[14] 관련 함수 그룹.

[15] 초기에 설치된 R 시스템을 정의하는 R 패키지 세트.

[16] 여러 R 사용자들이 제공한 R 패키지.

각화 및 일반 데이터 분석을 위하여 사용하기 더욱 쉬운 **lessR** 패키지를 다루고 있다.

기여 패키지에 포함된 함수를 사용하려면, 제일 먼저 선택한 CRAN 서버로부터 패키지를 내려받는다. Harley Wickham, **ggplot2** 개발자, 그리고 그의 동료들은 R과 함께 작동하도록 고안된 다양한 패키지를 작성하였다. 이 패키지를 설치하면 **ggplot2**와 **tidyverse**라고 하는 관련 패키지가 동시에 다운로드된다. 기여 패키지를 다운로드하고 설치하기 위하여, R 명령 프롬프트 **>** 에서 `install.packages()`[17]를 실행한다.

R 입력 기여 시각화 패키지 내려받기 및 설치

```
install.packages("tidyverse")
install.packages("lessR")
```

R은 패키지를 내려받을 때 원하는 서버를 선택할 수 있도록 세계 각지의 CRAN 서버 목록을 제공한다. R은 라이브러리[18]가 호출되는 컴퓨터의 특정 디렉토리(폴더)안으로 패키지를 정리한다. 기여 패키지에 포함된 함수, 데이터, 그리고 다른 정보에 접근하려면, 라이브러리로부터 패키지를 검색하는, `library()` 함수[19]를 실행한다.

R 입력 기여 패키지에서 직접 함수에 접근

```
library(tidyverse)
library(lessR)
```

각 관련 패키지로의 함수와 데이터에 접근하려면, `library()` 함수로 각각의 R 세션을 시작한다. 이 책의 관점에서 보면, 데이터 시각화에 대한 R 세션은 **tidyverse**, **lessR**, 또는 두 패키지 모두 이용하는 것을 의미한다.

가끔 다시 내려받거나, 최신 버전을 다시 설치해서 이미 설치된 패키지 세트를 최신 버전으로 유지한다.

[17] 기본 R 함수: R 서버로부터 패키지를 내려받는 명령문.

[18] 설치된 패키지가 저장되는 컴퓨터의 디렉토리(폴더).

[19] 기여 패키지 함수에 접근.

R 입력 설치된 패키지 업데이트

```
update.packages(ask=FALSE)
```

선택적 update.packages() 매개변수 ask를 FALSE으로 설정하면, 이미 업데이트가 되어있는 패키지마다 업데이트 여부를 묻지 말라고 R에게 알리게 된다. 업데이트가 진행되는 과정에서 다음과 같은 질문을 받을 수 있다.

> 컴파일해야 하는 패키지를 소스로부터 설치하기를 원하나요?
> (Yes/no/cancel)

이 말의 의미를 알지 못한다면, no라고 대답한다.

1.2 데이터

당연한 말이지만, 데이터 분석은 측정된 데이터의 값, 데이터로 시작한다. 데이터 준비 과정의 일부는 데이터를 직사각형의 표로 정리한다. 정리된 결과를 표준 데이터 테이블로 부르거나, R로 저장될 때, 데이터 프레임[20]이라는 R 객체라고 한다.

1.2.1 R 객체

R에서는 변수와 데이터 프레임같은 R 객체로 작업을 한다. 주로 사용자 작업공간 또는 전역 환경(global environment)으로도 부르는, R 작업 공간[21]을 통하여 객체를 저장하고 접근한다. R 콘솔 명령 프롬프트, **>** 에서 명령문을 입력한다.

데이터를 R 객체로 할당하려면, 등부호, =를 사용한다. 또는, 좀 더 유용한 할당 연산자(assignment operator), **<-**, "미만 부호" 다음에 "마이너스 부호"를 사용한다. 화살표는 할당 방향을 암시한다. 할당 연산자 또는 등부호는 두 표현을 연관시킨다. **<-**의 왼쪽에 있는 값은 오른쪽 표현으로부터 전달받은 데이터값을 저장하는 객체 이름으로 할당된다.

[20] 데이터값으로 구성된 표를 저장하는 R 객체.

[21] 데이터 구조로 부르는 R 객체들이 일반적으로 상주하는 환경.

객체 할당의 예를 보여주기 위하여, 단순히 숫자와 같은 단일 값을 갖는 가장 단순한 객체로 시작한다. R 콘솔의 명령 프롬프트에서 다음과 같이 코딩한다.

```
x <- 5
```

R은 작업 공간에서 객체 x를 정의하고, 5의 값을 후속 분석에 사용할 수 있는, 객체로 할당한다.

콘솔에서 어떤 객체의 내용을 보여주려면, 명령 프롬프트에서 객체 이름을 입력하는데, 이는 함축적으로 R 함수 `print()`를 호출하는 것이다. R 세션에서 발췌된, 단순한 객체 x가 표시되는 한 예가 **리스트 1.1**에 보인다.

```
> x <- 5
> x
[1] 5
```

리스트 1.1: 객체 x의 내용 표시

입력된 객체 이름 x 다음에 있는 라인에서 R 출력 결과를 확인한다. R 출력에 보이는 `[1]`은 출력 라인은 표시된 R 객체의 첫 번째 요소로 시작되는 것을 암시한다. 지금의 객체는 단지 숫자일 뿐이므로, 콘솔에서 객체 이름을 입력하면 한 요소, 숫자 5만 보인다. 이 장의 다음 세션에서 가장 관심이 있는 R 객체, 데이터 테이블을 소개할 것이다.

x를 5로 설정한 것처럼, 단순한 값에 적용되는 원칙이 데이터 프레임과 같은 더 복잡한 R 객체에도 동일하게 일반화된다. 데이터값이 많은 전체 데이터 테이블을 포함하는, R 객체에 저장된 데이터에 접근하는 함수를 이용해서 R 시각화를 만든다.

데이터 테이블은 엄격한 구조를 유지해야 한다. 데이터 테이블의 각 열은 변수의 데이터값을 포함하며, 모든 데이터값은 일관된 형식으로 입력된다. 데이터 테이블의 각 행은 데이터 테이블의 모든 변수에 걸쳐, 개인, 회사, 또는 지역과 같은 단일 관측에 대한 데이터값을 포함한다. 이런 제약을 만족시키는 테이블을 정돈된 데이터 테이블(tidy data tables)[22]로 부른다.

---

[22] 각 행에 개인, 회사 등의 모든 값을, 그리고 각 열에 각 변수에 대해 일관된 형식의 값을 갖는 데이터 테이블.

1.2.2 예제 데이터: Employee

어떤 회사의 인사과에서 개별 직원에 대해 다음과 같은 정보를 수집하였다: 직원 이름, 근로 연수, 성별, 부서, 연봉, 작업 환경에 대한 직업 만족도, 의료보험, 강의실 교육 이전 예비-테스트 점수, 그리고 강의실 교육 이후 사후-테스트 점수. 다음 웹 사이트에서 37명의 직원에 대해 표로 정리된 정보가 담긴 엑셀 형식의 데이터 파일[23]을 찾는다.

```
http://lessRstats.com/data/employee.xlsx
```

그림 1.3은 첫 번째 행이 변수 이름을 나타내며, 일반적 엑셀 버전 데이터 파일의 처음 9개의 행을 보여준다.

	A	B	C	D	E	F	G	H	I
1	Name	Years	Gender	Dept	Salary	JobSat	Plan	Pre	Post
2	Ritchie, Darnell	7	M	ADMN	$53,788.26	med	1	82	92
3	Wu, James		M	SALE	$94,494.58	low	1	62	74
4	Hoang, Binh	15	M	SALE	$111,074.86	low	3	96	97
5	Jones, Alissa	5	F		$53,772.58		1	65	62
6	Downs, Deborah	7	F	FINC	$57,139.90	high	2	90	86
7	Afshari, Anbar	6	F	ADMN	$69,441.93	high	2	100	100
8	Knox, Michael	18	M	MKTG	$99,062.66	med	3	81	84
9	Campagna, Justin	8	M	SALE	$72,321.36	low	1	76	84

그림 1.3: 변수 이름을 나타내는 첫 번째 행 아래 직원 정보가 담긴 8개의 행을 보여주는 엑셀 워크시트에 저장된 정돈된 직원 데이터 테이블.

이 표의 각 셀은 단일 데이터값(data value)[24]을 나타낸다. 예를 들어, 데이터 파일의 첫 번째 행, 또는 엑셀 워크시트의 두 번째 행에 올려진 직원 이름은 Darnell Ritchie이다. 그의 연봉에 대한 데이터값은 $53788.26이다. 데이터 테이블의 근본적인 특징은 연구 대상인, 분석 단위(unit of analysis)[25]이다. 이 예제에서 분석 단위는 사람, 즉 어떤 특정한 회사의 직원이다.

변수(variable)[26]는 분석 단위, 개인별, 조직 등의 사례마다 다른 값을 갖는 객체 또는 사건의 특징이다. 이후의 모든 데이터 분석의 변수를 약 10개 미만의 문자로 구성된 변수 이름(vari-

[23] 일반적으로, 행과 열로 이루어진 테이블로 정리된 데이터를 포함하는, 컴퓨터 시스템에 있는 파일.

[24] 단일 측정 또는 분류에 대한 값.

[25] 측정된 사람, 기관, 물건 또는 장소의 등급.

[26] 단위마다 변하는 속성 (예: 개인별).

able name)[27]으로 참조한다. 보통 데이터 테이블의 첫 번째 행은 변수 이름을 나타낸다. 각 변수에 대한 데이터값은 같은 열 안에 있다. 특정 데이터 테이블의 첫 번째 열의 데이터값은 해당 행의 데이터값으로 직원을 식별하는 고유의 ID 값을 나열한다. 동일한 실험적 처리와 같이, 같은 조건 아래서 수집된, 단일 행의 모든 데이터값을 관측(observation)[28]이라고 한다. 예를 들어, 엑셀 워크시트에서는 두 번째 행에 해당하는, 첫 번째 관측은 직원 Darnell Ritchie의 모든 데이터 값들로 구성된다.

정돈되지 않은 데이터를 표현하는 방법은 많다. 그 중 한 예로 변수들이 열이 아닌 행에 위치하도록, **그림 1.3**에 보이는 것처럼, 데이터 테이블을 변환(회전)시키는 것을 들 수 있다. 또는, 각 데이터값의 발생 도수, 데이터값의 분포같은 데이터값의 요약도 깔끔하지 않다. 또는, 데이터 테이블의 변수 *Gender*를 고려해 보자. 어떤 Male 값은 `"M"`으로, 다른 값은 `"m"`으로, 그리고 또 다른 값은 `"male"`로 코딩되었다면, 포맷의 일관성이 위반되며, 데이터 테이블은 깔끔하지 않다.

대부분의 데이터 분석 작업은 데이터값을 분석에 적합한 형식으로 배열하기 위하여 데이터를 정리한다. 기본 R을 포함하여, 데이터 분석 소프트웨어는 깔끔하게 데이터를 변형하고 재배열하는 도구를 포함한다. 많은 기본 R 함수들은 데이터를 정리하기에 편리하다. tidyverse라고 하는 관련 패키지 세트의 일부분인, `tidyr` 및 `dplyr` 패키지에 Hadley Wickham과 동료들이 작성한 함수들도 사용할 수 있다.

1.2.3 변수 유형

데이터를 분석할 때, 언제나 연속형 변수와 범주형 변수, 또는 수치 척도로 정의된 변수 대 수치가 아닌 일련의 범주로 정의된 변수를 구별한다. 여기에 두 가지 문제가 있다. 첫 번째 문제는 모든 컴퓨터 프로그램과 별개로 변수가 내재적으로 정의된다는 점이다. 두 번째 문제는 컴퓨터 메모리에 저장된 데이터 구조, 즉 데이터 저장소 유형[29]에 따라 서로 다른 유형의 변수들을 어떻게 표현할 것인가 하는 점이다.

[27] 분석을 위한 변수를 식별하는 정확한 이름.

[28] 같은 상황에서 수집된 사람 또는 대상 같은, 분석 단위의 단일 사례에 대한 데이터 값.

[29] 변수의 데이터값을 컴퓨터에 저장하는 형식.

⚜ 연속형 변수

연속형 변수(continuous variables)[30]에 대한 이론적 값은 양적 연속체(quantitative continuum), 즉 무제한 수의 숫자 값이 두 값 사이에 있는, 대단히 조밀한 실수의 추상적 개념에 따라 정렬된다. 사람에 대한 연속형 변수의 예는 나이, 급여, 또는 어떤 정치적 사안에 대하여 의견과 일치하는 정도를 꼽을 수 있다. 자동차를 특징짓는 연속형 변수는 연비와 무게를 포함하며, 전구의 경우, 평균 수명과 시간당 전기 소모량을 포함한다. 연속형 변수를 양적 변수(quantitative variable)라고도 한다.

심지어 연속형 변수에 대해서도, 측정은 언제나 결과 데이터값을 별개의 범주들로 구성된다. 변수값은 두 가지 이유로 측정마다 다르다. 첫 번째 이유는, 해당 데이터값은 결코 충분한 정밀성을 포함하지 않는다는 점이다. 예를 들어, 어떤 것도 정확하게 2, 2.1, 또는 심지어 2.0000000001 파운드의 무게가 나가지 않는다. 정확한 값 대신, 무게 측정을 가장 가까운 파운드처럼, 허용가능한 정도의 정밀성까지 표현한다. 두 번째 이유로, 욕실 규모의 무게를 156 파운드 대신 155 파운드로 부정확하게 읽는 것처럼, 측정은 잘못된 범주에 놓인 측정값, 즉 측정오차를 발생시킬 수 있다는 점을 들 수 있다.

데이터 파일로 컴퓨터 시스템에 데이터를 저장한 다음, 데이터를 R과 같은 분석 시스템으로 읽어온다. 변수 값에 대한 네 가지 두드러진 표현을 식별한다:

- 측정과 별개로 존재하는 것과 같은 실제 값
- 실제 값을 기록한 측정 값으로서 데이터 값
- 컴퓨터 파일에 저장된 데이터 값
- R과 같은 분석 시스템에 데이터 값

R 분석에서 가장 일반적인 연속형 변수는 소수 자릿수로 저장된 수를 나타내는, R 데이터 유형인 실수(double)[31]이다. 컴퓨터 사용에 적용된 `double` 용어는, 이 경우, 데이터값 당 (이진 정수 또는 점멸 스위치) 64비트에 대한 배정밀도(double precision)라는 수치값 저장에 할당된 메모리 양을 지칭한다. 예를 들어, R은 **그림 1.3**에 보이는 Employee 데이터 테이블의 변수 *Salary* 값을 `double` 유형으로 저장한다.

[30] 연속체 위에 정렬된 수치값을 갖는 변수.

[31] 소수 자릿수의 수치 값에 대한 기록매체의 유형.

수치형 변수에 대한 또 다른 데이터 기록매체 유형은 소수 자릿수가 없는 정수(integer)[32]이다. 꼭 그런 것은 아니지만, integer 유형으로 저장된 실제 정수 값은 해당 배정밀도 실수보다 더 적은 메모리의 저장 공간이 필요하다. 정수 값은 정확한 값으로 저장된다는 것이 또 다른 장점이다. 컴퓨터는 십진수가 아닌, 오히려 이진수로 숫자를 저장하며, 흔히 배정밀도 수의 이진 표현은 십진 표현과 다르다. integer 유형으로 저장된 변수의 예에는 **그림 1.3**의 Employee 데이터 테이블에 보이는 근로 연수 *Years*가 있다.

컴퓨터 저장소 말고도, 숫자 규모에 따라 두 가지 변수 유형 중 하나로 데이터값을 개념적으로 해석한다. 비율형 변수(ratio variables)[33]는 강력한 수치적 속성을 가진 수치 척도를 따른다. 고정 영점이 있고, 영 비율 척도(zero proportionality scale) 양편에 값들이 있다. 예를 들어, 20은 10보다 규모가 두 배가 되도록, 비율로 두 개의 다른 값을 비교한다. 또한, 동일한 간격의 크기는 서로 같은 거리에 있는 값들을 구분한다. 예를 들어, 21과 22 사이의 거리는 22과 23에 대해 동일한 기본 차이 크기를 나타낸다.

더 약한 수치 척도를 이용해서, 비율 데이터의 등간격 속성을 유지하지만, 자연발생적 고정된 영점을 갖지 않는, 구간형 변수(interval variable)[34]를 설명할 수 있다. 예로서, 섭씨 및 화씨 온도를 비교해보자. 예를 들어, 각 온도 척도는 온도의 규모에 관하여 다른 값의 영을 갖는다. 0°F는 0°C와 같은 온도가 아니다. 비율을 비교하는 것은 타당하지 않다; 20°F는 10°F의 두 배가 아니다.

⚜ 범주형 변수

연속형 변수와 대조적으로, 범주형 변수(categorical variable)[35] 값은 수준(levels)이라는 비교적 적은 세트의 비-수치적 범주로 구성된다. 범주형 변수의 하나의 기원은 데이터값이 너무 모호하게 측정되어, 수치 척도 대신, 극히 적은 수의 범주들로 표현되는 연속형 변수라는 것이다. 응급실로 입원한 환자들을 부상의 심각성에 따라 빠르게 세 가지 유형(Low, Medium, 그리고 High) 중 하나로 분류하는 병원 직원이 있다고 하자. *Severity*와 관련된 기저 변수(un-

[32] 소수 자릿수가 없는 수치 값에 대한 기록매체의 유형.

[33] 수치 척도를 고정 영점과 등간격으로 정의한 변수.

[34] 고정 영점은 없지만 등간격을 갖는 수치 척도로 정의되는 변수.

[35] 값으로 비-수치적 범주를 갖는 변수.

derlying variable)는 연속적이다. 이처럼 단순하게 등급 척도를 사용하는 것은 어떤 부상자는 다른 부상자보다 더 심각하지만, 세 가지 비-수치적 범주 중 하나로만 측정을 제한한다는 것을 인정하는 셈이다. 정돈된, 비-수치적 범주 또는 순위 등으로 분류된 변수에 대한 데이터값은 **순서형 변수**(ordinal variable)를 나타낸다.

인접 범주 간의 심각도 크기를 나타내는 연속체의 거리가 동등하다고 생각되지 않는다. 보통 부상의 심각도(Medium Severity Injury)는 높은 부상의 심각도(High Severity Injury)보다 낮은 부상의 심각도(Low Severity Injury)에 더 가까울 수 있다. 또 다른 예로, 결승선에 도착한 순서대로 순위를 매겨 우승자를 결정하는 경주 결과(1등, 2등, 3등)를 들 수 있다. 각 참가자의 종료 시간은 연속형 변수를 나타낸다. 그러나, 레이스가 치열한 각축이었거나, 우승자가 가장 근접한 경쟁자보다 간발의 차이로 앞서서 마쳤다면, 레이스를 마쳤을 때 단순히 순서대로 참가자의 순위를 매기는 것은 의미가 없다.

범주형 변수의 다른 맥락이 무질서한 범주에 적용된다. 예를 들어, 적 포도주, 로제 포도주 또는 백 포도주에 대한 선호도는 정렬되지 않은 범주로 이어진다. 범주형 변수의 다른 예로 콜라 선호도, 미국의 거주하는 지역, 또는 축구 유니폼의 등 번호를 들 수 있다. 등 번호는 숫자로 구성되지만, 이런 맥락에서, 그런 숫자는 수치값 대신 문자를 나타낸다. 범주형 변수를 때때로 **정성 변수**(qualitative variable)로 부르기도 한다.

범주형 변수의 데이터값을 불연속, 무질서한 범주로 분류하면 **명목형 변수**(nominal variable)가 된다. 성별 `Gender` 값으로서 남성(Male), 여성(Female), 그리고 기타(Other)를 예로 들 수 있다. 기본 순서는 없으며, 불연속 값만 존재한다.

숫자가 아닌 데이터 값을 위해 예약된 하나의 저장소 유형은, 문자값을 문자 그대로 문자열로 나타내는, `character` 문자형 변수 유형이다. 숫자가 아닌 데이터값을 위한, 보다 유용한 두 번째 기록 저장소 유형은 R에서 호출하는 팩터 `factor` 객체이며, 팩터는 정수로 범주를 저장하지만, 예를 들어, 1 대신 Male 그리고 2 대신 Female처럼, 숫자가 아닌 레이블로 범주를 나타낸다. 달력 표시 일자[36]를 코딩하는 `Date`와 같이 흔한 변수 유형은 날짜와 시간으로 코딩된다.

수치형 또는 문자형 변수 유형과 수치형 또는 문자형 데이터 기록 저장소 유형 사이의 잠재

[36] 흔하지 않은 기록매체 유형, 복소수를 위한 `complex`, 그리고 TRUE와 FALSE, 두 값으로만 코딩되는 범주형 변수를 위한 `logical`을 사용할 수 있다.

적 혼동은 1 대 1로 대응하지 않는다는 것이다. 비교적 적은 수의 고유값, 중복되지 않은 값의 범주형 변수는 어떤 데이터 유형에도 부합한다. 예를 들어, **그림 1.3**의 데이터 테이블에 있는, 범주형 변수 *Plan*은 3가지 건강보험에 해당하는 3개의 정수값(1, 2, 그리고 3)을 갖는다. 데이터값은 숫자지만, 레이블 역할만 하며 A, B, 그리고 C같이 다른 세트의 임의 레이블로 바꿀 수 있다.

혼동을 피하기 위하여, 범주형 변수를 문자형 변수 유형 `character` 또는, 가급적 팩터형 변수 유형 `factor`으로 표현한다. 누구도 Male과 Female, 또는 **그림 1.3**에 보이는 것처럼 M과 F를 혼동하지 않는다. 그러나, 정수형 변수로 저장된 성별 Gender의 경우, 0은 Male, Female, 아니면 다른 것을 나타내는가? 추가적인 안전 조치로, 문자형 변수 `character` 또는 팩터형 변수 `factor`는 숫자 값으로 잘못 취급되어 부적절한 수치 분석의 대상이 될 수 없는 값을 갖는다. M과 F이 갖는 의미는 없지만, 0과 1로 암호화되는 값이다.

1.2.4 데이터 읽어오기

데이터는 외부 파일에 상주한다. 데이터 분석은 데이터 프레임(data frame)[37]으로 부르는 데이터 구조로 파일의 데이터를 읽는 것으로 시작한다. `lessR` 분석의 경우, 전형적으로 데이터 프레임을 `lessR` 데이터 분석 및 시각화 함수에 대하여 기본 설정된 데이터 프레임 이름, *d*로 명명한다. 입력 데이터 프레임 이름이 *d*와 다르지 않으면, 데이터 프레임 이름을 규정하기 위하여 구체적으로 `data` 매개변수를 언급할 필요는 없다.

⚜ lessR 패키지의 Read() 함수

기본 R과 기여 패키지는 다양한 파일 형식으로 저장된 데이터를 위해 다양한 읽기 함수를 제공한다. 흔한 두 가지 파일 형식 유형은 텍스트 파일, 쉼표로 분리된 파일(csv) 또는 탭으로 분리된 파일(tsv), 그리고 기본적으로 첫 번째 행에 변수 이름을 나열하는 엑셀 파일(xls 또는 xlsx)이다. `lessR` 함수, `Read()` 또는 축약형 `rd()`는 자동으로 파일 형식에 따라 보다 구체적인 해당 읽기 함수를 선택하고, 데이터 프레임으로 데이터를 읽은 다음, 읽은 정보와 관련된 피드백을 제공한다. 동일한 문법을 갖는 `Read()` 함수는, 분석자들이 적절한 패키지에 접근하

[37] `ggplot2`를 포함하는 tidyverse 세트의 패키지는 `tibble`로 부르는 자체 버전의 데이터 프레임을 적용한다. 모든 `lessR` 및 `ggplot2` 시각화 함수는 표준 R 데이터 프레임 또는 `tidyverse` tibble 버전의 데이터 프레임을 처리한다.

고 보다 구체적으로 해당 읽기 함수에 접속하지 않아도 되는, 다양한 파일 포맷에 적용된다.

다음 예에서, 외부 웹 사이트의 엑셀 데이터 파일로부터 직원 데이터를 *d* 데이터 프레임으로 읽는다. Read() 함수로 전달되는 유일하게 필요한 주요 정보는 파일 위치를 알려주는, 따옴표로 묶은 문자열로 읽어 들인 파일을 식별한다. 웹 파일을 읽으려면, 파일 참조의 일부분으로 http 프로토콜을 명시한다.

R 입력 웹 파일로부터 데이터를 *d* 데이터 프레임으로 읽기

데이터 : `d <- Read("http://lessRstats.com/data/employee.xlsx")`

이 책 전체에 걸쳐 참조되는 이 데이터 파일은, 일단 lessR 패키지를 내려받았다면, 인터넷에 접속하지 않아도 사용할 수 있도록 lessR에도 포함되어 있다. lessR에 포함된 데이터에 접근하려면, 파일 이름만, 여기서는 "Employee"만 참조한다.

R 입력 lessR에 포함된 데이터 세트의 데이터를 *d* 데이터 프레임으로 읽기

데이터 : `d <- Read("Employee")`

Read() 함수로 전달되는 비어있는 문자열, " "는 사용자가 대화형으로 데이터를 읽을 파일을 검색하라고 R에게 지시한다.

R 입력 데이터 프레임 *d*로 데이터를 읽기 위한 데이터 파일 탐색하기

lessR : `d <- Read("")` 또는 `> d <- rd("")`

그러면 Read() 함수는 이후의 Read() 서술문으로 복사해서 붙일 수 있는, 전체 파일 참조(경로 이름)를 콘솔에 보여준다. 분석을 재현할 수 있도록, 나중에 해당 데이터를 읽으려면 서술문을 저장한다.

이 데이터에 대해 **리스트 1.2**에 보이는 것처럼, 데이터 프레임으로 읽어 들인 엑셀 파일의 데이터 구조를 좀 더 쉽게 이해하도록, Read()는 자동으로 기본적인 특성들을 출력한다. 읽어 들인 데이터 구조와 내용을 확인한다. 데이터에 많은 문제가 생길 수 있다. 어쩌면 데이터값 중 일부가 부정확하게 데이터 파일로 입력되었을 수 있다. 아마 수치형으로 의도된 데이터값

대신 문자형 변수로 읽혔을 수도 있으며, 의미 있는 분석을 수행하는 일부 변수에 대한 결측 데이터가 너무나 많이 존재할 수도 있다.

```
     Variable                      Missing Unique
         Name      Type   Values  Values Values   First and last values
 ------------------------------------------------------------------------------
         Name  character    37       0     37   Tian, Fang ... Jones, Alissa
        Years  integer      36       1     16   7  NA  15 ... 1  2  10
       Gender  character    37       0      2   M  M  M ... F  F  M
         Dept  character    36       1      5   ADMN  SALE  ... SALE  FINC
       Salary  double       37       0     37   43788.26  ...  47562.36
       JobSat  character    35       2      3   med  low  ... low  high
         Plan  integer      37       0      3   1  1  3 ... 2  2  1
          Pre  integer      37       0     27   82  62  96 ... 83  59  80
         Post  integer      37       0     22   92  74  97 ... 90  71  87
```

리스트 1.2: Read() 출력.

R 콘솔로 출력을 내보내지 않으려면, 모든 `lessR` 함수에서처럼, 개별 함수를 호출할 때나 다시 바뀔 때까지 모든 후속 분석에 대해 `style()`을 호출할 때, 매개변수 `quiet`를 `TRUE`로 설정한다.

⚜ 데이터 프레임의 부분 집합

기본 R의 `Extract`[38] 함수를 이용해서, 데이터 데이블을 정확하게 제어하거나 새로운 데이터 프레임을 생성한다. 이 함수를 이름으로 호출하는 것이 아니라, 데이터 테이블에 적용할 때, 대괄호 안에 쉼표로 분리된 하나 이상의 인수(argument)로 호출한다. 데이터 프레임같은 R 객체 이름 다음에 대괄호를 입력한다. 대괄호 안에, 쉼표 앞에 적절한 범위의 행을 정의하도록 표현하고, 쉼표 뒤에 적절한 영역의 열을 정의하도록 표현한다. 모든 행을 선택하려면, 쉼표 앞에 아무것도 입력하지 않는다. 모든 열을 선택하려면, 쉼표 뒤에 아무것도 입력하지 않는다.

행이나 열을 색인하는 벡터, 논리식 표현, 또는 열에 대해서 따옴표로 묶인 변수 이름 세트로 표현될 수 있다. 다음은 각자의 행과 열 색인을 지정해서, *d* 데이터 프레임의 처음 3개의 행과 4부터 7번 째까지의 열을 선택한 예이다. 이 예에서 결과가 출력되지 않도록 대입문이 표현되었기 때문에, R은 콘솔로 결과를 나타내도록 지시한다.

[38] 데이터 테이블 또는 R 객체의 부분 집합을 추출하는 기본 R 함수.

```
d[1:3, 4:7]
```

부분 집합 연산자(subsetting operator)는 R 생태계 전반에 걸쳐 광범위하게 사용된다. 벡터가 지정될 수 있는 많은 방법들 중 하나를 이용해서 행과 열의 범위를 지정한다. 예를 들어, **리스트 1.3**에 보이는 것처럼, 1:3 표기법을 사용해서 정수 1, 2, 그리고 3의 벡터를 정의한다.

보다 일반적으로, `c(1,2,3)`처럼, 기본 R의 `c()`[39] 함수를 호출해서 벡터를 정의한다. 벡터는 시각화를 포함하여, R 분석에 적용되는 경우가 많다.

```
> 1:3
[1] 1 2 3
```

리스트 1.3: 처음 3개의 정수로 구성된 벡터

기본 R `Extract` 함수에는 몇 가지 성가신 제약이 있다. 행을 표현할 때 데이터 프레임의 변수를 포함하는 경우, 이미 `Extract` 호출 초기에 데이터 프레임 이름이 명시되었더라도, 변수 이름은 `$` 기호가 뒤따르는 데이터 프레임 다음에 와야 한다. 열의 경우, 각 변수 이름은 따옴표로 묶어야 한다. 더 나아가서, 변수 이름 목록에 각 변수 이름을 입력하는 대신, 변수의 범위가 지정되지 않는 경우가 있다.

`lessR` 함수, `.()`[40]는 이런 제약을 해결한다. 코딩하면서 모든 변수 이름에 대해 데이터 프레임 이름을 재입력하지 않도록 `.()`에서 걸러지는 행에 대한 표현을 묶는다. 변수 이름을 따옴표로 묶을 필요없이 변수의 범위를 지정하려면, `.()` 함수로 선택된 변수를 묶는다. 다음 예제에서, 변수 *Gender*, *Dept*, 그리고 *Salary*는 데이터 프레임에서 인접해 있다. 범위를 지정하기 위하여, 범위에 있는 첫 번째 변수와 마지막 변수를 콜론으로 분리해서 표현한다.

R 입력 데이터 프레임의 부분 집합 예

data : `d <- Read("http://lessRstats.com/data/employee.xlsx")`

base R : `d[d$Salary > 95000, c("Gender", "Dept", "Salary", "Post")]`
lessR : `d[.(Salary > 95000), .(Gender:Salary, Post)]`

[39] 벡터를 정의하는 R 함수.

[40] 기본 R `Extract` 내에서 행과 열을 색인하는 `lessR` 함수.

리스트 1.4에 보이듯이, 부분 집합을 생성하는 두 가지 함수 모두 같은 결과를 낳는다.

```
                Gender Dept    Salary Post
Hoang, Binh          M SALE 111074.86   97
Knox, Michael        M MKTG  99062.66   84
Sheppard, Cory       M FINC  95027.55   73
Correll, Trevon      M SALE 134419.23   94
James, Leslie        F ADMN 122563.38   70
Capelle, Adam        M ADMN 108138.43   81
```

리스트 1.4: $95,000 이상의 연봉을 받는 직원에 대해서 4개의 변수만 포함하는 Employee 데이터 프레임의 부분 집합.

가독성을 향상시키기 위하여, 다른 위치에서 행에 대한 문자열 `rows`를 정의하고 열에 대한 문자열 `cols`를 정의한 다음에, 문자 표현식 `d[.(rows), .(cols)]`을 입력해서 부분 집합을 나타낼 수 있다.

기본 R과 `tidyverse` 패키지 모두 자체적으로 데이터의 행을 거르고 변수를 선택하는 함수를 제공한다. 그러나 `.()`와 함께 대괄호 `[]`를 포함하는 기본 R `Extract` 함수는 추가 함수없이, 데이터 프레임의 부분 집합을 만드는 일반적이고 편리한 표현을 제공한다.

함수와 매개변수

데이터 분석 함수는 데이터를 처리하기 위해 통계적 방법을 적용한다. **그림 1.4**에 보이는 것처럼, R 데이터 분석 함수는 데이터를 처리한 다음, 텍스트로서 R 콘솔의 일부 조합으로, 시각화로서 그래픽 화면 또는 파일로, 그리고 R 객체로 요청받은 분석 결과를 출력한다.

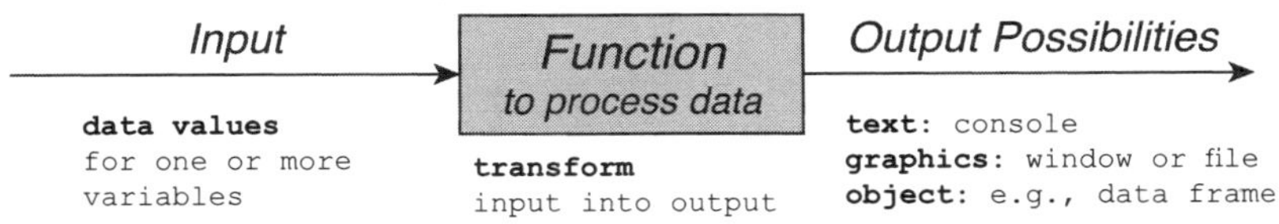

그림 1.4: 함수가 데이터를 처리(분석 또는 수정)하는 일반적 절차.

R, Python, 엑셀, 또는 대부분의 다른 컴퓨터 언어 등 어디에서 작업하던지, 함수를 정의하려면 하나 이상의 매개변수(parameters)가 필요하다. 함수는 각 매개변수에 지정된 값, 매개변수

의 인수(argument)[41]를 가지고 연산을 수행한다. 대부분은 아닐지라도, 많은 매개변수들은 전형적으로 사용자가 구체적으로 변경하지 않은 경우에 호출되는, 기본(default) 값[42]을 갖는다. 연산을 수행하도록 함수를 호출하려면, 함수 이름을 명시한 다음, 앞뒤 괄호 안에 적합한 매개변수 값을 명시한다. 각 매개변수 값을 쉼표로 분리한다.

예를 들어, Read 함수의 첫 번째 매개변수 값, from은 함수가 데이터 값을 데이터 프레임으로 읽어 오는 데이터 파일의 위치를 명시한다. 이 매개변수에 대한 기본값이 없기 때문에, 진행할 값을 지정한다. **그림 1.5**에 보이듯이, 함수 호출에서 구체적으로 from 매개변수를 지정하기 위하여, 변수 이름, 등부호, 그 다음에 인수 값을 입력한다.

```
 data    func- para-
frame     tion meter                    argument
  —       ———— —————      ——————————————————————————————————————
  d  <-   Read (from  =  "http://lessRstats.com/data/employee.xlsx")
```

그림 1.5: 함수 호출 성분들.

함수를 호출할 때, 함수가 정의될 때와 동일한 순서로 나열된 인수를 포함하는 매개변수의 이름을 지정할 필요가 없다. **그림 1.5**에서 from 매개변수가 명확하게 명시되었지만, Read() 함수가 정의될 때 첫 번째 매개변수이며 첫 번째로 입력되었기 때문에, 반드시 그럴 필요는 없다.

리스트 1.5에 보이는 것처럼, 기본 R 함수 help()와 첫 번째 인수로 제공된 함수 이름을 사용해서, 특정 함수의 매개변수 목록을 살펴본다.

```
> help(Read)

Read(from=NULL, format=NULL, var_labels=FALSE)
```

리스트 1.5: 전체 목록에 더 많은 매개변수와 일반적으로 더 많은 정보를 포함하는, Read()에 대한 help() 함수의 출력으로부터 얻은 발췌문의 일부.

어떤 함수를 정의할 때, 구체적으로 매개변수 값을 지정하지 않으면, 그 값은 기본설정 값으

[41] 함수가 연산할 때 사용되는 매개변수 값.

[42] 사용자가 재정의하지 않을 때, 기본적으로 매개변수에 주어지는 값.

로 처리된다. **리스트 1.5**에 보이는 것처럼, Read() 함수가 호출될 때, 매개변수 var_labels 값을 명시적으로 TRUE로 지정하지 않으면, 기본적으로 FALSE로 지정된다. 초기에 매개변수 format 값은, 사용자가 값을 제공하지 않으면, 함수는 다른 제공된 정보로부터 값을 계산한다는 것을 의미하는, NULL로 지정된다. 이 예제에서, 확장자가 .xlsx이면 엑셀 파일과 같은 파일 유형으로부터 파일 형식을 추론한다.

⚜ 결측 데이터

데이터를 읽을 때 또 다른 고려 사항은 결측 데이터(missing data)[43]이다. 예를 들어, 직원 이름 바로 다음에 나오는 첫 번째 변수, Years(근로 연수)에 대한 엑셀 파일의 데이터값 중에 세 번째 행의 데이터, James Wu에 대한 데이터가 유효하지 않다. 해당 Years 열에 숫자 대신, 빈 셀 밖에 없다. R은 결측 데이터를 NA(Not Available)로 표시한다. 기본적으로, R은 데이터를 읽을 때, 엑셀의 빈 셀, 또는 csv 화일에 두 개의 인접한 쉼표를 NA로 변환한다.

엑셀에서 말 그대로 비어있는 셀, 또는 csv 파일에서 두 개의 쉼표 사이에 아무것도 입력되지 않은 것처럼, 정보가 없는 대신, 데이터는 결측 데이터 코드를 포함할 수도 있다. 예를 들어, 수치형 결측 데이터를 나타내기 위하여 -99로, 그리고 문자형 결측 데이터를 나타내기 위하여 "XX"로 표현하는 것이다. 다음 예제에서처럼, Read() 함수는 매개변수 missing을 이용해서 이 값들을 결측 데이터로 처리한다.

Read() 함수의 결측 데이터 코드

데이터 : d <- Read("", missing=c("XX", -99))

이 코드가 실행될 때, Read()는 R로 읽어 들인 데이터 파일에 존재하는 모든 XX와 모든 -99를 결과 R 데이터 프레임, 여기서는 *d*에서 NA로 교체한다.

lessR은 기본 출력의 일부분으로서 변수별로 결측 데이터 분석을 R 콘솔로 나타낸다. **리스트 1.2**에 보이듯이, Missing Values 제목의 열은 데이터 테이블에 각 변수에 대한 결측 데이터 수를 센 결과를 보여주며, Values 열은 비-결측 데이터의 수와 같은 보충 정보를 보여준다. 이 두 열에 있는 각 변수 값의 합계는, 여기서는 37, 즉 전체 행의 수와 같아야 한다.

[43] 데이터 테이블에 유효하지 않은 데이터 값.

관찰, 즉 데이터 테이블의 행을 통해 결측 데이터를 분석하기 위하여, 기본 데이터 프레임 이름 *d*와 함께, lessR 함수 details()[44]를 호출한다. 독특한 출력이 **리스트 1.6**에 보인다. details() 함수로 얻은 출력이기도 한, **리스트 1.2**의 Read()로부터 얻은 정보는 **리스트 1.6**에 반복되지 않는다.

```
> details()

------------------------------------------------------------
Dimensions: 9 variables over 37 rows of data

First two row names: 1      2
Last two row names:  36     37

...

Missing Data Analysis
------------------------------------------------------
n.miss  Observation
1       2
2       4
1       31

Total number of cells in data table:  333
Total number of cells with the value missing:  4
-----------------------------------------------------
```

리스트 1.6: 기본 데이터 프레임 *d*에 적용된 lessR 패키지의 detail() 함수의 부분 출력.

결측 데이터에는 별다른 문제가 없어 보인다. 변수별로 가장 많은 결측 데이터는 *JobSat* 변수에 대해 두 개뿐이다. 행별로 가장 많은 결측 데이터는 데이터의 네 번째 행에서 두 번 관찰된다. 다른 데이터 세트의 경우, 불완전한 행이나 열의 데이터를 삭제하는 등의 추가 동작이 필요할 수 있는, 변수별 그리고/또는 데이터 열별로 많은 양의 결측 데이터가 있을 수 있다.

고정-너비 데이터 읽기

또 다른 쉼표 데이터 형식은 보여지는 열로 정의되는 각 변수에 대한 데이터값을 가진, 텍스트 파일이다. 기본 R 읽기 함수에 포함된 매개변수에 따라, Read()는 이런 열들을 읽을 수도 있다. 여기의 실례는 원본 마키아벨리즘 척도에 대한 고정-너비 6-포인트 Likert 응답 데이터, 20개 항목 마하 IV 척도(Christie & Geis, 1970)에 대한 것이다.

[44] 지정된 데이터 프레임의 세부 정보와 db() 함수를 이용한 간략한 출력을 제공하는 lessR 함수.

각각의 20개 항목(m01, m02, ..., m20)에 대한 351명 각자의 응답은 다음에 주어진 정수에 따라 코딩되었다.

0 — 강하게 반대함(Strongly Disagree)
1 — 반대함(Disagree)
2 — 약하게 반대함(Slightly Disagree)
3 — 약하게 찬성함(Slightly Agree)
4 — 찬성함(Agree)
5 — 강하게 찬성함(Strongly Agree)

이 파일의 처음 3개의 행은 각 사람의 응답에 대해 한 행의 데이터를 의미한다. 처음 4개의 열은 순서대로 ID 필드, Gender (0=Male, 1=Female), 20개의 마하 IV 항목에 대한 정수 응답, 그리고 열마다 하나의 정수를 나타낸다. 이전 예제와는 다르게, 고정-너비 데이터 파일은 첫 번째 행에 변수 이름을 갖지 않는다.

Data 고정-너비 열을 갖는 데이터 파일의 처음 3 줄

```
0100004150541540000401324
0127001440330440111244310
0134121054405341400202401
...
```

이 데이터값을 *d* 데이터 프레임으로 읽기 위해서, 다음과 같이 Read() 함수를 사용한다.

R 입력 파일로부터 *d* 데이터 프레임으로 데이터 읽기

```
데이터 : d <- Read("http://lessRstats.com/data/Mach4.fwd",
                col.names=c("ID", "Gender", to("m",20)),
                widths=c(4,1,rep(1,20)))
```

첫 번째 행에 변수 이름을 갖지 않는 텍스트 파일을 읽기 위하여, 이름을 Read() 호출의 일부분으로 정의하는 기본 R의 col.names 매개변수를 적용한다. 기본 R의 widths 매개변수는 하나의 열이 각 변수에 대한 응답을 나타내는, 각 열의 너비를 정의한다.

이 예제에서, `col.names` 매개변수는 각 변수 이름이 *ID*, *Gender*, 그리고 `lessR` 함수 `to()`**[45]**가 지정한 것과 같이, *m01*, *m02*에서 *m20*까지라는 것을 의미한다. `widths` 매개변수는 첫 번째 변수가 4개의 열을 차지하며, 다음 변수는 단일 열을 차지한다는 것을 명시한다. 기본 R의 반복 함수 `rep()`는 다음 20개의 변수들이 각각 하나의 열만을 차지한다는 것을 명시하며, 20번의 1을 적는 속기법으로 인수들을 쉼표로 분리시켜 입력한다.

1.2.5 변수 레이블

데이터값을 갖는 변수는 데이터 분석의 기본 단위이다. 전형적으로, 철자 오류를 최소화할뿐 아니라 더욱 단순한 입력 및 보다 간결한 출력으로 이어지는 간략한 변수 이름이 선호된다. 더 많은 변수의 이름과 값을 컴퓨터 화면의 열로 나열하거나 더 짧은 이름으로 프린트할 수 있다.

그러나, 짧은 변수 이름은 해당 변수의 의미에 대해 많은 정보를 전달하지 못할 수 있다. 변수 레이블**[46]**은, 오직 Salary 대신 "Annual Salary(USD)"로 표현하는 것처럼, 더욱 자세하게 변수의 의미를 묘사하는 보다 길고 더욱 설명적인 문구이다. 변수 레이블이 기본 R 시스템의 일부는 아니더라도, `lessR`에서 변수 레이블은 결과를 해석할 때 도움이 되도록 텍스트 및 시각적 출력 모두에 레이블을 지정한다.

엑셀 형식 또는 csv 텍스트 파일의 표준 두-열 워크시트 안으로, 한 열에 변수 이름을 그리고 두 번째 열에 해당 레이블을 입력하는 방식으로, 변수 레이블을 작성한다. `var_labels` 매개변수를 TRUE로 설정한 `Read()` 함수를 이용해서 이 파일을 `l` 이름의 데이터 프레임으로 읽는다. `lessR` 분석 함수는 데이터 프레임의 존재를 확인하는 과정에서, 변수에 대한 설명 문구가 있으면, 레이블을 이용해서 텍스트 및 시각적 출력을 향상시킨다. **그림 1.6**은 Employee 데이터 세트의 일부 변수에 대한 변수 이름과 레이블로 구성된 파일을 보여준다.

	A	B
1	Years	Time of Company Employment
2	Gender	Male or Female
3	Dept	Department Employed
4	Salary	Annual Salary (USD)

그림 1.6: 데이터 프레임으로 읽어 들일, 변수 이름과 레이블로 구성된 엑셀 파일.

파일에 보이는 레이블을 `l` 데이터 프

[45] 순차적으로 번호가 매겨진, 변수 이름의 벡터를 구성하는 `lessR` 함수.

[46] 변수의 의미를 설명하는 문구.

레임(레이블링을 위한 소문자 l)으로 읽는다.

R 입력 웹에서 얻은 변수 레이블을 l 데이터 프레임으로 읽기

```
l <- Read("http://lessRstats.com/data/employee_lbl.xlsx",
          var_labels=TRUE)
```

콘솔로 출력되는 모든 텍스트 또는 그래프 등으로 출력되는 시각화에서, 기본적으로, `lessR`은 변수 이름에 변수에 대한 요약된 설명(레이블)을 덧붙인다. 예를 들어, 변수 이름 외에 변수 레이블이 있다면, 이 레이블은 시각화를 위하여 축 레이블에 주석을 단다. 변수 레이블이 없다면, 축을 시각화하기 위하여 기본 R의 매개변수 `xlab`와 `ylab`[47]을 이용해서 사용자 지정 레이블을 명시해야 한다.

예를 들어, 기본 기본 R 또는 `ggplot2` 함수가 있는 경우, 변수 레이블은 비-`lessR` 분석 함수와 함께 사용될 수 있다. 그렇게 하려면, 변수 이름과 함께 호출되는 `lessR` 함수 `label()`을 실행한다. *x*-축을 위해 명시된 레이블처럼, `label()` 함수에 대한 참조를 이용해서 관련된 문자열을 바꾼다.

1.2.6 팩터 유형의 범주형 변수

R은 팩터(factor)[48]라는 데이터 분석 및 시각화에 필요한 범주형 변수를 표현하는 변수 유형을 제공한다. `lessR` 패키지의 `Read()` 함수 또는 `readr()`와 같은 tidyverse 패키지 함수를 이용해서 데이터 테이블을 R로 읽어 들이면, 문자열 데이터값을 갖는 변수는 문자형 `character`로 읽힌다. 물론, 정수 데이터값을 갖는 범주형 변수는 수치형 `numeric`으로 읽힌다. 일반적으로, 초기에 정수 또는 문자열로 읽힌, 범주형 변수를 분석하기 전에 팩터형 변수로 변환시킨다.

범주형 변수는 비교적 적은 수의 고정된 범주 또는 수준(levels)을 갖는다. 예를 들어, Disagree, Neutral 그리고 Agree의 설문조사 항목에 대한 세 가지 고정 응답은 R 팩터로 나타내기 위하여 연관된 변수를 결부시킨다. 50개의 가능성을 갖는 미국에 거주하는 주(State of Resi-

[47] 기본 R 매개변수: 시각화의 두 축을 위한 사용자 지정 레이블.

[48] 레이블로 표시되는 정수로 저장된 범주형 변수 값을 갖는 변수.

dence in the USA)도 그렇다. 도로 주소는 문자열로 표현되지만, 직원들은 제각기 서로 다른 도로 주소에 거주할 가능성이 높기 때문에, R 팩터형 변수로 잘 표현되지 못할 것이다. 지정된 고정 주소 집합이 없는 경우, 데이터 세트에 대해 표본 추출된 직원 수만큼 많은(또는 거의 같은 수의) 구별되는 주소들이 존재한다.

R 팩터는 내적으로 범주형 변수의 수준을 정수로 저장하지만, 해당 수준과 연관된 레이블, 문구(value label)에 따라 각각의 수준을 표시한다. 시각화가 요구하는 다음 세 가지 주된 작업을 수행하기 위하여 범주형 변수를 팩터형으로 나타낸다.

- 데이터 값의 수준 결정
- 데이터 값에 레이블 첨부
- 데이터에 존재하지 않은 수준 생성

각각에 대해 고려할 사항은 다음과 같다. 문자형 변수(`character`) 또는 정수형 변수(`integer`)를 팩터형 변수(`factor`)으로 전환할 수 있는 근거는 기본 R의 `factor()` 함수[49]이다. `lessR` 패키지는 기본 R의 `factor()`의 기능성을 확장하고 그 용도를 간소화하는, `factors()` 함수[50]를 제공한다.

수준의 순서 정렬

Employee 데이터 세트의 범주형 변수, 작업환경에 대한 만족도 *JobSat*는 3가지 수준(levels)으로 설명된다: 낮음(low), 중간(med), 그리고 높음(high). 기본적으로, 막대 그래프의 막대처럼, R은 범주형 변수의 수준을 알파벳 순으로 정렬한다. 수정되지 않은 *JobSat* 변수를 포함하는 시각화는 잘못된 순서로 수준을 나타낸다: high, low, 그리고 med. 올바르게 수준의 순서를 정렬하려면, 초기에 `factor` 변수 유형으로 읽어 들일 때 문자형 `character` 변수 유형을 변환한다.

기본 R `factor()`는 관심 범주형 변수의 수준을 지정하는, 매개변수 `levels`를 이용해서 이런 변환을 수행한다. 후속 시각화에서 원하는 프리젠테이션 순서대로 수준들을 나열한다. 직접 변환을 지정하려면, R이 변수를 찾을 수 있도록 *JobSat* 변수를 참조할 때 해당 데이터 프레임을 확인한다. `$` 기호가 따르는 데이터 프레임 이름 다음에 변수 이름을 붙여서 그렇게 할 수 있다.

[49] 하나의 R 팩터형 변수를 생성하는 기본 R 함수.

[50] 하나 이상의 R 팩터형 변수를 생성하는 `lessR` 함수.

```
base R : d$JobSat <- factor(d$JobSat, levels=c("low", "med", "high"))
```

일단 전환되면, 원본 문자형 버전의 *JobSat*은 필요가 없으므로, 앞서 행해진 변환은 원본 버전을 팩터형 버전으로 교체한다. 또는, 사양의 왼쪽, 즉 **<-** 이전에 새 변수 이름을 입력해서 데이터 프레임 *d*에 새로운 변수를 생성한다.

기본 R의 factor() 함수와 비교하여, lessR 패키지의 factors() 함수는 덜 장황할 수 있으며, 단일 변수의 적용으로부터 변수로 이루어진 벡터까지 일반화된다: 동시에 순차적 범위의 범주형 변수, 또는 임의의 범주형 변수 벡터를 팩터 유형으로 전환한다.

개별적으로 변수를 지정해야 하는 factor()와 달리, factors()는 데이터 프레임 내의 변수에만 적용되며, 팩터 변환을 포함한 전체 데이터 프레임을 출력으로 반환한다. 이 예제에서, 팩터로 변환된 결과를 이용하여 *d* 데이터 프레임을 수정한다. lessR 함수에 대한 기본 입력 데이터 프레임은 *d*이기 때문에, data 매개변수를 이용해서 입력 데이터 프레임을 명시하지 않으면, 명시된 변수(들)는 데이터 프레임 *d*에 있다고 가정한다.

R 입력 문자형(character) 변수로부터 팩터 정의하기
데이터 : d <- Read("http://lessRstats.com/data/employee.csv")

```
d <- factors(JobSat, levels=c("low", "med", "high"))
```

이 예제에서, 원래 *JobSat* 변수를 팩터 버전으로 교체하였다, 또는, factors() 함수로부터 얻은 출력을 새로이 생성된 팩터를 포함하면서, 원본 데이터 프레임의 모든 변수들이 복제된, 완전히 다른 데이터 프레임으로 저장하였다.

factor()에 대한 선택적 ordered 매개변수, 그리고 더 나아가 factors() 함수는 수준이 "less"부터 "more"까지의 순서로 진행한다는 것을 나타낸다. 매개변수 levels를 이용해서 수준이 표시되는 순서를 지정한다. 순서 매개변수 ordered를 TRUE로 설정하면, 팩터가 순서형 변수라는 것을 알려주기 위하여 프리젠테이션 순서를 지정하는 것 이상으로 진행된다. 기본적으로 ordered 값은 팩터가 명목형 변수임을 나타내는, FALSE로 설정된다. 후속 데이터 시각화의 경우, 순차적 팩터는, 기본 순서를 반영하는 비-순차적 팩터와 다른 기본 색상 팔레트를 갖는다.

정수 값 레이블

범주형 변수의 레이블은 정수로 코딩될 수도 있다. 예를 들어, Employee 데이터의 *Plan* 변수는 범주형이며, 각각 GoodHealth, GetWell, 그리고 BestCare으로 명명된, 3가지 종류의 건강 보험에 해당하는 1, 2, 그리고 3의 정수를 갖는 데이터 파일로 코딩된다. 정수 대신 이름이 붙여진 출력을 나타내는 시각화가 결과적으로 더욱 의미가 있기 때문에, 정수 유형의 R 데이터 프레임으로 읽힌 범주형 변수를 팩터형 변수로 변환한다.

<u>**단변수에 대한 팩터 생성.**</u> 문자형 변수 `character`를 팩터형 변수 `factor`로 변환하는 이전 예제와 같은 절차를 따르지만, `labels`이라는 또 다른 매개변수를 도입해서 더욱 의미가 있는 내용의 레이블을 제공한다.

R 입력 정수형 변수를 팩터형 변수로 정의하기

데이터 : d <- Read("http://lessRstats.com/data/employee.csv")

```
d <- factors(Plan, levels=1:3,
             labels=c("GoodHealth", "GetWell", "BestCare"))
```

수준이 벡터 1:3으로 정의된 순서로 나열되었기 때문에, 이 예제는 1, 2, 그리고 3의 순서대로 수준의 순서를 정했다. 다른 순서를 명시하기 위해 `c(3, 1, 2)`처럼, 다른 벡터로 입력될 수 있었다. 명시된 수준의 순서에 관계없이, 레이블의 순서 매김은 각 레이블이 해당 수준과 일치하도록 순서 매김을 해야 한다.

이 예제에 적용된 레이블은 정수에 부착되었다. `labels` 매개변수는 문자형 변수 `character`에 적용할 수도 있다. 그런 상황에서, 원래 문자 값으로 구성된 벡터를 또 다른 세트의 레이블로 구성된 벡터로 수준을 나타낸다. 예를 들어, 범주형 변수 *Gender*에 대해, 출력 화면에 데이터값 `"M"`을 레이블의 내용 `"Male"`으로 나타낸다.

<u>**다변수에 대한 팩터 생성.**</u> Strongly Disagree (0)부터 Strongly Agree (5)까지의 6-포인트 Likert 스케일로 응답된 마하 IV 항목을 고려해 보자. 데이터 파일로부터 읽어 들인 것처럼 응답의 원본 숫자 버전을 이용해서 이런 데이터에 대해 몇 가지 분석(예, 인자 분석)을 한다. 의미가 있는 레이블을 포함하는 막대 그래프, 즉 팩터 버전의 변수 그래프와 같은 기타 분석을 수행한다. 이 상황에서는, 새 변수로 정의된 팩터로 변환해서, 원래 숫자로 기록된 항목들이 바뀌지 않게 그대로 둔다.

lessR 패키지의 factors() 함수는, 특히 일련의 다중 변수 변환에 대해, 데이터 프레임의 연속 변수열 또는 개별적으로 명시된 변수의 벡터인, 팩터형 변수 생성을 간소화한다. 함수 호출의 첫 번째 인수는 팩터형으로 전환되는 하나 이상의 변수 이름을 지정하는 x 매개변수이다. 여기서는 변수 범위를 데이터 프레임의 m01부터 m20까지 모든 연속하는 함수를 포함하도록, m01:m20으로 명시하였다. 범주들이 너무 많은 경우, 범주들을 따로따로 6개의 레이블로 이루어진 단일 문자 벡터로 정의하는 것이 더욱 편리하며, 여기서는 벡터 이름을 LikertCats으로 지정하였다.

R 입력 일련의 팩터형 변수 정의하기
데이터 : d <- Read("http://lessRstats.com/data/Mach4.csv")

```
LikertCats <- c("Strongly Disagree", "Disagree", "Slightly Disagree",
                "Slightly Agree", "Agree", "Strongly Agree")
d <- factors(m01:m20, levels=0:5, labels=LikertCats)
```

앞선 함수 호출은 모두 20개의 정수로 기록된 변수를 LikertCats 레이블에 따라 분류된 20개의 팩터형 변수로 바꾼다.

factors() 함수의 매개변수 new는, 원본 정수로 코딩된 변수를 새로운 팩터형 변수로 교체하는 것을 의미하는, FALSE로 기본 설정된다. new를 TRUE로 설정하면 원본 변수가 수정되지 않게 그대로 두며, 대신 원본 데이터 프레임에 새롭게 생성된 팩터형 변수를 덧붙인다. 새로 생성된 변수들은 기본적으로 추가 점미사 .f가 있는 원본 변수에 따라 이름이 지어진다. 게다가, 원래 변수에 대한 변수 레이블이 있는 경우, 새로 생성된 병렬 팩터형 변수를 설명하기 위해 자동으로 이동될 수도 있다.

⚜ 레이블 추가

때때로 범주형 변수에 대한 가능한 응답 중 일부는 하나 이상의 변수에 대해 발생하지 않는다. 시각화 결과는 언제나 응답이 없는 범주에 대한 항목을 포함해서, 잠재적 응답 분석을 포함해야 한다. 그렇게 하려면, R은 데이터에 존재하지 않는, 잠재적 데이터값을 알고 있어야 한다.

한 예로 Strongly Disagree, Disagree, Neutral, Agree, 그리고 Strongly Agree같은 Likert 척도

항목에 대한 응답으로 조사된 자기-보고 설문조사를 들 수 있다. 수치적으로 1(Strongly Disagree)부터 5(Strongly Agree)까지 정수로 이런 응답을 코딩한다. 막대 그래프와 같은, 이런 척도 응답에 대한 시각화는 각각의 대안에 대한 응답 도수를 시각화한다. Strongly Disagree 항목에 응답한 사람이 없다면, 그 항목에 대한 데이터는 정수 2부터 5까지 만으로 구성된다. 추가 정보가 없으므로, 그 항목에 대하여 정수로 응답한 도수를 나타내는 시각화는 1을 포함하지 않는다. R은 발생한 데이터값에 대한 도수만을 제공한다.

이 문제를 해결하려면, `factors()`를 사용해서 같은 세트의 Likert 척도 응답을 갖는 항목처럼, 모든 변수에 대하여 같은 세트의 가능한 응답으로 팩터 세트를 정의한다. 이런 팩터는 데이터에 존재하지 않는 잠재적 응답에 대해 대체 응답을 정의한다. 모든 항목에 대한 응답 시각화는, 응답하지 않은 대체 응답에 대해 보고된 0의 도수를 포함하는, 동일한 응답 범주들에 관한 것이다.

1.2.7 데이터 프레임 저장하기

데이터를 읽고, 전처리하고, 정리하고, 그리고 범주형 변수를 팩터로 전환하는 것과 같이, 변환하였다. 일반적으로 데이터 시각화를 포함하는 주요 분석과 별개의 R 설명서 파일에서 이 작업을 해낸다. 데이터 준비를 마친 후에, 모든 데이터 준비 단계를 반복하지 않고 후속 분석에서 직접 접근할 수 있도록 결과 데이터 프레임을 저장한다.

데이터 프레임으로 저장하는 가장 효율적인 데이터 포맷은 외부 파일에 있는 데이터 프레임의 문자 그대로의 이미지, 토종 R이다. `wrt_r()`로 줄여 쓰기도 하는, `lessR` 함수 `Write()`는 매개변수 `format`을 `"R"`로 지정해서 이 작업을 수행한다. 데이터 프레임은 `.rda` 파일 형식으로 쓰여지며, `lessR`의 `Read()` 함수를 호출하는 후속 세션에서 다시 R로 쉽게 읽을 수 있으며, *attitudes*라는 이름으로 생성된 데이터 파일을 쉽게 읽을 수 있다. 그 파일에 쓰여진 데이터 프레임은 기본 설정된 이름, *d*로 명명된다. 또 다른 이름으로 데이터 프레임을 참조하려면, `data` 매개변수를 `Write()` 함수 호출에 추가한다.

R 입력 토종 R 데이터 파일 쓰고/읽기

```
데이터 : Write("attitudes", format="R")
...
데이터 : Read("attitudes.rda")
```

데이터를 쓰는 또 다른 유용한 파일 형식은 엑셀[51]이다. 여기서는 `format` 매개변수을 `"Excel"`로 지정하는 것을 제외하고 토종 R로 데이터 프레임을 쓰는 것과 동일한 절차를 따르거나, 약어 `wrt_x()`를 사용한다. 엑셀에서 다시 R로 데이터를 읽는 경우, `Write()`는 `Read()`와 짝을 이룰 수 있다. 그러나, 효율성을 위해서, 쓰인 데이터를 다시 R로 읽을 때, 일반적으로 권장되는 절차는 토종 R 포맷을 사용한다.

R 입력 엑셀 파일 쓰고/읽기

```
데이터 : Write("Mach4", format="Excel")
...
데이터 : Read("Mach4.xlsx")
```

엑셀 파일로 쓰여진 데이터는 **그림 1.7**에 보이는 형식을 갖는다.

	A	B	C	D	E	F	G	H	I	J	K	L	M	N	O	P	Q	R	S	T	U
1	Gender	m01	m02	m03	m04	m05	m06	m07	m08	m09	m10	m11	m12	m13	m14	m15	m16	m17	m18	m19	m20
2	0	0	4	1	5	0	5	4	1	5	4	0	0	0	0	4	0	1	3	2	4
3	0	0	1	4	4	0	3	3	0	4	4	0	1	1	1	2	4	4	3	1	0
4	1	2	1	0	5	4	4	0	5	3	4	1	4	0	0	2	0	2	4	0	1
5	1	0	5	2	4	0	4	4	4	5	2	0	0	0	1	1	1	5	4	4	0
6	0	2	2	3	3	2	3	2	3	1	4	1	3	1	2	2	2	3	3	2	1
7	1	1	3	3	5	1	3	3	1	5	3	0	0	0	3	2	5	2	3	1	0

그림 1.7: `lessR`의 `Write()` 함수로 쓰인 Mach4 데이터의 처음 6개의 행과 변수 이름을 나타내는 엑셀 데이터 테이블.

지금까지 다루어온 R의 기본 사항을 이해한다면, 이제는 본격적으로 데이터 시각화를 수행할 준비가 된 것이다.

---

[51] `lessR` 함수 `Write()`는 엑셀 인터페이스를 제공하는 Alexander Walke의 `openxlsx` 패키지에 의존한다.

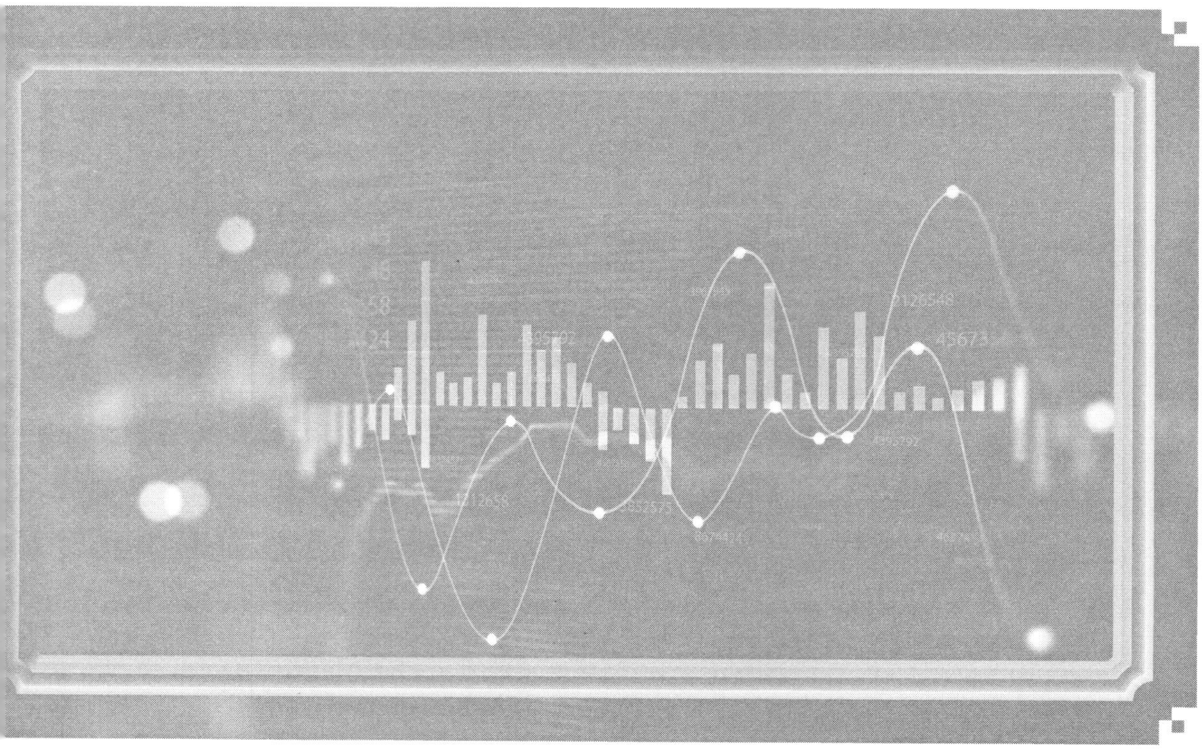

빠르게 데이터 시각화하기

데이터 분석은 전형적으로 다음 세 가지 기본적인 질문에 대한 대답을 찾는 것에서 시작된다. 이런 질문에 대한 대답을 찾는 것은 세 가지 해당 범주의 시각화에 동기를 부여하는 것이다.

1. 질문: 변수의 데이터 값들은 어떤 패턴을 보이는가?
   대답: 변수값 분포
   범주형 변수의 시각화: 막대 그래프, 산점도, 버블 차트
   연속형 변수의 시각화: 바이올린 플롯, 히스토그램, 도수 다각형

2. 질문: 2개 이상의 변수들은 관련되는가?
   대답: 변수값 결합 분포
   범주형 변수의 시각화: 누적 막대 그래프, 버블 차트, 모자이크 플롯
   연속형 변수의 시각화: 산점도

3. 질문: 시간 경과에 따라 하나 이상의 변수값은 어떻게 변하는가?
   대답: 시간 경과에 따른 변수값 분포
   연속형 변수의 시각화: 순서도, 시계열 차트

이 장에서 이러한 근본적인 질문에 각각 대답하는 시각화를 소개한다. 보다 자세한 내용 및 답변은 다음 장에서 확인할 수 있다.

2.1 시각화 시스템

이 책은 R 시각화의 표준 출처가 되어온, ggplot2 패키지에 대한 광범위한 논의 및 시각화뿐만 아니라, 사용자가 원하는 대로 수정할 수는 없지만, 좀 더 사용이 간단한 lessR 패키지에서 구현된, ggplot2와 동등한 시각화를 다루고 있다.

2.1.1 ggplot2 및 lessR 패키지의 상대적 이점

Hadley Wickham의 ggplot2 패키지는 R을 사용하는 데이터 과학자들이 가장 많이 사용하는 시각화 함수들을 제공한다. 이는 가장 많이 다운로드된 R 기여 패키지이며, CRAN 서버의 1만 개가 훨씬 넘는(2022년 8월 12일 현재, 18,399개) 유효 R 패키지와 더불어 인상적인 업적이다. ggplot2으로 Hadley Wickham은 ggplot2에 포함된 일반 그래픽 문법(grammar of graphics, gg)을 명확하게 표현한 Leland Wilkinson(2005)의 개념적 작업을 구현하였다.

모든 시각화 소프트웨어는 연속적인 레이어에, 단계별로, 한 번에 한 가지 특징씩 시각화를 구현한다. ggplot2의 경우, 분석자는 구체적으로 각 레이어를 처리하는 별개의 함수 호출로 일반 그래픽 문법 구현을 제어한다. 그 결과는 매우 광범위한 표준 및 고도로 맞춤화된 시각화 모두의 기초를 제공하는, 사용자가 사용할 수 있는 구성 단위 세트, 툴킷(toolkit)이다.

lessR[1]과 ggplot2[2]는 데이터 시각화에 대한 상호 보완적인 접근 방식을 구현한다. lessR은 ggplot2의 관점 중 일부, 실제로, 일반적인 R의 관점을 뒤집는다. 그 결과, 다른 프로그램 사용자는 일반적으로 사용되는 다양한 시각화에 대해 동일한 품질의 출력을 얻는 경험을 하게 된다.

1. 유연성 대 최소 코드. ggplot2는 고급 그래픽 프로그래밍 언어이다. 일부 시각화는 코드 한 줄에 겨우 3개의 함수 호출로 수행할 수 있지만, 더욱 복잡한 맞춤형 시각화는 많은 함수를 구현할 수 있는 몇십 줄의 ggplot2 함수 호출과 매개변수 지정이 필요하다는 것이 "고급(High Level)"의 의미이다. 기저를 이루는 lessR의 핵심 동기는 사용자가 가장 유용하고 포괄적인 출력을 얻을 수 있는 최소한의 코드를 입력하는 것이다. lessR은 세 가지 핵심 시각화

[1] less R 전략: 컴퓨터 코드를 최소로 입력하고도 유용한 컴퓨터 출력을 최대로 제공한다.

[2] ggplot2 전략: 최대 유연성과 창조성을 위하여 매우 다양한 시각화 함수를 수행한다.

함수만으로 다양하고 폭넓은 시각화를 제공한다: `BarChart()`, `Histogram()`, `Plot()`, 이외에 색상 팔레트를 만드는 `getColor()` 그리고 적절하게 시각화를 표현하기 위하여 손쉽게 범주형 변수를 R 팩터형 변수로 나타내는 `factors()` 함수를 사용할 수 있다.

폭넓고 다양한 시각화를 맞춤형으로 구현하려면, 세 가지 핵심 lessR 시각화 함수에 대한 도움말 파일에서 정보를 찾는다. 각각의 lessR 시각화 함수에 대한 매개변수 목록은 길지만, 단순하게 접근하기 위하여, 각각의 해당 도움 파일은 관련 매개변수를 함께 묶어 놓았다. 특히, ggplot2는 적절한 코딩으로 구현할 수 있는 시각화를 lessR이 제공하지 못하는 경우, ggplot2보다 유연성이 떨어진다는 것이 lessR의 단점이다.

2. 상향식 대 하향식 접근 방식. ggplot2에서 사용되는 것처럼, 기존의 시각화를 구축하는 접근 방식은 상향식(bottom-up)이라고 할 수 있다: 가장 기본적인 형태에서 시각화를 구축한다. 추가 옵션을 호출하여 향상된 기능을 추가한다. ggplot2의 경우, 이 추가 옵션은 시각화 레이어를 제공하는 다른 함수를 호출하거나, 주어진 레이어를 맞춤화하는 과정으로 이루어진다. lessR의 반전된 관점은 하향식(top-down) 접근 방식을 따른다. 가장 원하는 형태로 인식되는 시각화는 기본적으로 제공되며, 또는 여러 가지 향상된 기능을 동시에 제공하는 간단한 선택으로 구현된다. 일반적으로 기본 선택사항을 변경하려면, 원치 않는 구성 요소를 제거하도록 매개변수 값을 할당한다.

기존의 상향식 접근 방식에서 사용자는 더 높은 수준의 추상적 개념에서 시각화를 구성하는 데 집중해야 한다. 이런 식으로 접근하면, 시각화의 각 측면에 대해 명시적으로 코드화하며, 맞춤형 시각화에 많은 잠재력을 갖는 장점이 있다. 상향식 접근 방식은, 이용 가능한 경우 하향식 접근 방식과 같은 결과를 얻기 위하여, 더 많은 작업이 필요하다는 단점이 있다.

3. 시각화만 수행 대 시각화 및 해당 통계 분석 수행. lessR은 그 자체가 시각화 패키지는 아니지만, 시각화뿐 아니라 해당 통계 분석을 포함하는, 일련의 핵심 분석를 위한 데이터 분석 시스템이다. 예를 들어, R에서 몇 가지 시각화뿐 아니라 공선성 분석(collinearity analysis), 이상치/영향도 분석(outlier/influence analysis), 및 예측구간 분석(prediction interval analysis)을 하려면, 최대 20개의 다른 R 함수들이 필요하다. 그에 반해서, lessR 함수 `Regression()`은 표준 R 구문법을 따르는 한 번의 함수 호출로, 다중 시각화를 포함하는, 전체 분석을 제공한다.

lessR은 다른 기능도 포함한다. lessR 함수는 일반적으로 암호화된 R 오류 메시지 대신, 오류의 본질과 그 해결책에 관하여 보다 광범위한 설명이 제공되도록, 다양한 R 오류를 잡아낸다. 기본 데이터 테이블 (프레임) 이름, *d*는 분석을 수행할 때 오직 함수 이름과 변수 이름만 필요하다는 것을 암시한다. 그러나, 다시 말하지만, ggplot2는 시각화를 생성할 수 있는 사용자 유연성 면에서, 궁극적인 패키지로 남아 있다.

2.1.2 그레이스케일 시각화

인쇄된 학술지같은 많은 출판 자료, 그리고 예를 들어, 이 책은 그레이스케일[3]을 삽화를 사용한다. 현대 시각화 시스템은 컬러와 그레이스케일 시각화 모두를 제공한다.

lessR은 시각화를 위한 기본 테마로 컬러를 사용한다. lessR 함수 style()를 사용해서 이후의 모든 시각화에 적용하는, 그레이스케일을 얻는다.

그레이스케일 테마

lessR : `style("gray")`

ggplot2 시각화는 범주형 변수의 여러 수준을 식별하기 위해 사용되는 컬러를 제외하고, 기본적으로 그레이스케일로 지정되는 경향이 있다. 이 책 전반에 걸쳐 컬러가 나타나는 위치에, ggplot2 설명서는 그레이스케일 시각화를 얻으려면 수정이 필요하다고 알려준다. 몇 가지 변형이 있다. 그 가운데 한 예로 다음 코드를 ggplot2 함수 호출에 추가해서 막대 그래프를 생성한다.

그레이스케일 테마

ggplot2 : `scale_fill_grey(start=.6, end=.3)`

그리고, 시각화 생성을 시작한다.

[3] 중간 색조의 회색으로 검정색과 흰색을 표현한다.

2.2 범주형 변수 분포

수치 값과 범주형 변수의 범주(수준 또는 값)를 연관시켜, 예를 들어, 가장 뛰어난 데이터 시각화 중 하나, 막대 그래프를 생성한다. 막대 그래프(bar chars)[4]는 범주와 연관된 값에 따라 각 범주에 대해 비례하는 높이의 막대를 표시한다. 일반적으로 표시되는 한 가지 숫치형 변수는 카운트(Count), 범주형 변수의 각 수준에서 발생한 데이터 값의 수(도수 분포)를 나타낸 표이다. 3장에서 이런 유형의 다양한 시각화를 더욱 자세하게 다룰 것이다.

2.2.1 단일변수 막대 그래프

직원의 연봉, *Salary*, 그리고 직원이 일하는 부서, *Dept*같은 변수를 포함하는 employee 데이터 세트를 생각해 보자. 각 부서에서 일하는 직원 수는? 이 질문에 답하려면, 우선 외부 파일의 데이터 값을 *d* 데이터 프레임으로 읽은 다음, 막대 그래프를 생성한다. **그림 2.1**은 기본 설정된 `lessR` 그레이스케일 막대 그래프와 기본 `ggplot2` 막대 그래프를 보여준다.

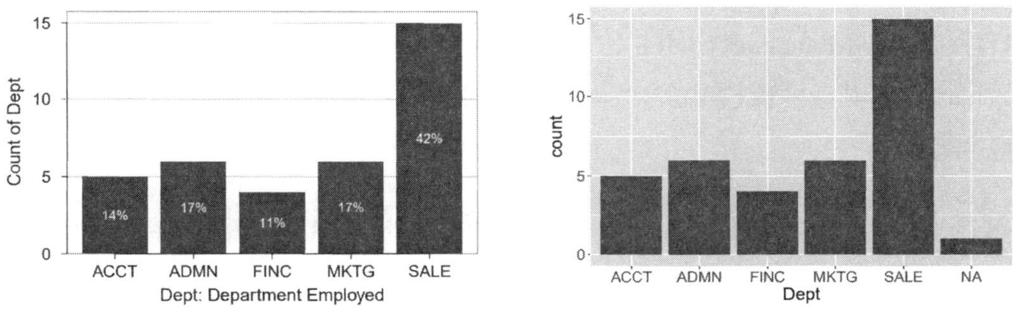

(a) `lessR` (b) `ggplot2`

그림 2.1: 기본 단일변수 막대 그래프.

그러한 미학은 모두 사용자 지정이 가능하지만, 기본(default)은 시각화 함수가 막대의 색깔과 같은 시각적 미학을 지정한다는 것을 의미한다. 기본적으로, **ggplot2**는 NA 값, 결측 데이터 값, 유효하지 않은(Not Available) 값의 수를 표시한다. 그에 반해서, `lessR`은 **리스트 2.1**에 보이는 것처럼, R 콘솔에 텍스트 출력의 일부로 결측 데이터의 수를 보여준다.

[4] 범주형 변수의 각 값에 대하여, 막대 높이에 비례하는 숫자 값을 연관시키는 그래프.

이런 기본 ggplot2 그리고 lessR 막대 그래프를 생성하는 함수 호출은 다음과 같다. 우선, 해당 패키지의 함수에 접근하기 위하여 적합한 library()를 실행한다. ggplot2에서 변수 레이블을 읽는 것은 선택적이며, lessR에서만 적용되는 레이블링은 더욱 자세하게 변수 축의 내용을 보여준다. lessR Read() 함수는 별도로 데이터와 변수 레이블 모두를 각각 데이터 프레임 이름 *d*와 *l*로 읽는다.

R 입력 데이터 프레임 *d*의 *Dept* 변수에 대한 도수 기본 막대 그래프

데이터 : d <- Read("http://lessRstats.com/data/employee.csv")
레이블 : l <- Read("http://lessRstats.com/data/employee_lbl.csv",
var_labels=TRUE)

lessR : BarChart(Dept)
ggplot2 : ggplot(d, aes(Dept)) + geom_bar()

lessR

lessR 패키지의 함수 이름은 중간에 띄어쓰기나 표기없이 하나 이상의 각 단어를 대문자로 표시하는, 카멜케이스 스타일(CamelCase style) 또는 메디알 캐피탈(medial capitals)을 따른다. lessR의 BarChart() 함수는 막대 그래프를 생성한다. 그렇지 않으면, 예를 들어, BarChart()에 대해서 bc()처럼, 두-글자 (또는 세-글자) 소문자 약어를 이용해서 lessR 함수를 지정한다.

이 예제에 대해 **리스트 2.1**에 보이는 것처럼, BarChart()는 도수 분포의 해당하는 기술 및 추론 분석(descriptive and inferential analysis)도 보여준다.

```
--- Dept: Department Employed ---

Missing Values of Dept: 1

                ACCT   ADMN   FINC   MKTG   SALE    Total
Frequencies:       5      6      4      6     15       36
Proportions:   0.139  0.167  0.111  0.167  0.417    1.000

Chi-squared test of null hypothesis of equal probabilities
  Chisq = 10.944, df = 4, p-value = 0.027
```

리스트 2.1: BarChart() 통계 분석.

표 2.1에 보이는 것처럼, 이 예제에서 BarChart() 함수 호출은 몇 가지 약어 및 규칙에 기인

한다. 기본 설정 데이터 프레임 (데이터 테이블) 이름으로, d를 사용하는 것은 `lessR`의 한 가지 규칙이다. 또는 `lessR` 함수 호출에 `data` 매개변수를 사용해서 데이터 프레임을 명시적으로 참조한다.

표 2.1: 동일한 막대 그래프 및 분석을 생성하는 네 가지 동등한 `lessR` 함수 호출.

함수 호출	설명
`BarChart(x=Dept, data=d)`	매개변수와 데이터 표 모두 분명하게 명시
`BarChart(Dept, data=d)`	첫 번째 위치에 레이블이 없는 변수는 x
`BarChart(Dept)`	기본 설정된 `lessR` 데이터 표의 이름은 d
`bc(Dept)`	`BarChart()`에 대한 약어는 `bc()`

이 예제에서처럼, 변수 y가 명시되지 않으면, `BarChart()`는 각 x 수준에서 데이터 값의 수(빈도)를 나타낸 표로부터 y 값을 계산한다.

❧ ggplot2

ggplot2는 명백하게 별개의 레이어(layer)[5]로 각 시각적 객체 세트를 표현한다. 모든 시각화 패키지는 한 번에 하나씩 시각화의 다양한 구성 요소를 처리한다. **ggplot2**의 매력적인 특징은 이런 레이어 구축을 위하여 사용자에게 제공되는 제어 능력이다. 예를 들어, 각 레이어는 다양한 기하학적 객체들의 시각화를 단일 복합체로 혼합해서, 잠재적으로 다른 데이터로 구성될 수도 있다. 일반 그래프 함수가 제공하는 특정 구조에 제한되는 대신, 분석가는 의미 있는 사양을 별도의 레이어에 추가할 수 있는 자유로움으로 많은 유연성을 얻는다.

`ggplot2` 시각화를 구현하려면, 제일 먼저 `ggplot()` 함수를 호출한다. 분석을 위한 변수를 포함하는 데이터 프레임의 상세한 내용을 포함시킨다. 그 다음에, 내장된 `aes()` 함수로 표시하기 위하여 하나 이상 변수의 데이터 값을 지정한다. 그리고 점이나 막대같은 기하학적 객체가 표시되도록 명시한다.

그림 2.1b에 보이는 지금의 예는 단지 하나의 레이어, 막대 그래프의 막대를 표현하였다. 동일한 데이터 프레임과 관련 변수들을 그래프의 모든 레이어에 적용하려면, 일반적으로 데이터

[5] 지정된 데이터 값에 해당하는 기하학적 객체가 표현되는 층.

프레임과 구성하는 변수들을 `ggplot()` 함수 호출 안에 명시한다. **그림 2.2**는 **그림 2.1**의 막대 그래프를 생성하는 이런 패턴을 자세히 보여준다.

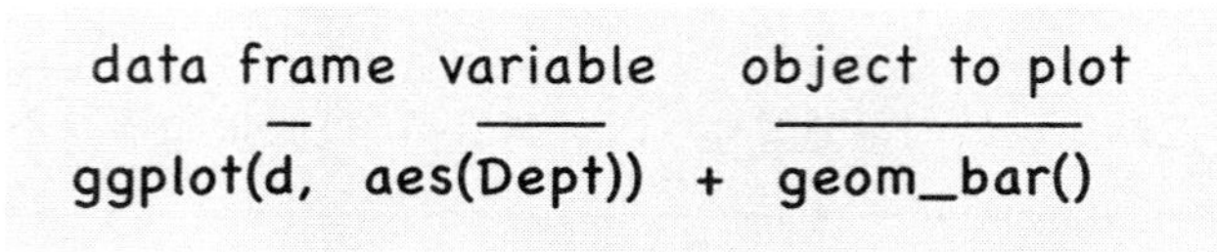

그림 2.2: *d* 데이터 프레임의 각 수준의 범주형 변수 Dept에 대한 도수 분포표로부터 막대 그래프를 생성하는 `ggplot2` 함수를 호출하는 패턴.

시각화는 *x*와 *y*-축 상의 좌표, 표시된 객체의 경계색과 채움색, 그리고 점선 또는 점을 나타내는 다이아몬드처럼 표시된 객체의 모양과 같은 시각적 미학 성분들로 구성된다. 그래픽 문법(the grammar of graphics)은 보는 사람이 인지하는, 이러한 미학을 변수에 대한 데이터 값의 속성과 명시된 것으로 연관시킨다. 이러한 변수의 시각적 미학으로의 변환은 매핑(mapping)을 정의한다. 최소한도로, 매핑은 해당 축으로 표시된 변수들을 연관시키며, 그리고 구체적으로 지정되지 않았다면, 기본 설정 값을 색상과 크기와 같은 미학 성분에 적용한다.

그림 2.2에 보이듯이, `ggplot()`에 부여되는 매개변수 중 하나는 또 다른 함수, `aes()`이다. `ggplot()`의 시각적 미학 성분을 `aes()` 함수로 명시한다. `aes()` 함수에 기본 설정된 첫 번째 인수는 *x*-축 변수이다. 매개변수 목록에 `x=`이 선행되지 않은 첫 번째 인수로 입력된 변수 이름은 함축적으로 *x*-축으로 매핑되는 변수로 정의된다. 존재하는 경우, 명명되지 않은 두 번째 인수는 *y*-축 변수이다.

그래프에 포함되는 전형적인 기하학적 객체는 막대, 선, 그리고 점을 포함한다. 미학 성분으로 명시된 데이터의 일부 속성에 해당하는 하나의 레이어에 적어도 하나의 기하학적 객체를 포함시킨다. `ggplot2` 시스템에서 이런 기하학적 객체는 geom으로 대표된다. 막대 그래프의 막대를 그리기 위하여 `geom_bar()` 같은 자체 함수로 geom을 명시한다. **그림 2.2**는 막대 그래프를 명시하는 세 가지 함수 모두를 포함한다. 다른 많은 기본값도 호출된다.

그림 2.2에 보이는 함수 호출은 함수 정의할 때 매개변수의 순서를 따른다면, 매개변수 이름을 명시할 필요가 없다는 유용한 R 규칙을 따른다. 처음 2개의 `ggplot()` 매개변수 이름은 각각 `data`와 `mapping`으로 주어진다. `aes()` 함수는 매핑, 즉, 기하학적 객체, 예를 들어, 회색 막

대로 표현되도록 데이터 값을 미학 성분으로 변환한다. **aes()** 함수의 첫 번째 매개변수는 변수 *x*이다.

이름이 주어진 모든 매개변수 값으로 **그림 2.1**을 생성하는 함수 호출은 다음과 같다.

```
ggplot2 : ggplot(data=d, mapping=aes(Dept)) + geom_bar()
```

다중 레이어에서 단일 레이어에서만 유일한 기하학적 객체를 명시하려면, 해당 레이어의 **geom** 함수 내에서 **aes()** 함수를 호출한다. 예를 들어, **그림 2.1**에는 레이어가 하나만 있기 때문에, 다음 서술문은 동일한 그래프를 생성할 것이다. 여기서 **ggplot()** 호출은 모든 레이어에 대해 기본 데이터 테이블(프레임), *d*를 명시하지만, **ggplot()** 호출은 **geom_bar()** 레이어 내에서만 변수 *Dept*를 명시한다. **geom_bar()** 레이어에서 데이터 프레임에 대한 언급이 없다면, 참조 변수, *Dept*는 이전에 언급된 데이터 프레임 *d*에 있어야 한다.

```
ggplot2 : ggplot(d) + geom_bar(aes(Dept))
```

다음은 **ggplot()** 함수에 대한 **data** 인수가 없기 때문에, 시각화 레이어에 대한 기본 데이터 테이블이 없는 예이다. 이런 경우, 레이어에 표시할 객체를 정의하는 특정 **geom** 함수에 변수와 데이터 프레임 이름 모두를 명시한다. 이 시각화는 단일 레이어만 포함하기 때문에, 다음 코드의 명령문도 **그림 2.1**과 동일한 그래프를 생성한다.

```
ggplot2 : ggplot() + geom_bar(aes(Dept), data=d)
```

이런 내용을 후속 레이어에 적용하기 위하여, 새로운 명령문으로 단호하게 중단시키지 않는다면, 본래의 **ggplot()** 함수 호출에 변수를 포함하는 데이터 프레임뿐만 아니라 데이터 값을 갖는 변수(들) 모두를 포함시킨다. 이런 융통성은 필요에 따라 다른 레이어에서 지정된 다른 데이터 프레임과 변수를 제공하며, 이 내용은 나중에 다뤄질 것이다.

2.2.2 다중변수 막대 그래프

⚜ 다중 단일 막대 그래프

lessR 패키지의 BarChart() 함수는 지정된 수만큼의 변수에 대한 막대 그래프를 제공한다. 하나 이상의 변수를 처리하려면, 매개변수 목록 중 첫 번째 매개변수, *x* 값을 벡터로 지정한다. 또는, 데이터 프레임에 포함된 모든 범주형 변수에 대하여, 그에 상응하는 도수 분포(frequency distribution)를 보여주는 막대 그래프를 생성하려면, 어떤 *x* 값도 지정하지 않는다. 모든 매개변수의 기본 설정값을 사용해서, 데이터 프레임 *x*의 각 범주형 변수에 대한 막대 그래프를 생성하는 함수 호출은 다음 코드처럼 4자로 줄어든다.

```
lessR : bc()
```

팩터로 전환되지 않고 범주형 변수로 코딩된 하나 이상의 정수에 대하여, 범주의 수를 지정하는, lessR 매개변수 n.cat는 R에게 이런 수치형 변수는 범주형이라고 알려준다. 범주형 변수를 정의하는 최대 고유 정수 코드의 수를 명시한다. 예를 들어, Mach IV 데이터는 0부터 5까지의 정수를 갖는 6-포인트 Likert 척도로 코딩된다. 다음 코드는 Mach IV 항목에 0-1 *Gender* 변수로 코딩된 모두 20개의 정수에 대한 막대 그래프를 생성한다.

```
lessR : bc(n.cat=6)
```

⚜ 누적 막대 그래프

Employee 데이터 세트의 *Dept* 그리고 *Gender*처럼, 응답 척도가 다른 범주형 변수를 포함하는 데이터 세트에 대하여, 기본적으로 각 막대 그래프는 별도의 창에 나타난다. 그러나, 각각 6-포인트 Likert 척도로 평가되는 20개의 Mach IV 항목처럼, Barchart() 함수의 기본값은 동일한 응답 척도를 공유하는 일련의 변수에 대해 변경된다. 그리고 BarChart()는 각 변수에 대해 하나의 막대, 여기서는 개별 항목에 상응하는, 일련의 누적 막대 그래프(stacked bar charts)[6]로 단일 시각화를 표현한다. 각각의 막대를 응답 범주형 변수에 해당하는 영역으로 나눈다.

---

[6] 특정 범주형 변수에 대한 단일 막대를 각 수준당 하나씩의 영역으로 나눈 막대 그래프.

그림 2.3은 그레이스케일 버전의 누적 막대 그래프를 보여준다. 중간보다 밝은 색, 여기서는 회색은 양쪽으로 갈라져 짙은 색으로 변한다. 기본 설정 그래프는 각 막대의 왼쪽에서 황갈색 진행을 그리고 각 막대의 오른쪽에서 청색 진행을 나타낸다.

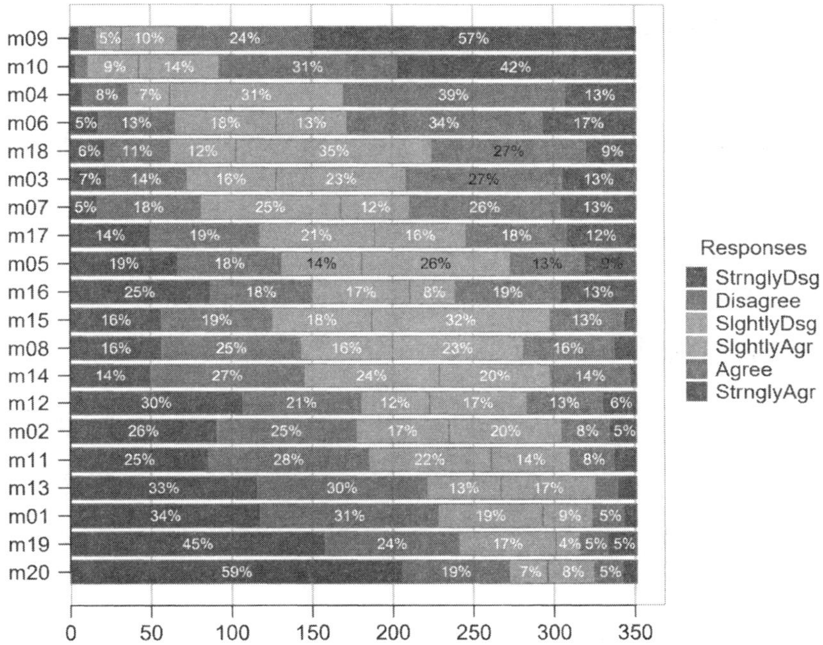

그림 2.3: 각 20개의 Mach IV 항목에 대하여, 351명의 응답자에 대한 평균 수준의 동의에 따라 분류된 6-포인트 Likert 응답 척도의 누적 막대 그래프.

`BarChart()`는 범주형 변수에 대한 응답을 분석한 다음, 매개변수 **one_plot**을 상황에 맞게 **TRUE** 또는 **FALSE**로 지정한다. 또는, 선호에 따라 기본 설정을 무효로 한다. 응답 척도가 다르더라도, 변수들을 단일 패널에 나타낼 수 있다. 또는, 동일한 응답 척도를 갖는 변수들을 개별적으로 시각화한다.

`lessR` 시각화는 일반적으로 원하는 특징을 자동으로 포함한다. 다중 누적 막대 그래프에 대한 이런 특징으로 가로 막대, 평균 응답에 따라 분류된 변수, 그리고 막대에 표시된 수치값을 들 수 있다. 추가적인 특징을 원하지 않으면 과감하게 삭제한다. 이 예제에서, 매개변수 `horiz`을 **FALSE**로, `sort`를 0으로, 그리고 `values`를 `"off"`로 지정하였다.

BarChart() 함수를 호출해서 **그림 2.3**의 누적 막대 그래프를 얻는다. 단일 변수에 대한 참조를 동일한 응답 척도를 갖는 변수 벡터로 교체한다.

R 입력 동일한 응답 척도를 갖는 누적 막대 그래프의 시각화

데이터 : d <- Read("http://lessRstats.com/data/Mach4.csv")

lessR : BarChart(m01:m20)

이 명령문을 실행하면, R 콘솔로 각 변수에 대한 도수 분포와 해당 변수의 평균이 출력된다. Mach IV 척도의 항목처럼 변수 레이블이 포함되면, BarChart()는 콘솔로 누적 막대 그래프에 표현된 순서대로 항목들을 출력한다.

중심 누적 막대 그래프

lessR BarChart()는 수평축에 누적된 표본 크기에 대해 누적 막대를 나타낸다. 각 응답 범주에 대해 보고된 값은 해당 범주와 그 이전의 모든 범주에 대한 응답수의 누적합이다. 이에 따라, 각각의 막대는 전체 표본 크기, 여기서는 n=351로 제한된 수평축의 전체 수평 너비를 확장한다.

그림 2.4는 모든 막대를 통과하는 수직선으로 표시된 중립점에 각 막대의 중앙을 위치시킨 대안적 접근법을 보여주며, 발산 척도(divergent scale) 대신 순차 척도(sequential scale)를 사용하였다. 여기서 수평 막대는 각각 동의의 비율과 이의의 비율에 의해 양쪽에서 경계를 이룬다. 강하게 동의하지 않는(Strongly Disagree)에 대해 1로 시작해서, 그리고 강하게 동의하는(Strongly Agree)에 대해 6에서 끝나는, 6-포인트 응답 척도를 나타내는 이 예제에서, 이의(Disagreement) 응답(1, 2, 3)은 수직선의 오른쪽에, 그리고 동의(Agreement) 응답(4, 5, 6)은 수직선의 왼쪽에 위치함을 보여준다.

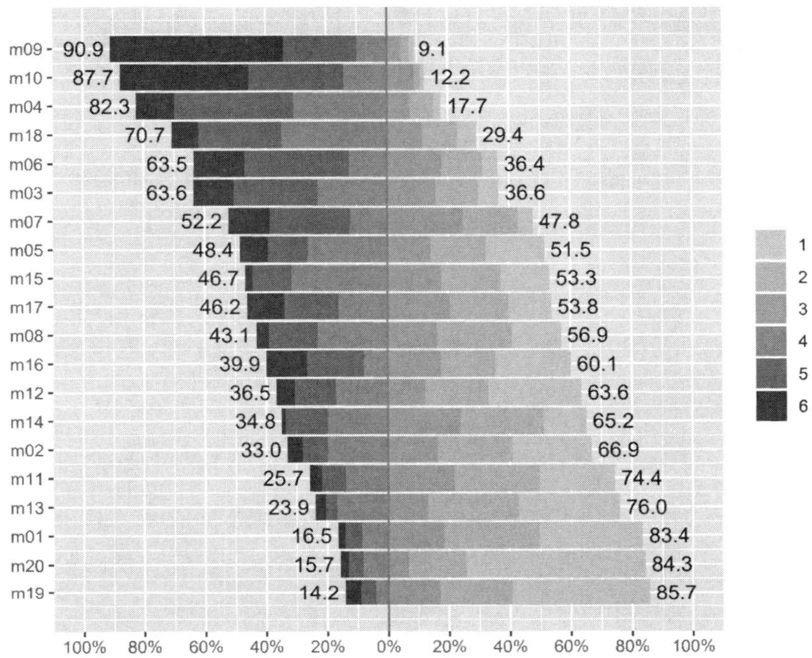

그림 2.4: 각 20개의 Mach IV 항목에 대하여, 351명의 응답자에 대한 긍정적인 응답의 합계에 의한 오름차순에 따라 분류된 6-포인트 Likert 응답 척도의 중앙 누적 막대 그래프.

Daniel Lüdecke가 제작한 `sjPlot` 패키지(2018)의 `plot_likert()` 함수[7]를 이용해서 **그림 2.4**를 구현하였다. 이 패키지는 다양한 통계 분석을 위한 많은 그래픽 루틴을 제공한다. `plot_likert()` 함수로 그래프로 나타내려는 변수에 해당하는 특정 열의 데이터 값을 입력한다. 여기서는 20개의 Mach IV 항목에 대한 데이터 값은 입력 csv 데이터 파일 중 2부터 21까지의 열에 포함되어 있다. 데이터를 데이터 프레임 *d*로 읽은 다음, 대괄호로 명시된 기본 R 함수 `Extract()`를 이용해서 적절한 열을 선택한다.

R 입력 입력 중앙 누적 막대 그래프의 시각화

```
데이터 : d <- Read("http://lessRstats.com/data/Mach4.csv")
         d <- d[ ,2:21]
lessR :  d <- recode(m01:m20, old=0:5, new=1:6, data=d)
---------------------------------------------------------------
sjPlot : plot_likert(d, show.n=FALSE, geom.size=.9, sort.frq="pos.asc",
           values="sum.outside", reverse.colors=TRUE, geom.colors="gs")
```

[7] `sjPlot` 패키지: 중심 누적 막대 그래프와 같은 페널에 표현한 다중 Likert 응답 항목으로부터 얻은 그래프.

6-포인트 Likert 응답은 0부터 5까지로 코드화된다. 분명하게, `plot_likert()`[8] 함수는 1에서 시작하는 응답이 필요하므로, 여기서는 LessR 함수 `recode()`를 이용해서 새로운 계량 단위로 응답을 다시 코딩한다. 이 함수를 이용하려면, 관련 변수 이름들로 구성된 벡터, `old` 코드, 그리고 해당 `new` 코드 순으로 입력한다. 그리고 기본 설정된 이름 d에 대해서는 필요하지 않지만, 입력 데이터 프레임 이름 *d*를 `data` 매개변수 값으로 지정한다.

데이터가 읽히고 준비되면, 수정된 데이터 프레임 이름, d로 시작하는 `plot_likert()`를 실행한다. `show.n`을 `FALSE`로 지정하면, 이 예제의 추가적 수정사항은 각 라인에 대한 n=351 출력을 보여주지 않고 시작한다. `lessR`이 사용하는 것과 다른 판단 기준인, Agree(동의) 응답의 합계에 따라 오름차순으로 정렬하기 때문에, 정렬 순서는 약간 다르다. 매개변수 `values`를 `"sum.outsize"`로 지정해서, Agree 그리고 Disagree 응답에 대한 합계를 보여준다. `geom.colors`를 `"gs"`로 지정해서 그레이스케일 색상을 얻는다. `reverse.colors`를 `TRUE`로 지정해서 그레이스케일 팔레트의 명암을 반전시킨다.

2.3 연속형 변수 분포

히스토그램은 *Age*, *Salary*, *MPG*, 또는 *Height* 같은 연속형 변수의 분포를 보여준다. 데이터 값의 범위를 빈(bin)[9]이라고 하는 동일한 너비의 간격으로 확장하는 내재된 연속성을 분할한다. 각 데이터 값을 해당하는 빈에 넣은 다음, 각 빈에 담긴 데이터 값의 수를 센다. 보통 빈스를 수평축에 놓고 히스토그램을 구축한다. 범주형 변수의 막대 그래프와 달리, 공통의 경계를 공유하는 인접한 빈스로 수치 척도의 내재된 연속성을 나타낸다.

2.3.1 기본 히스토그램

기본 그레이스케일 `lessR` 히스토그램과 `ggplot2` 히스토그램이 **그림 2.5**에 보인다.

*Salary*의 히스토그램은 37명의 직원에 대해 가장 빈번하게 발생하는 연봉은 40,000달러에서 60,000달러 사이이며, 가장 적게 발생하는 연봉은 100,000달러 이상이라는 것을 보여준다.

[8] 중심 누적 막대 그래프와 같은 패널에 다중 Likert 항목에 대한 응답을 그리는 `sjPlot` 패키지 함수.

[9] 비슷한 값을 갖는 연속형 변수를 위한 간격.

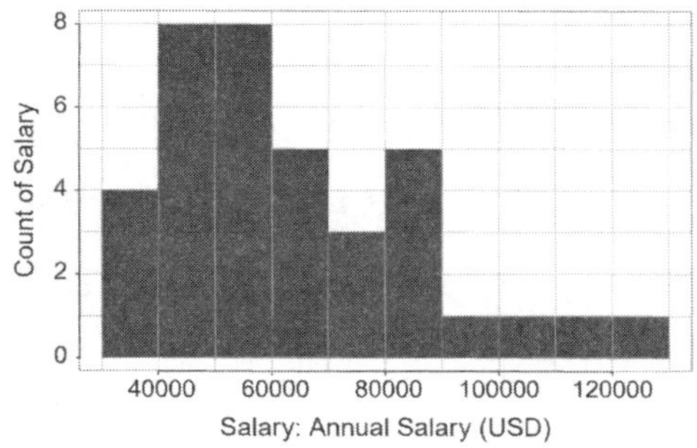

(a) lessR

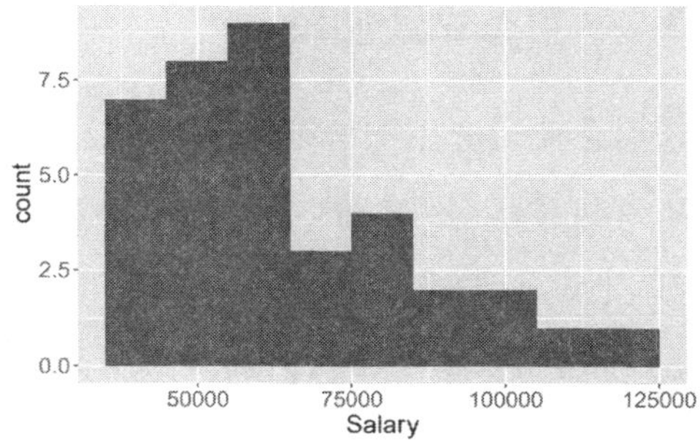

(b) ggplot2

그림 2.5: 빈폭이 지정된 기본 lessR 히스토그램과 ggplot2 히스토그램.

`lessR` 히스토그램 함수 Histogram()를 `hs()`으로 줄여 쓴다. 직접 사용자 작업 공간 안에서, 또는 데이터 프레임 안에서, 여기서는 기본 이름 *d* 안에서 적합한 변수를 찾는다. `ggplot2`의 경우, **그림 2.2**에 설명된 내용과 같은 일반적인 형태를 따르는 `geom_histogram()` 함수를 이용해서 히스토그램 레이어를 나타낸다.

R 입력 *d* 데이터 프레임의 *Salary* 변수에 대한 기본 히스토그램
데이터 : d <- Read("http://lessRstats.com/data/employee.csv")

```
lessR : Histogram(Salary)
ggplot2 : ggplot(d, aes(Salary)) + geom_histogram(binwidth=10000)
```

실제로, 빈폭(bin width)에 대한 기본 알고리즘은 일반적으로 허용할 수 있지만, 반드시 최적은 아닌, 빈폭을 제공한다. 초기 히스토그램을 나타낸 후에, 다양한 대안의 빈폭을 시도해본다. 이런 시도를 북돋우기 위해, `ggplot2` 히스토그램 함수는 기본적으로 합리적인 값의 빈폭을 제공하지 않는다. 빈폭을 명시하려면, `geom_histogram()` 호출에서 `binwidth` 매개변수를 설정한다. 해당하는 `lessR` 매개변수는 `bin_width`이다.

`lessR Histogram`은 요약 통계(summary statistics) 및 이상치 분석(outlier analysis)뿐 아니라 빈스(bins), 빈스 중간점(bin midpoint), 도수(frequency), 상대 도수 또는 비율, 그리고 누적 상대 도수(cumulative relative frequencies)로 구성된 도수 분포 표를 출력한다.

2.3.2 히스토그램 외

최신 컴퓨터 기술은 연속변수의 분포를 보여주는 VBS 플롯[10] 등을 통해 19세기 히스토그램보다 효율적인 시각화를 제공한다(Gerbling, 2020). VBS 플롯은 서로 다르지만 상호 보완적인 세 가지 그래프들을 단일 시각화로 통합시킨다: 바이올린 플롯(violin plot)(Hintze & Nelson, 1998), 박스 플롯(box plot)(Tukey, 1977), 그리고 단일변수 산점도(scatterplot). 그러면 그래프 함수는 자동으로 분포의 표본 크기와 다른 특성의 관점에서 완성된 시각화를 조정한다. 다음에 소개하는 내용 외에, 4장에서 모두 세 가지 하위 그래프와 VBS 플롯에 대하여 좀 더 폭넓은 논의를 할 것이다.

```
--- Salary: Annual Salary (USD) ---

     n   miss      mean         sd        min        mdn         max
    37      0  63795.56   21799.53   36124.97   59547.60   124419.23


(Box plot) Outliers: 1

Small     Large
-----     -----
           124419.2


Bin Width: 10000
Number of Bins: 10

            Bin   Midpnt  Count    Prop  Cumul.c   Cumul.p
----------------------------------------------------------
  30000 >  40000   35000      4    0.11        4      0.11
  40000 >  50000   45000      8    0.22       12      0.32
...
 110000 > 120000  115000      1    0.03       36      0.97
 120000 > 130000  125000      1    0.03       37      1.00
```

리스트 2.2: `lessR` 함수 `Histogram()`이 제공한 통계 분석.

그림 2.6은 직원 37명의 연봉에 대한 소규모 데이터 세트의 `lessR`과 `ggplot2` VBS 플롯을 보여준다.

[10] 연속 변수의 분포를 보여주는 통합 바이롤린 플롯, 박스 플롯 그리고 산점도.

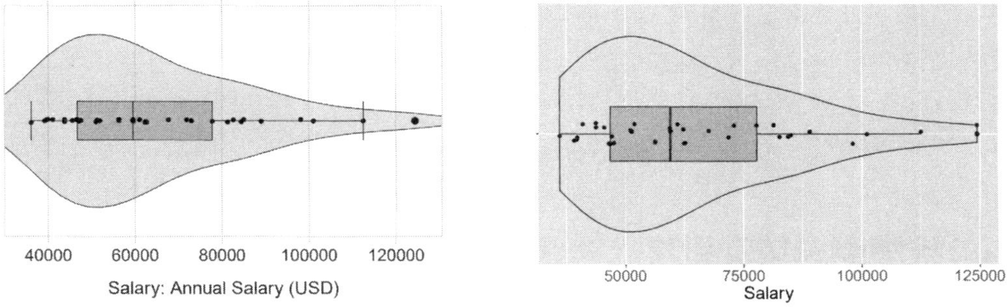

(a) lessR (b) ggplot2

그림 2.6: 통합 바이올린/박스/산점도 플롯 또는 VBS 플롯.

*Salary*의 VBS 플롯은 37명의 직원에 대해 가장 빈번하게 발생하는 연봉은 40,000달러에서 60,000달러 사이이며, 상대적으로 빈번하게 발생하지 않는 연봉은 100,000달러 이상이라는 것을 보여준다. 박스 플롯은 120,000달러가 넘는 급여의 최고 값을 이상치(outlier)로 나타낸다.

VBS 플롯은 `lessR`의 주요 목표를 보여준다. 어떤 유형의 그래프가 가장 유용한 것인지 고민한 다음, 적절한 기본 설정값이 주어진 단순 함수 호출로 타당한 시각화를 구현한다. `lessR` 함수 `Plot()`는 단일 연속형 변수 값에 대해 VBS 플롯을 생성한다. `Plot()` 함수는 기본적으로 그래프의 각 성분(바이올린 플롯, 박스 플롯, 그리고 산점도)을 개별 레이어로 추가하고, 표본 크기와 분포 유형에 따라 그래프의 특징을 자동으로 조정한다. 그에 반하여, **ggplot2**를 사용해서 VBS 플롯을 구축하려면, 저마다 제각기 **geom**으로 명백하게 각각의 3개 성분을 개별 레이어에 추가한 다음, 원하는 결과를 얻기 위하여 빈폭 그리고 점의 크기 같은 매개변수를 수동으로 조율하면서 연속적으로 시각화를 구현한다.

R 입력 *d* 데이터 프레임의 *Salary*에 대한 VBS 플롯

데이터 : `d <- Read("http://lessRstats.com/data/employee.csv")`

lessR : `Plot(Salary)`

ggplot2 :
```
ggplot(d, aes(x="", y=Salary)) +
  geom_violin(fill="gray90", bw=9500, alpha=.3) +
  geom_boxplot(fill="gray75", outlier.color="black", width=0.25) +
  geom_jitter(shape=16, position=position_jitter(0.05)) +
  theme(axis.title.y=element_blank()) +
  coord_flip()
```

기본 시각화 테마를 되풀이하기 위하여, `lessR`은 사전 프로그래밍된 결과를 가져다주는 단순성을 제공하며, `ggplot2`는 복잡성을 추가하는 대가로, 개념화할 수 있는 것을 구현하는 융통성을 제공한다.

2.4 두 변수 사이의 관계

Francis Galton(Friendly & Denis, 2005)의 19세기 발명품, 산점도(scatterplot)를 이용해서 데이터 값을 점으로 표시한다. 2-차원 **산점도**[11]는 두 연속 변수를 공동 데이터 값으로 각 변수에 대한 축과 연관시킨다. 2-차원 산점도에 표시된 각 점은 단일 관찰에 대한 두 변수의 값을 나타낸다. 각각의 변수 값을 두 축의 좌표로 나타낸다.

2.4.1 기본 산점도

그림 2.7의 산점도는 근로 연수 *Years*와 연봉 *Salary* 사이의 강하고 긍정적인 **관계**[12]를 보여준다.

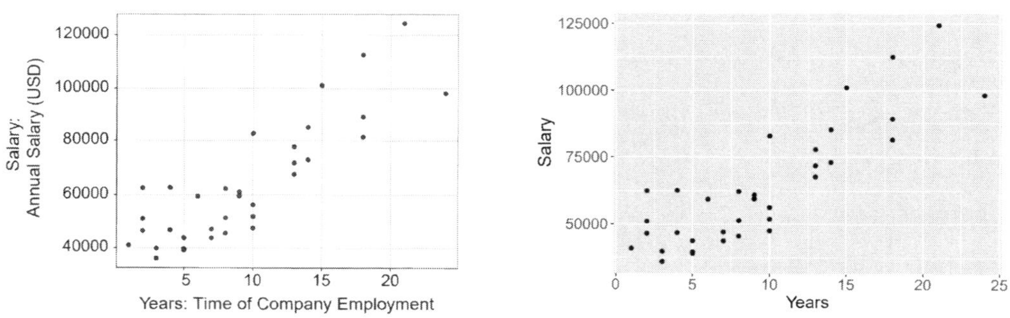

(a) `lessR` (b) `ggplot2`

그림 2.7: 기본 산점도.

`LessR` 함수 `Plot()`, 축약된 `sp()`는 임의 조합의 연속형 및 범주형 변수를 포함하는, 점들로 표현된 다양한 시각화를 처리하도록 폭넓게 정의된, 산점도를 생성한다. 예를 들어 이 예제

[11] 개별 관찰에 대하여, *n*-차원 좌표계에 점으로 나타낸 *n* 변수의 값.

[12] 한 변수 값이 증가함에 따라, 다른 변수 값이 체계적으로 증가 또는 감소하는 경향.

에서 2개의 연속형 변수값은 2-변수 산점도를 생성하려면, `Plot()` 함수의 처음 2개의 매개변수, *x*와 *y* 변수 모두를 명시한다. **ggplot2**의 경우, `ggplot()` 호출에 데이터 프레임과 변수들을 정의한다. `aes()` 함수를 이용해서, 함수의 처음 2개의 매개변수 *x*와 *y* 변수를 명시한다. 이 시각화에서 단일 레이어에 점들을 표현하도록 geom_point() 함수를 명시한다.

R 입력 *Years*와 *Salary*의 기본 산점도

데이터 : d <- Read("http://lessRstats.com/data/employee.csv")

lessR : Plot(Years, Salary)

ggplot2 : ggplot(d, aes(Years, Salary)) + geom_point()

`Plot()`는 상관계수 분석도 제공한다. **리스트 2.3**에 보이듯이, 분석에는 추정 계수값뿐 아니라, 모집단 상관계수에 대한 영점 가설검정, 그리고 수반되는 신뢰구간이 포함된다.

```
Number of paired values with neither missing, n = 36

Sample Correlation of Years and Salary: r = 0.852

Alternative Hypothesis: True correlation is not equal to 0
  t-value: 9.501,  df: 34,  p-value: 0.000

95% Confidence Interval of Population Correlation
  Lower Bound: 0.727      Upper Bound: 0.923
```

리스트 2.3: 상관관계 분석에 대한 `Plot()` 통계 분석 출력.

컴퓨터 기술은 19세기 기술로는 가능하지 못했던, 산점도를 개선할 수 있으며, 이 내용은 다음에 다룰 주제가 된다.

2.4.2 향상된 산점도

여러 기능들을 이용해서 산점도를 향상시킨다. 이변량 정규분포(bivariate normal distribution)으로부터 얻은 95% 신뢰 타원(confidence eclipse)은 변수간 상관관계를 시각화하는데 도움을 준다. 해당 95% 신뢰 대역(confidence bands)으로 표현된 최적 최소 제곱선(best-fit least squares line)은 (선형) 관계를 요약한다. 이상치를 제외하고 재-계산한 최적선이 있는 잠재적 이상치의 존재는 추정된 관계에 미치는 그들의 영향력을 교정한다. 게다가, 그래프의 네 사분면을 좀 더 상세하게 나타내면, 근본적인 관계의 본질을 시각화하는데 도움이 된다.

그림 2.8은 lessR 시각화에 대한 모든 특징과 **ggplot2**의 이상치 분석을 제외한 모든 특징을 보여준다. 해당 **ggplot2** 시각화는 이상치를 식별하지 못하며, 이상치가 없는 대체 최적선도 나타내지도 못한다. 사용자 지정할 수 있는 유연성과 자유로움에 힙입어, **ggplot2**는 **그림 2.8a**에 보이는 시각화도 생성할 수 있다. 그러나 그렇게 하려면, 더 많은 줄의 코드가 필요할 수도 있다. 우선, 이상치를 식별하기 위하여 중심으로부터 개별 점까지의 마하라노비스 거리(Mahalanobis distance)를 계산한 다음, 이상치를 삭제하고, 거리를 재-계산한 다음, 이상치가 없는 데이터에 대한 회귀선(regression line)을 나타낸다.

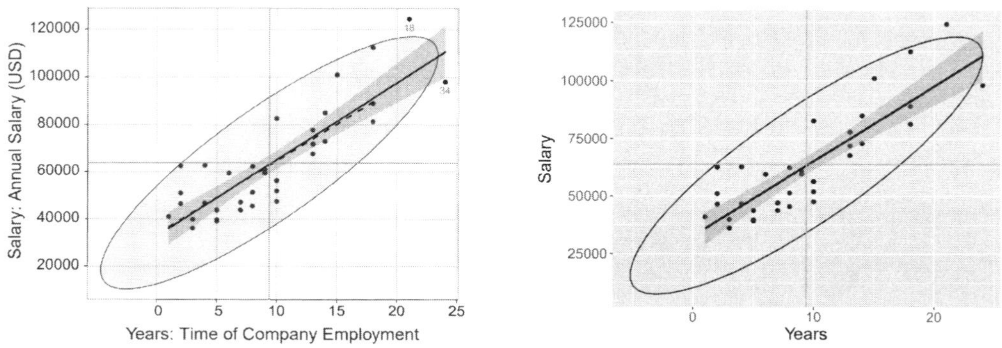

(a) lessR (b) ggplot2

그림 2.8: 개선된 산점도.

개선된 lessR 시각화를 생성하기 위하여, 단일 매개변수, enhance를 TRUE로 지정한다. **ggplot2**의 경우, **그림 2.8b**에 보이듯이, 별개의 함수 호출마다 결과로 초래되는 시각화를 위한 개별 레이어를 생성한다. 사전에 프로그래밍하지 않고 lessR 함수를 다양하게 응용할 수 있도록, lessR이 보다 사용이 간단한 선택적 매개변수를 갖는 것에 비해, **ggplot2**는 맞춤형 시각화를 구현할 수 있는 최상의 툴키트(toolkit)를 제공한다.

R 입력 향상된 산점도: *Years*와 *Salary*

데이터 : d <- Read("http://lessRstats.com/data/employee.csv")

```
lessR : Plot(Years, Salary, enhance=TRUE)
ggplot2 : ggplot(d, aes(Years, Salary)) + geom_point() +
   geom_smooth(method=lm, color="black") +
   stat_ellipse(type="norm") +
   geom_vline(aes(xintercept=mean(Years, na.rm=TRUE)), color="gray70") +
   geom_hline(aes(yintercept=mean(Salary), na.rm=TRUE), color="gray70")
```

ggplot2에 대하여, geom_smooth()을 이용해서 최적 적합 최소제곱 선(best-fit least-squares line)과 관련하여 기본 설정된 95% 신뢰 구간을 얻는다. 기본적으로, 선은 푸른색으로 표현되기 때문에, "black"같은 색깔을 명시해서 그레이스케일 그래프를 얻는다. stat_ellipse()으로 95% 신뢰 타원을 얻는다. type="norm" 인수는 다변량 정규분포(multivariate normality)로 추정함을 의미한다. 수직선 및 수평선은 각각 geom_vline()과 geom_hline() 함수로 표현한다. 각각의 xintercept와 yintercept 변수는 해당 축에 선을 표현할 위치를 나타낸다. 결측 데이터가 있는 경우, na.rm 매개변수는 R에게 결측치를 제거하고 평균을 계산하도록 지시한다. 그렇지 않으면, 결측 데이터를 포함한 계산은 실패하며, 결과는 NA를 반환한다.

2.5 시간 경과에 따른 데이터 분포

시계열(time series)[13]은 레이블이 부착된 해당 기간에 걸쳐 정렬된 시간 지향 데이터를 보여준다. 한 축에 시간 값, 그리고 다른 축에, 기간마다 하나씩, 변수 값을 표시한다.

2.5.1 시계열

설명을 위하여, 1980년 12월부터 2019년 1월까지 3개 회사(Apple, IBM, 그리고 Intel)의 finance.yahoo.com으로부터 얻은 수정 주가(adjusted stock price)를 고려해 보자. **그림 2.9**는 월별 날짜(*date*), 회사명(*Company*), 그리고 해당 회사 주식의 주당 가격(*Price*)을 나타내는 3개의 열로 구성된 엑셀 데이터 파일을 보여준다. **그림 2.10**에서 2008년 iPhone 출시 이후 Apple 시장에서 시가총액의 전반적인 극적 주가 상승을 보여주는 Apple에 대한 시계열만 고려해 보도록 하자.

1	date	Company	Price
2	12/1/1980	Apple	0.027
3	1/1/1981	Apple	0.023
4	2/1/1981	Apple	0.021
		...	
460	12/1/1980	IBM	2.051
461	1/1/1981	IBM	1.945
462	2/1/1981	IBM	1.941
463	3/1/1981	IBM	1.910
		...	
918	12/1/1980	Intel	0.212
919	1/1/1981	Intel	0.196
920	2/1/1981	Intel	0.185
921	3/1/1981	Intel	0.191
		...	

그림 2.9: 시계열 데이터.

기본 시계열 시각화를 활성화하기 위하여, 날짜 변수로서 날짜를 나열한 x 변수를 작성한다. R로 읽어 들인 데이터 파일이 엑셀 날짜로 작성된 날짜 변수를 갖는 엑셀 파일이면, 그 서식

[13] 일정한 시간 간격에 걸쳐 분포된 데이터 값과 해당 시각화.

설정은 R 데이터 프레임에도 이어진다. 그렇지 않으면, 날짜로 작성된 날짜 변수가 없는 엑셀 파일, 또는 csv 파일을 읽을 때, 날짜 변수로 명시적으로 변환된다.

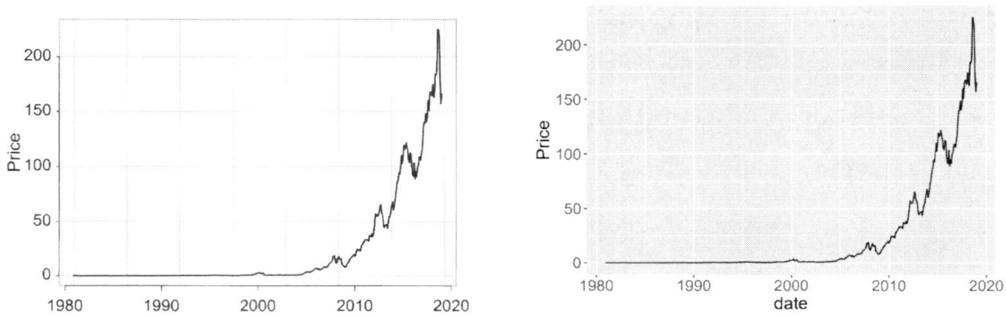

(a) lessR (b) ggplot2

그림 2.10: 기본 시계열 시각화.

Apple 데이터만 선택. 데이터 테이블은 3개 회사 각각에 대하여 같은 수의 데이터 행으로 구성되지만, **그림 2.10**에 보이는 시계열은 Apple 주가만 적용되었다. 시각화를 Apple로 제한하려면, Apple에 대한 데이터 행만 선택한다. `Plot()` 같은 `lessR` 시각화 함수에 대하여, 회사명 Company가 `"Apple"`이 되도록 `rows` 매개변수를 지정한다. R은 이중 등호 `==`[14]를 사용해서, 논리적 비교 "등가(is equal to)"를 나타낸다.

```
rows=(Company == "Apple")
```

`ggplot2`의 경우, 두 함수 모두 함수의 이름을 제외하고 동일한 문법을 갖는, 기본 R `subset()` 함수, 또는 `dplyr` 패키지에 포함된 `tidyverse`의 `filter()` 함수처럼, `ggplot()` 함수를 수행하기 전에 특정 데이터 행들을 선택한다. 이들 두 함수 중 하나를 호출하려면, 여기서는 `magrittr` 패키지에 포함된 Stefan Bache(Bache & Wickham, 2014)의, 두 함수를 연관짓는 "그런 다음에(then)"를 의미하는, 파이프 연산자(pipe operator)[15], `%>%`를 사용한다. 이 파이프 연산자는 이전에 나열된 함수의 출력을 취한 다음, 기본적으로, 그 출력을 이어지는 함수의 첫 번째 매개변수로 입력한다. 편의상 별개로 사용할 수 있는 `magrittr` 패키지도 `tidyverse`에 포함되어 있다.

[14] 등가 연산자. 연산자 양쪽에 표현이 같으면 TRUE를 반환한다.

[15] 한 함수의 출력을 후속 함수의 입력으로 전달한다.

파이프 연산자가 없는 표현을 생각해 보자.

```
filter(d, Company == "Apple")
```

`filter()` 함수의 첫 번째 매개변수 값, *d*는 data=d로도 쓸 수 있는, data 매개변수 값이다. %>%를 사용해서 다시 작성하면,

```
d %>% filter(Company == "Apple")
```

%>%를 사용하면, 더 이상 data 매개변수를 명시할 필요가 없다. %>% 앞에 있는 표현 *d*는 `filter()` 함수에 입력된 정보, 특히 첫 번째 매개변수 값, data에 입력된 정보를 나타낸다.

일반적으로, %>%는 첫 번째 함수로부터의 얻은 출력을 마침표의 구두점으로 명시된 두 번째 함수의 매개변수 값으로 전달한다. 수신 함수의 첫 번째 매개변수로 입력되는 정보의 기본값에 의존하지 않으려면, 이전 함수에서 파이프 연산자로 연결된 출력을 수신하는 매개변수를 명백하게 포함하기 위하여, 이전의 표현식을 다시 쓴다:

```
d %>% filter(data = . , Company == "Apple")
```

명확하게 입력을 지시하는 매개변수를 포함하면, 처음 위치뿐 아니라, 함수 호출에 매개변수 목록 어디에서도 그 매개변수를 찾을 수 있다.

그리고, 엑셀 데이터 파일 내에서 이미 날짜로 작성된 날짜 변수를 참조하는 다음 코드와 같이, 파이프 연산자는 `filter()` 함수의 출력을 `ggplot()` 함수로 전달한다.

R 입력 기본 시계열 시각화: 월별 Apple 주가
데이터 : d <- Read("http://lessRstats.com/data/PPStechLong.xlsx")

```
lessR : Plot(date, Price, rows=(Company == "Apple"))
ggplot2 : d %>% filter(Company == "Apple") %>%
          ggplot(aes(date, Price)) + geom_line()
```

표현할 변수가 R 데이터 유형인지 lessR이 탐지할 때, 기본적으로, lessR은 점의 크기 size를 0으로 나타내며, 표시된 점들을 연결하는 선을 추가한다. ggplot2는 `geom_line()` 함수를 이용해서 명확하게 선을 나타낸다. 시간 값에 점들과 연결 선분 모두를 나타내려면, lessR에서 size 매개변수 값을 0보다 크게 지정한다. ggplot2의 경우, 점과 선 모두를 표현하려면,

ggplot() 명시할 때 별개의 레이어로 geom_point()를 추가한다.

2.5.2 다중 시계열

다른 수준의 두 번째, 범주형 변수에 대하여, 시간 경과에 따른 값의 분포에 걸친 동일한 시각화로 다중 시계열을 표현해 본다. 여기서, 시간 경과에 따른 각 회사의 주가를 비교해 본다. 둘 중 하나의 방법으로 동일한 시각화를 위해 Apple, IBM, 그리고 Intel에 대한 시계열을 얻는다. 한 가지 방법으로, 모든 3개의 시계열 그래프를 동일한 좌표축, 동일한 패널(panel)[16]에 배치시켰다. 또는, 각각의 시각화가 개별 축으로 표현되는 다중 패널로 구성되도록, 그래프들을 별개의 패널들로 구분하였다.

⚜ 그룹마다 다른 결과를 갖는 단일 그래프

우선, **그림 2.11**에 보이는 것처럼, 중첩 그래프(overlapping graph)를 고려해 보자.

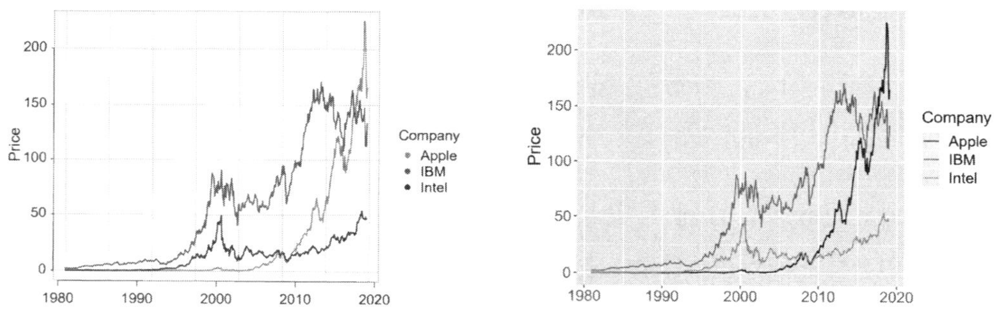

(a) lessR (b) ggplot2

그림 2.11: 동일 패널에 나타낸 Apple, IBM, 그리고 Intel에 대한 시계열 그래프.

동일한 패널에 별개로 표시되는 개별 부분 집합 데이터 세트를 정의하기 위하여, lessR은 by 매개변수를 사용해서 범주형 변수를 명시한다. ggplot2의 경우, 관심을 둔 범주형 변수, Company를 시각적 미학과 결부시킨다. 두 시각화 시스템 모두에 대한 미학적 매개변수 color는 외부로부터 보여지는, 채워진 영역의 가장자리, 또는 선 자체라고 하는 객체의 색상을 말한다.

[16] 관련된 그래프 계열의 맥락에서, 자체 축이 있는 단일 그래프.

R 입력 기본 시계열 시각화: 월별 Apple 주가
데이터 : d <- Read("http://lessRstats.com/data/PPStechLong.xlsx")

```
lessR : Plot(date, Price, by=Company)
ggplot2 : ggplot(d, aes(date, Price, color=Company)) + geom_line()
```

ggplot2의 각 시계열은 변수마다 색상이 다른 시계열 그래프를 구현한다. 그레이스케일 선을 명시하려면, ggplot2 명령문 끝에 플러스 연산자 +를 추가한 다음, 여기서는 매개변수 start와 end 값이 포함된 scale_color_grey() 함수를 참조한다.

R 입력 그레이스케일 ggplot2 시계열을 보여주는 명령문
데이터 : d <- Read("http://lessRstats.com/data/PPStechLong.xlsx")

```
ggplot2 : scale_color_grey(start=0, end=.6)
```

모든 예제에서처럼, lessR을 이용해서 그레이스케일 그래프를 구현하려면, 모든 시각화 명령문 이전에 style("gray")을 실행한다.

⚜ 다중 패널 그래프

William Cleveland(1993)는 R의 선도자, S 프로그래밍을 이용해서 트렐리스 그래픽스(Trellis Graphics)[17]를 설계하고 구현하였다. 그 후에 Deepayan Sarkar는 이 시각화를 Trellis 그래프에 대해 lessR이 영향을 받은, 자신의 lattice 그래픽 패키지(2008)에 적용하였다. 이런 시각화는 패널(panel)로 부르는, 각 수준의 범주형 변수에 대한 데이터의 각 부분 집합에 대해, 별개의 그래프를 제공한다. 보통, 패널이 다르더라도 축은 동일한 척도를 공유한다.

그림 2.12는 lessR과 ggplot2로 나타낸 Apple, IBM, 및 Intel의 주가에 대한 개별 시계열 패널, 다중 시계열 트렐리스 그래프를 보여준다.

[17] 하나 이상의 범주형 변수의 수준에 대하여 동일한 변수를 사용한 직사각형 격자 그래프.

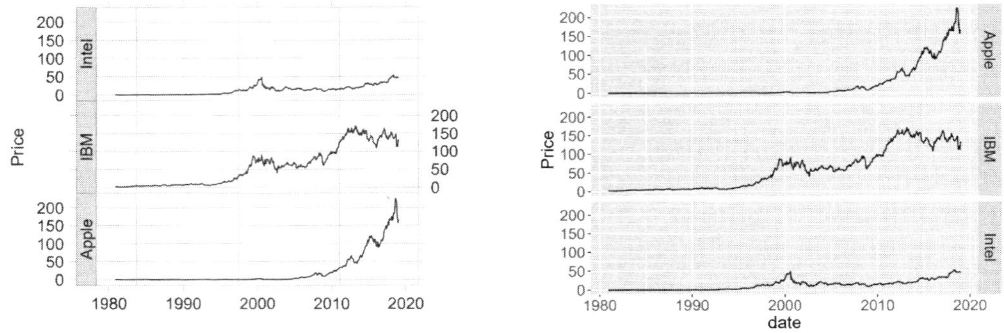

(a) lessR (b) ggplot2

그림 2.12: Apple, IBM, 그리고 Intel에 대해 각각 하나의 패널로 표현된, 기본 다중 시계열 트렐리스 그래프.

lessR 함수는 해당 격자 함수를 직접 호출해서 함축적으로 트렐리스 그래프를 활성화한다. 첫 번째 조건 변수를 by1 매개변수로, 두 번째 조건 변수를 by2로 명시한다. 단일 열의 패널을 명시하려면, 매개변수 n.col을 1로 설정한다. 또는 n.row를 사용해서 행의 수를 명시한다.

ggplot2는 facets이라는 이름의 패널로 자체 버전의 트렐리스 그래프를 구현한다. facet_grid() 함수를 호출해서 트렐리스 그래프를 생성한다. 단일 열의 패널을 명시하기 위하여, 함수로 전달되는 rows 매개변수 값은 vars() 함수로 전달되는 조건 변수 이름으로 시작한다.

R 입력 트렐리스 그래프

데이터 : d <- Read("http://lessRstats.com/data/PPStechLong.xlsx")

```
lessR : Plot(date, Price, by1=Company)
ggplot2 : ggplot(d, aes(date, Price)) + geom_line() +
            facet_grid(rows=vars(Company))
```

패널을 열별로 배치하려면 함수를 호출할 때 rows를 cols으로 교체한다.

7장에서는, R 시계열로 불리는 변수 유형에 대한 논의, R 날짜 유형에 관하여 더욱 자세한 내용, 그리고 대체 시계열 그래프를 제공하는 옵션을 포함하는, 시계열 시각화의 기능 향상을 다룰 것이다.

범주형 변수 시각화

3.1 막대 그래프, 점 도표, 버블 차트

Class	Count
UnderGrad	28
PostGrad	3
Grad	9

그림 3.1: 좌표 데이터 테이블.

2장에서 설명한 바와 같이, 막대 그래프같은 시각화의 필수 세트는 범주형 변수, x의 각 수준(또는 범주)을 관련된 수치형 변수, y 값과 결부시킨다. 예를 들어, 28명의 학부생, 대학원 과정에 포함되지 않은 3명의 대학원 졸업생, 그리고 9명의 대학원 학생이 등록한, 대학에서 학생들의 학급 석차를 분석해 보자. 각 범주의 학급에 몇 명의 학생들이 속해 있는가? x와 y 사이의 관계를 시각화하기 위하여, **그림 3.1**에 보이는 범주와 수치 값을 짝짓는다. 막대 그래프의 좌표는 숫자와 짝을 이룬 이런 범주의 테이블을 통해 얻어지기 때문에, 이 데이터 테이블을 좌표 데이터 테이블(coordinate data table)[1]이라고 한다.

막대 그래프의 경우, 수치 좌표는 막대의 높이를 정의한다. 범주와 숫자를 조합해서 좌표 데이터 테이블을 구축한다. 전형적으로, 숫자는 각 범주형 변수 값의 발생 도수 표와 같은 통계 요약, 또는 각 범주에 대한 연봉처럼 어떤 변수의 평균과 같은 값이다. 예를 들어, **그림 3.1**의 데이터는 재학생 명부로부터 표로 작성되었다. 이런 분위기에서, 좌표 데이터 테이블은 엑셀에서 피벗 테이블이라고 부르는 요약표이다.

[1] 각 고유의 범주에 대해 하나의 행을 갖는, 각 범주와 숫자를 쌍으로 이룬 직사각형 표.

좌표 데이터 테이블이 직접 시각화 함수로 입력되지 않으면, 원본 측정 데이터 값은 **그림 3.1**에 보이는 것처럼, 요약표의 형태로 변환되어야 한다. 기본 R, `lessR`, 그리고 tidyverse가 제공하는 많은 데이터 조작 도구 중 일부를 이용해서, 시각화 함수와 별개로 원본 데이터를 변환할 수 있다. 또는, 시각화 함수는 기본설정 값 또는 매개변수 값을 지정해서 이런 변환을 한다.

두 가지 주요 데이터 변환 전략을 원본 측정 데이터 테이블의 데이터 값에 적용한다. 첫 번째 전략은 범주형 변수 *x*만 필요하다. 이런 상황에서, **그림 3.1**에서처럼, 각 수준(범주)에 대한 발생 도수 표로서 *y* 값을 얻는다. 두 번째 전략에 따른 변환은 원본 측정 데이터 테이블로부터 얻은 변수 *y* 값을 시각화 함수로 제공한다. 그런 다음에, 시각화 함수는 *y* 값을, 각 수준의 *x*에 대한 평균값은, 통계 요약으로 변형한다. 계산된 좌표 데이터 테이블은 각 수준의 *x* 변수를 해당하는 *y*의 수치값과 짝을 짓는다.

이 절에서는, 막대 그래프, 그리고 점과 버블을 이용해서 연관된 관계의 시각화를 다룰 것이다. 각각의 예제는 좌표 데이터 테이블을 직접 시각화 함수로 입력하거나, 명시적으로 또는 암묵적으로 원본 측정 데이터 테이블을 좌표 데이터 테이블로 변환한다.

3.1.1 수평 막대 그래프

막대 그래프를 구현하기 위하여 `lessR`이 의지하는, 기본 `R` 막대 차트 함수, `barplot()`는 공급된 좌표 데이터 테이블에서만 직접 작동한다. 그래서 `barplot()`을 호출하기 전에 어떤 데이터 변형도 필요하지 않다. 그에 반해서, *y* 변수가 입력되지 않는 변환의 경우, `lessR`과 `ggplot2` 모두 기본적으로 *y*를 정의하기 위해 각 범주의 카운트(counts) 또는 도수(frequency)를 표로 나타낸다. `lessR`의 경우, `BarChart()`[2] 호출에서 *y* 변수가 명시되지 않을 때 이 도표는 기본적으로 만들어진다. `ggplot2`의 경우, 기하학적 객체 `geom_bar()`에 대해 *y* 변수가 명시되지 않을 때 이 도표가 생긴다.

2장(빠르게 데이터 시각화하기)는 분석을 위해 수치형 변수, *y*가 명시되지 않을 때 범주형 변수 값의 도수를 나타내는 기본 도표에 기준한 기본형 수직 막대 그래프를 보여준다. **그림 3.2**에 보이는 바와 같이, 동일한 데이터로부터 수평 막대를 갖는 막대 그래프를 보여준다.

[2] 막대 높이에 비례하는, 수치 값을 범주형 변수 값마다 연관시킨 그래프.

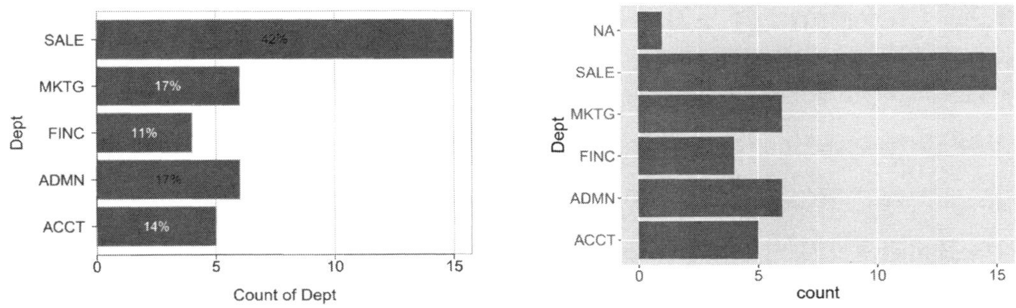

(a) lessR (b) ggplot2

그림 3.2: 표로 표시된 값의 수평 막대 차트.

lessR을 이용해서 수평 막대를 명시하려면, barplot() 매개변수 horiz을 TRUE로 지정한다. ggplot2의 경우, 수평 막대 그래프를 얻기 위하여 coord_flip() 함수를 막대 그래프를 생성하는 함수에 추가시킨다.

R 입력 수평 막대 그래프

데이터 : d <- Read("http://lessRstats.com/data/employee.xlsx")

```
lessR : BarChart(Dept, horiz=TRUE)
ggplot2 : ggplot(d, aes(Dept)) + geom_bar() + coord_flip()
```

각 범주에 대한 카운트 도표는 기본적으로 각 시각화 시스템에 대해 발생한다. 매개변수 stat은 명백하게 막대 그래프를 위한 y 변수 값을 제공하는 통계적 계산을 명시한다. lessR과 ggplot2 모두에 대한 stat의 기본 설정 값은 "count"이다. ggplot2는 geom_bar() 함수 호출의 일부분으로서 stat 값을 "count"로 지정한다. 다음 두 함수 호출이 모두 **그림 3.2**를 생성하며, 어떤 함수도 y 값을 분석에 입력하지 않으며, 어느 함수도 동일한 시각화를 구현하기 위하여 stat 매개변수를 요구하지 않는다.

R 입력 기본 설정 값을 지정해서 생성한 원본 데이터의 수평 막대 그래프

```
lessR : BarChart(Dept, horiz=TRUE, stat="count")
ggplot2 : ggplot(d, aes(Dept)) + geom_bar(stat="count") + coord_flip()
```

3.1.2 Cleveland 점 도표

그림 3.2의 막대 그래프의 막대 너비는 어떤 정보도 전달하지 않는다. 그런 이유로, 클리블랜드 점 도표(Cleveland dot plot)는 막대 그래프를 범주형 변수의 수준에 대해 나타낸 카운트의 산점도로 교체한다(Cleveland, 1993). **그림 3.3**에 보이는 것처럼, 변수 축과 선분으로 연결된 각각의 표시된 점으로 시각화를 향상시킨다.

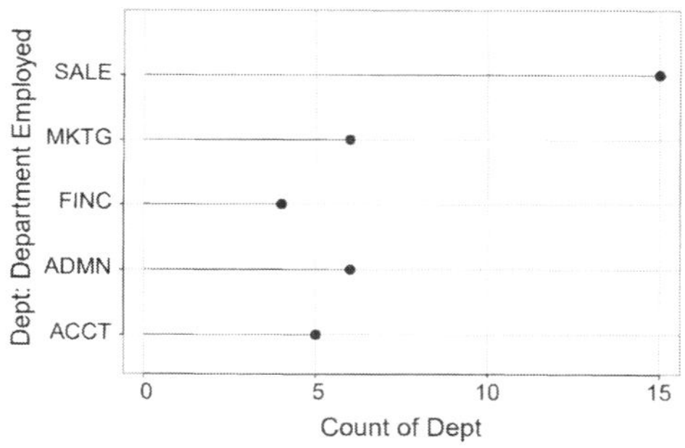

(a) lessR

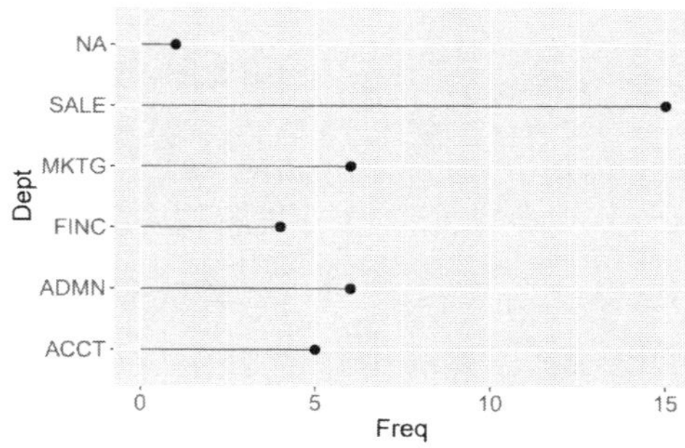

(b) ggplot2

그림 3.3: *Dept*에 대한 카운트의 클리블랜드 점 도표.

`lessR` 함수 `Plot()`은 산점도를 구축한다. 클리블랜드 점 도표로 원본 측정 데이터 테이블로부터 계산된 카운트를 시각화하도록 `Plot()`에게 알려주기 위하여, *y* 값을 명시하지 않는다. 그리고 `stat` 매개변수 값을, 도수에 대해 `"count"`, 상대 도수에 대해 `"proportion"`, 또는 백분율로 표현된 상대 도수에 대해 `"%"`으로 설정한다. `stat` 매개변수는 *x* 값의 기저를 이루는 변환을 명시하며, 그리고 `Plot()` 함수의 경우, 결과 시각화의 형태를 점 도표로 나타낸다.

레이어 별로 그래프를 구성하는 대신, 이 `lessR` 클리블랜드 점 도표는, 자동으로 추가 레이어를 생성하는 기본값을 따르면서, 가장 매력적이면서 유용한 시각화를 구현한다. 레이어를 추가하는 대신, 사용자는 자유롭게 레이어를 제거할 수 있다. `segments.y`와 `segments.x` 매개변수에 따라 `Plot()`에 선분을 지정한다. 대부분의 산점도의 경우, 이런 매개변수는 기본적으로 FALSE로 설정되어 있지만, 점 도표의 경우 적절한 매개변수, 여기서는 `segments.y`는 TRUE로 기본 설정되어 있다. 게다가, 표시할 점이 너무 적으면, `Plot()` 함수는 산점도에 표시될 점의 일반적인 기본 크기를 늘린다.

`ggplot2`를 이용해서 클리블랜드 점 도표를 얻으려면, 우선 각 부서의 직원 수의 카운트(빈

도), *Dept*에 대한 도수 분포(frequency distribution)를 생성한다. 여기서 `tidyverse` 패키지의 `dplyr` 함수 `group_by()`으로 데이터를 집계해서 그룹을 정의한 다음, `summarise()`를 이용해서 통계 요약을 얻는다. 기본적으로 선행하는 함수의 출력을 뒤따르는 함수의 첫 번째 매개변수로 전달하는 파이프 연산자, `%>%`를 이용한다. 새로 생성된 변수를 `Freq`로 이름 짓는다.

`ggplot2`의 `geom_point()` 함수를 이용해서 산점도를 그린다. `ggplot()` 함수에서, 또는 이 레이어에만 적용되는 경우, 직접 `geom_point()` 레이어에서, 변수의 두 이름을 지정한다. 표시할 점이 5개뿐인 경우, 표시되는 점의 크기를 늘린다. `geom_segment()`로 선분을 나타낸다. 여기서 `x`와 `y` 매개변수로 지정되는 선분의 시작점과, `xend`와 `yend` 매개변수로 지정되는 해당 선분의 끝점을 입력한다. 이 예에서 선분의 기본 너비를 0.25로 줄인다.

R 입력 입력 수평 막대 그래프
데이터 : `d <- Read("http://lessRstats.com/data/employee.csv")`

```
lessR : Plot(Dept, stat="count")
ggplot2 : d %>% group_by(Dept) %>% summarise(Freq=n()) %>%
    ggplot() + coord_flip() +
      geom_point(aes(Dept, Freq), size=2.25) +
      geom_segment(aes(x=Dept, y=0, xend=Dept, yend=Freq), size=.25)
```

시작 *y* 좌표는 0에서 시작하며, 현재 수준의 *Dept*에서 값, *x*는 선분에 따라 변하지 않도록, 수직 방향의 관점에서 매개변수 `geom_segmant()`의 값들을 입력한다. 전형적으로, 클리블랜드 점 도표를 수평 방향으로 생성한다. `ggplot2`의 경우, `coord_flip()` 함수를 추가하면 수평 방향이 얻어진다.

3.1.3 버블 차트

범주형 변수의 데이터 값에 대한 1-차원 산점도는 적은 수의 고유 값을 갖는 변수에 적합하지 않다. 문제는 좌표 값이 여러 번 반복되기 때문에, 한 점이 같은 좌표에 여러 번 표시되는, 과표시(over-plotting)[3]이다.

[3] 점이 동일한 위치에 여러 번 표시된다.

과표시에 대한 한가지 조정은 버블 플롯(bubble plot)[4]이다. 각자의 좌표로 표시되는 데이터 값의 수에 따라, 버블 플롯은 표시되는 점, "버블(bubble)"의 크기를 증가시킨다. **그림 3.4**는 다섯 개의 고유한 값을 갖는 범주형 변수, *Dept*에 대한 1-차원 버블 플롯을 보여준다.

과표시는 기존의 산점도를 의미없게 만들기 때문에, `lessR` 산점도 함수, `Plot()`은 기본적으로 해당하는 표시된 점들의 크기를 증가시켜서 범주형 변수에서 흔히 볼 수 있는 과표시에 맞게 조정한다. `Plot()`은 표시 내용을 수용할 수 있을 만큼 충분히 크기가 큰 각각의 버블 안에 해당하는 카운트(counts)를 보여준다. `size.cut` 매개변수는 텍스트로 보여줄 카운트 값의 수를 통제한다. 텍스트로 카운트 값을 보여주지 않으려면, `FALSE` 또는 0으로 설정한다. 표시되는 값의 수를 나타내려면 0보다 큰 정수를 명시한다. 예를 들어, `size.cut=2`로 입력하면 최대 값과 최소 값을 표시한다.

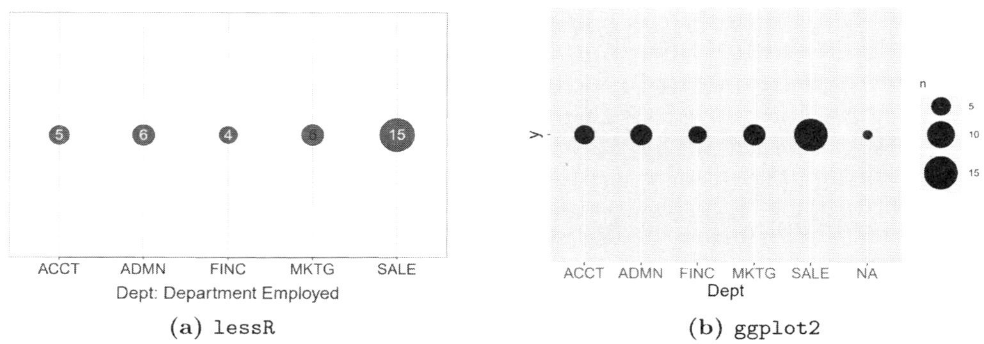

그림 3.4: *Dept*에 대한 카운트의 버블 플롯.

`ggplot2`의 경우, `geom_count()` 함수는 크기 조정 함수 `scale_size_area()`와 함께 카운트(발생 도수)에 근거한 버블(원)을 제공한다. 기본 버블 크기는 다소 작기 때문에, 이 예에서, `max_size` 매개변수를 이용해서 최대 크기를 늘렸다.

[4] 또 다른 변수 값에 따라 표시되는 점의 크기를 확대시킨 그래프.

R 입력 Dept의 버블 플롯

데이터 : d <- Read("http://lessRstats.com/data/employee.csv")

lessR : Plot(Dept)

ggplot2 : ggplot(d, aes(Dept, "")) +
geom_count() + scale_size_area(max_size=14)

원의 반지름 또는 원의 면적을 통하여 카운트(도수)와 같은 해당 값에 따라 버블(원)의 크기를 조정한다. 인간의 인지도는 면적을 더욱 정확하게 평가하는 것처럼 보인다. 위의 ggplot2 코드는 구체적으로 이런 크기 조정을 지정한다. lessR의 경우, 크기 조정을 완전히 제어할 수 있는 면적 함수에 기초한 이런 크기 조정은 함축적이다. 기본 설정 값이 0.25 인치인, radius 매개변수는 ggplot2의 max_size와 동등하다. lessR 매개변수 power는 버블 조정의 상대적 크기를 서로 설정한다. 0.5의 기본 설정 값은 각 버블의 면적이 해당하는 크기 조정 변수 값이 되도록 버블의 크기를 조정한다. power 매개변수 값이 1인 경우, 변수 간의 크기 차이를 증가시키면서, 버블의 반지름이 크기 조정 변수 값과 같도록 버블의 크기를 조정한다.

3.1.4 비율 표시

수치 축에 도수(frequency)라고도 부르는 카운트(또는 횟수), 또는 상대 도수(rerlative frequency)라고도 부르는 비율(proportion)을 나타낸다.

<u>막대 그래프</u>. **그림 3.2**의 막대 그래프는 축에 비율뿐 아니라 막대에 직접 해당 백분율도 보여준다.

그림 3.2는 결측 데이터(missing data)에 대한 언급없이 막대 그래프를 보여준다. 막대 그래프를 구현할 때 lessR 함수 BarChart()는 자동으로 결측 데이터를 제거한 다음, R 콘솔에 보이는 도수 분포를 함께 나타내기 위하여 결측 데이터 값의 수를 보고한다. 기본적으로, ggplot2는 범주형 데이터 축에 범주들 중 하나로 결측 데이터를 포함한다. 선택적으로 시각화에서 결측 데이터를 삭제하려면, 우선 *Dept*의 결측 데이터가 아닌 값만 유지하도록 기본 R 함수 subset() 등을 통해, *d* 데이터 프레임으로 데이터를 처리한다. 여기서 기본 R 함수 is.na()는 아님(not)을 대표하는 R 기호, !, 논리 연산자를 이용해서 결측 데이터 값을 평가한다.

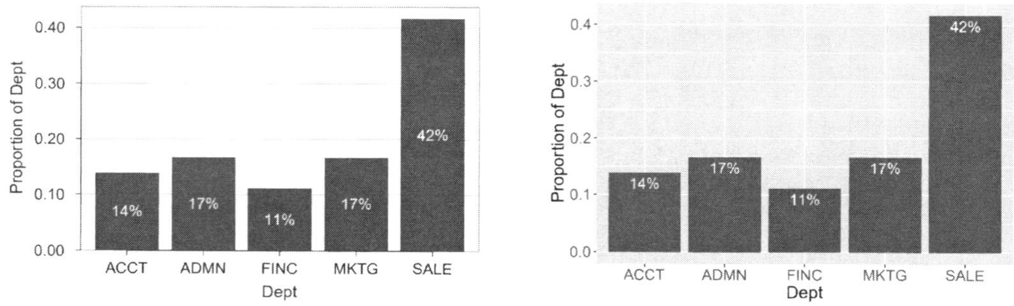

(a) lessR (b) ggplot2

그림 3.5: 직접 막대에 표시된 해당 백분율을 포함하는 표로 작성된 값으로부터 얻은 비율의 막대 그래프.

R 입력 결측 데이터가 없는, 도표화된 값에서 얻은 비율의 막대 그래프

데이터 : d <- Read("http://lessRstats.com/data/employee.csv")

lessR : BarChart(Dept, stat="proportion")

ggplot2 : d %>% subset(!is.na(Dept)) %>%

```
ggplot(aes(x=Dept, y=(stat(count))/sum(stat(count)))) +
  geom_bar() + ylab("Proportion of Dept") +
  geom_text(aes(label=percent(stat(count)/sum(stat(count)),
            accuracy=1), y=(stat(count))/sum(stat(count))),
            stat="count", vjust=1.5, color="white")
```

수치 축에 비율을 나타내기 위하여, lessR은 **그림 3.5a**의 결과가 나오도록 stat 매개변수를 "proportion"으로 설정한다. 막대에 백분율 값을 보여주지 않으려면, 매개변수 values를 "off"로 설정한다. 또는, 수치 축에 비율을 보완하는 카운트(도수)를 보여주려면, 매개변수 values를 "input"으로 설정한다.

ggplot2의 경우, 수치 축에 비율을 나타내려면, 분명하게 y 값, 비율을 계산한다. geom_bar() 함수는 y 값으로 카운트를 표로 작성했기 때문에, aes() 함수 내부에서 gggplot2 표현식, stat(count)으로 카운트에 접근하게 된다. sum() 함수를 이용해서 계산된 카운트 합계 sum(stat(count))으로 카운트 stat(count)를 나누면 비율로 전환된다. 그러면, geom_bar() 함수는 해당하는 축에 비율과 함께 막대를 표시한다.

geom_text() 함수를 이용해서 막대에 해당하는 비율을 보여준다. tidyverse 패키지의 일

부분인, scales 패키지에 포함된 percent() 함수를 실행시킨다. 여기서, 소수점 이하 한 자리를 보여주는, 기본 설정 값 0.1이 아닌, 가장 가까운 정수로 반올림하기 위하여, percent() 함수의 매개변수 accuracy를 1로 설정한다. 다시 한번, 막대에 백분율로 포맷된 비율 계산뿐 아니라, 표시된 백분율의 *y*-좌표도 명시한다. 매개변수 vjust를 1.5로 설정해서, 표시된 백분율을 해당 막대 안으로 이동시킨다. 양수 값의 vjust는 해당하는 수직 좌표를 아래로 이동시킨다.

<u>**클리블랜드 점 도표**</u>. **그림 3.6**은 **그림 3.3**에서처럼 카운트 대신, 비율이 표시된 lessR 및 ggplot2 클리블랜드 점 도표를 보여준다.

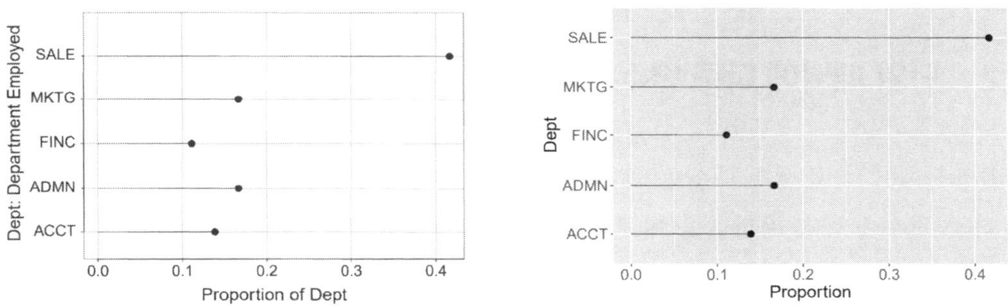

(a) lessR (b) ggplot2

그림 3.6: 표로 작성된 값으로부터 얻은 백분율이 표시된 클리블랜드 점 도표.

lessR을 이용해서 비율을 표시하는 경우, 매개변수 stat를 "proportion"으로 지정하면, **그림 3.5a**가 얻어진다. ggplot2의 경우, 좌표 데이터 테이블에서 계산된 변수 *Freq*를 *Prop*이라는 이름의 상대적 비율로 변환하는 추가적 단계를 밟는 것을 제외하고, 카운트가 표시된 클리블랜드 점 도표와 동일한 기본 구성을 따른다. dplyr 패키지에 포함된 tidyverse 함수 mutate()를 이용해서 변환을 실행한다.

R 입력 결측 데이터가 없는, 도표화된 값에서 얻은 비율의 클리블랜드 점 도표

데이터 : d <- Read("http://lessRstats.com/data/employee.csv")

```
lessR : Plot(Dept, stat="proportion")
ggplot2 : d %>% subset(!is.na(Dept)) %>% group_by(Dept) %>%
      summarise(Freq=n()) %>% mutate(Prop=Freq/sum(Freq)) %>%
    ggplot() +
      geom_point(aes(Dept, Prop), size=2.5) + coord_flip() +
      geom_segment(aes(x=Dept, y=0, xend=Dept, yend=Prop), size=.25)
```

lessR Plot()도 백분율을 나타낼 수 있다. 그렇게 하려면, stat 매개변수를 "%"로 설정한다.

3.2 단일 패널에 다중 변수 시각화

다양한 분석에서, 관심의 대상은 단일 변수에 대한 막대 그래프 또는 관련 시각화뿐 아니라, 다중 변수에 대한 응답들을 비교하는 것이다. 응답자가 조사 또는 설문지에 하나 이상의 항목에 동의 정도를 나타내는, 자가 보고 태도 척도에 기초한 사회 과학 연구에서 흔한, Likert 척도 데이터가 적용 기준이 된다. 다중 시각화의 가장 효율적인 형태는, 이 절에서 표준 lessR 함수 BarChart()와 Plot()으로 구현된, 단일 패널에 보여지는 비교 시각화이다.

Likert 척도의 예는 응답 범주에 따른 다음 6개의 독자적인 데이터 값을 제공한다: Strongly Disagree, Disagree, Slightly Disagree, Strongly Agree, Agree, Strongly Agree. Strongly Disagree에 대한 0부터 Strongly Agree에 대한 5까지의 정수 값으로 해당 응답 범주를 기록한다. 구간 수준 응답(interval level response)으로 가정하면, 값들은 평균과 표준편차를 계산하는 것처럼, 수치적으로 분석될 수 있다. 그러나, 응답 세트가 제한되기 때문에, 범주형 레이블로 구성된 응답 분석이 더욱 적절하다고 간주 될 수 있다.

Mach IV(Christie & Geis, 1970)은 이기적이고 개인적인 이익을 위해 다른 사람을 조종하는, 마키아벨리적 태도(Machiavellian attitudes)에 동의하는 경향을 조사하였다. 변수 레이블로 포함된다면, R 콘솔은 이들 항목의 내용들을 보여줄 것이다. **그림 3.7**은 기만 하위 척도(Deceit sub-scale)(Hunter, Gerbing, & Boster, 1982)로부터 이런 항목에 대해 응답한 351명의 응답을 요약하였다.

2장(빠르게 데이터 시각화하기)에서 완전한 20개 항목으로 구성된 Mach IV 척도로 설명된, 막대마다 단일 열을 차지하는 누적 막대 그래프를 소개하였다. 비교하기 위하여, **그림 3.7**은 4개의 항목만 시각화한다. 여기서 비교는 버블 플롯 도수 행렬(Bubble Plot Frequency Matrix, BPFM)로 부르는 시각화에 관한 것이다. 이 시각화는 일반적으로, 반드시 필요하지는 않지만, 동일한 응답을 공유하는 다중 변수로 동시에 버블 플롯을 확장한다.

```
four machiavellian items
m06: Honesty is the best policy in all cases
m07: There is no excuse for lying to someone else
m09: All in all, it is better to be humble and honest than to be important
     and dishonest
m10: When you ask someone to do something for you, it is best to give the real
     reasons for wanting it rather than giving reasons which carry more weight
```

그림 3.7은 이런 4개 항목의 Likert 척도에 대한 누적 막대 그래프와 BPFM을 보여준다.

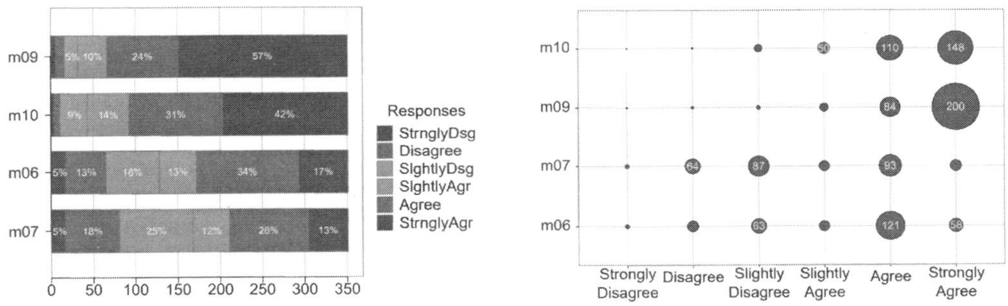

(a) lessR stacked bar chart (b) lessR BPFM

그림 3.7: 다중 변수에 대한 응답의 단일 패널 그래프.

BPFM을 생성하기 위하여, 단일 변수 대신 범주형 변수 벡터를 `Plot()` 함수로 전달한다. 결과는 모든 버블 플롯이 차곡차곡 쌓인, 벡터의 각 변수에 대한 버블 플롯이다. R에서 벡터를 명시하는 가장 일반적인 방법은 `c()` 함수[5]를 사용하는 것이다. 여기서는 벡터를 각 이름이 콤마로 분리된, 변수 이름 목록으로 정의한다.

`Plot()`은 변수가 수치형인지 문자형인지 인식하고, 이에 따라 후속 분석과 시각화를 진행한다. Likert 항목에 대한 응답은 0부터 5까지 정수로 기록된, 수치형 변수이다. Likert 항목을 문

[5] 일련의 객체를 단일 객체로 결합하는 기본 R 함수.

자값으로 분석하려면, 예를 들어 lessR의 factors() 함수를 이용해서, 우선 각 범주형 변수를 R의 팩터형 변수로 전환해야 한다. 일반적으로, 분석을 시작하기 전에, 정수형 또는 비-수치형 값을 이용해서 범주형 변수를 R 팩터형 변수로 전환한다.

출력의 가독성을 최대화하기 위하여, 각 변수 (항목)에 대한 수치형 응답을 팩터형으로 전환할 때, 의미 있는 값의 레이블, 즉 레이블이 지정된 응답 범주를 제공한다. 이 예제에서, 레이블을 벡터형 변수 LikertCats로 저장한 다음, 단일 함수 호출로 모든 20개의 Mach IV 항목을 팩터형 변수로 변환시키는, lessR의 factors() 함수를 이용하였다.

R 입력 레이블 값을 포함하는 기본 버블 플롯 도수 행렬

```
데이터 : d <- Read("http://lessRstats.com/data/Mach4.csv")
    LikertCats <- c("Strongly Disagree", "Disagree", "Slightly Disagree",
                    "Slightly Agree", "Agree", "Strongly Agree")
    d <- factors(m01:m20, levels=0:5, labels=LikertCats)
```

```
lessR : BarChart (c(m06,m07,m09,m10))
lessR : Plot (c(m06,m07,m09,m10))
```

각 항목에 대한 팩터형 변수를 생성하는 대안은 수치형 응답 대신 범주형 응답을 정의하기 위하여, 가장 많은 수의 변수의 등간격 고유 정수 값을 명시하는 lessR의 매개변수, "범주형 변수의 수(number of catogories)"의 약어, n.cat을 동작시키는 것이다. 기본 설정 값은 0이며, 등간격을 갖는 정수 값을 수치형으로 분석한다. 이 예제에서, 범주형으로 분석하기 위하여 6개까지의 균일한 간격을 갖는 고유 값을 나타내기 위하여, n.cat를 6으로 지정하였다. 그러면, lessR 매개변수 value.labels를 이용해서 각 범주형 변수에 대한 레이블 내용도 나타낼 수 있다.

일련의 누적 막대 그래프 또는 BPFM은 개별적으로 표시된 막대 그래프 또는 버블 플롯보다 더욱 함축적으로 해당 내용을 보여준다. 더욱이, 여러 항목에 걸친 응답은 BPFM와 비교하기 더욱 쉽다.

3.3 수치 값 제공

시각화에 변수의 수치 값을 나타내는 한 가지 선택사항은 직접 *y*-값을 입력하는 것이다. 첫 번째 예제에서, 각각의 열이 사람, 회사명, 지역과 같은 단일 단위의 관측치를 나타내는, 원본 측정 데이터 테이블의 일부분을 직접 나타낸다. 즉, 일부 원본 데이터 값은 막대 그래프 또는 관련 시각화 그래프의 좌표가 된다.

3.3.1 개별 데이터 값의 막대 그래프

이 책에 전체에 걸쳐 언급된 employee 데이터 테이블로부터, **그림 3.8**은 교육받기 이전 직원들의 시험 점수, 변수 *Pre*의 막대 그래프를 보여준다. 공간을 절약하기 위하여 시각화를 직원 10명으로 제한하였다. 직원 이름과 시험 점수를 기존 데이터 값으로 표시하였다.

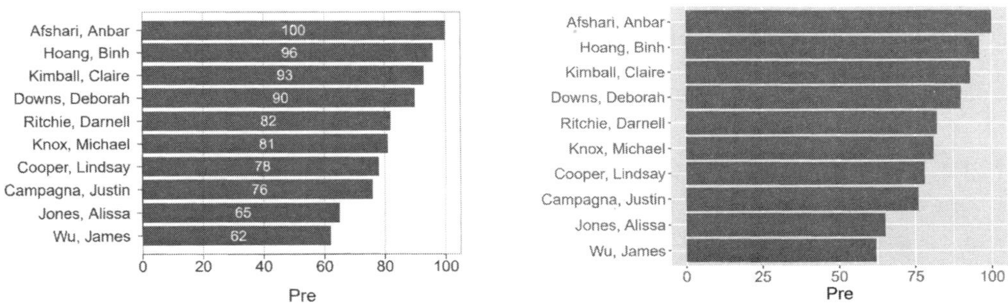

(a) lessR (b) ggplot2

그림 3.8: 개별 데이터 값에 대한 막대 그래프.

데이터를 *d* 데이터 프레임으로 읽은 다음, 여기서는 기본 R Extract 함수를 이용해서, 처음 10개 행의 데이터만 유지한다. 예를 들어, d[1:10,]과 같이, Extract 표현에서 쉼표 다음에 어떤 정보도 입력하지 않는 경우, 데이터 프레임 이름 다음에 대괄호로 표시되는 추출(extract)은 모든 열의 관측 변수들을 유지한다.

이 예제는 기본 R 표준 데이터 프레임에서 행 이름, *row names*[6]의 개념을 예시한다. 기본적으로 행 이름은 각각의 행마다 고유 식별자(unique identifier), 순차적 정수열로 레이블을 지정한

[6] 데이터 프레임의 행 이름: 데이터 프레임의 각 행마다 표준 변수가 아닌, 고유한 이름을 갖는다.

다. 각각의 직원 이름은 그런 고유 식별자 역활을 한다. 또는, 주된 목적이 분석을 위한 변수가 아닌, 식별자 일지라도, 직원 이름은 별도의 변수로 읽힐 수 있다. 다음 예제에서처럼, Read()와 같은 읽기 함수 호출의 일부분으로서, 해당 열 번호로 설정된 기본 R 매개변수 row.names으로 행 이름을 생성한다. 또는, 기본 R 함수 row.names()로 판독한 다음에 행 이름을 생성한다.

데이터 프레임의 tidyverse 개념, 데이터 프레임을 요구에 맞게 재구성한 데이터 유형, 티블(tibble)은 번호가 매겨진 행 다음에 행 이름을 포함하지 않는다. 표준 R 데이터 프레임의 행 이름 열에 저장된 직원 이름과 같은 정보는 반드시 또 다른 변수로, 티블 안에 저장한다. 더 나아가, mutate()를 이용해서 변수를 변환하는 것과 같이, tidyverse 함수를 이용해서 표준 데이터 프레임을 변환하려면, 원본 데이터 프레임에서 행 이름을 제거한다.

데이터 프레임이 행 이름을 포함하면, 행 이름들은 변수로서 분석될 수 있는가? lessR의 경우, 다른 변수로 취급되는, row.names 변수로서 시각화 함수에 데이터 프레임의 행 이름에 접속한다. 티블이 행 이름 정보를 보존하려면, tidyverse 함수로 처리하기 전에 행 이름으로부터 새로운 변수를 정의하기 위하여 기본 R 함수 row.names()를 실행하거나, 매개변수 rownames_to_column과 함께 as_tibble() 함수를 사용한다.

R 입력 개별 데이터 값에 대한 수평 막대 그래프

```
데이터 : d <- Read("http://lessRstats.com/data/employee.csv", row.names=1)
         d <- d[1:10, ]
```

```
lessR : BarChart(row_names, Pre, horiz=TRUE, sort="-")
ggplot2 : as_tibble(rownames_to_column(d, var="Name")) %>%
            arrange(Pre) %>%
            mutate(Name = factor(Name, levels=Name)) -> tbl
          ggplot(tbl, aes(Name, Pre)) + geom_col() + coord_flip() +
            theme(axis.title.y=element_blank())
```

시각화하기 위하여, lessR은 row_names를 매개변수 *x*에 대한 변수로, 그리고 매개변수 *y*로 표시할 수치형 변수를 명시한 다음, horiz을 TRUE로 지정해서 좌표를 뒤집었다. 그리고 sort를 "+"으로 지정해서 출력을 가장 많은 것부터 가장 적은 것까지 순서대로 정렬하였다.

ggplot2의 경우, ggolot() 함수를 호출하기 전에 데이터를 조작한다. arrange() 함수를 이용해서 데이터를 정렬한다. 그리고 순서를 유지하기 위하여 *Name* 변수를 팩터형 변수로 전환한다. 할당 방향을 나타내는, ->로 쓰인 할당 화살표를 이용해서 변환 결과를 티블 데이터

유형, *tbl*로 배정한다. 변환된 데이터를 `ggplot()`로 전달하고, 시각화에서 `Name`에 대한 자명축 레이블(self-evident axis label)을 제거한다.

3.3.2 긴 이름의 수직 레이블

앞의 예에서 보듯이, 수평 방향을 나타내기 위하여, `lessR`과 `ggplot2`의 막대 그래프는 이름이 긴 레이블, 이 경우, 직원 이름을 수용하기 위하여 자동으로 왼쪽 여백을 조율한다. 그러나, 수직 방향의 그래프를 구현할 때, 범주형 변수 레이블의 넓이를 수용하기에는 충분한 공간이 없을지도 모른다. 수직 막대 그래프를 구현할 때, `lessR`과 `ggplot2` 모두 기본 설정으로, 길이가 긴 이름의 경우 겹치는 값들이 뒤죽박죽 난장판으로 보여질 수 있는, 범주형 변수의 레이블을 수평으로 나타낸다.

긴 이름을 갖는 레이블 문제에 대한 한가지 해결책은 레이블을 90도로 회전시켜 수직으로 표시하는 것이다. 그렇게 수정하면, **그림 3.9**에 보이듯이, 맨 아래 여백은 기본적으로 변수 이름 레이블을 수용하기 위하여 조율된다.

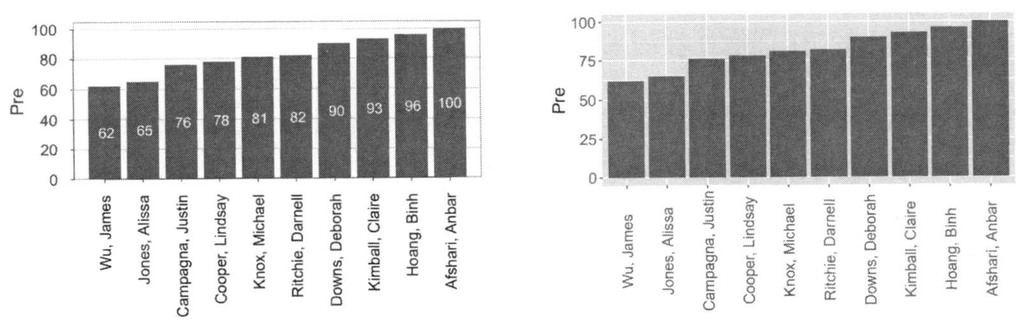

(a) `lessR` (b) `ggplot2`

그림 3.9: 개별 데이터 값에 대한 수직 막대 그래프.

여기서는 90도로 지정된, `rotate_x` 매개변수로 `lessR` 레이블을 회전시킨다. `ggplot2`의 경우, 여기서는 90도로 지정된, `theme` 함수에 내장된 `angle` 매개변수와 함께 `element()` 함수를 동작시킨다. 표시할 막대의 수가 너무 많기 때문에, 기본적으로 `lessR`은 `values` 매개변수를 `"off"`로 지정해서 각각 해당하는 막대 내에 각 범주에 대한 값을 보여주지 않는다.

앞의 예와 달리, 여기서는 직원 이름을 행 이름으로 읽지 않고, 참조된 `csv` 데이터 테이블의 첫 번째 행의 변수 이름에 따라 일반적인 변수(ordinary variable), *Name*으로 읽는다. 또한 파이프 연산자, %>%는 읽어온 데이터 프레임 *d*를 변환한 다음, 준비된 데이터를 직접 `ggplot()` 함수로 공급한다.

R 입력 *x*-축을 90도 회전시킨 개별 데이터 값에 대한 막대 그래프

데이터 :
```
d <- Read("http://lessRstats.com/data/employee.csv")
d <- d[1:10, ]
```

lessR :
```
BarChart(Name, Pre, sort="+", rotate_x=90)
```

ggplot2 :
```
d %>% arrange(Pre) %>%
    mutate(Name = factor(Name, levels=Name)) %>%
  ggplot(aes(Name, Pre)) + geom_col() +
    theme(axis.text.x=element_text(angle=90, vjust=0.5)) +
    theme(axis.title.y=element_blank())
```

기본적으로, `BarChart()`는 수직 막대 그래프에 표시되는 변수 이름이 긴 레이블에 대한 도움말을 제공한다. 레이블 이름에 별개의 단어를 의미하는 공백이 들어 있는 경우, 그리고 회전이 지정되지 않은 경우이면, 함수는 각각의 새 단어를 새로운 줄에 표시한다.

3.3.3 개별 데이터 값의 클리블랜드 점 도표

그림 3.10은 **그림 3.8**의 막대 그래프를 대신하는 클리블랜드 점 도표(Cleveland dot plot)를 보여준다. 막대 그래프를 대신했던 표로 작성된 데이터를 클리블랜드 점 도표로 표현한 이전 예와 같이, 개별 데이터 값에 대한 클리블랜드 점 도표도 개별 데이터 값에 대한 해당 막대 그래프를 대신할 수 있다.

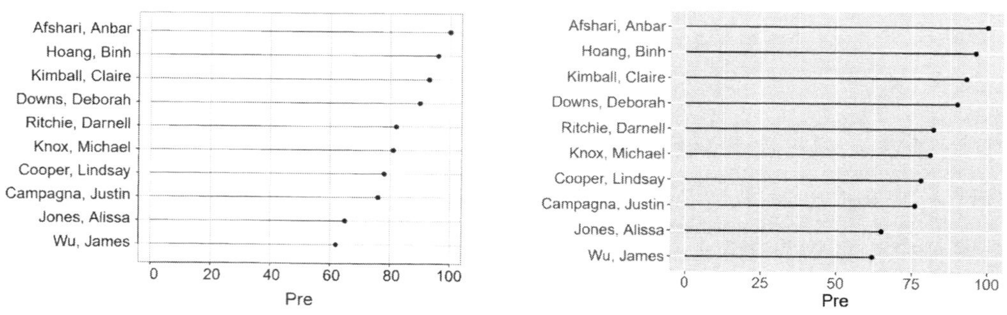

(a) `lessR` (b) `ggplot2`

그림 3.10: 개별 데이터 값에 대한 클리블랜드 점 도표.

lessR과 ggplot2 모두의 경우, Pre 시험 점수 중 최소 값의 데이터, 62 이외의 값으로 시작하면, 수치 축의 시작점을 명시한다. lessR에서는 매개변수 origin.x를 0으로 지정한다. ggplot2의 경우, geom_segment()를 호출시 시작점을 매개변수 *y*로 지정한다.

R 입력 개별 데이터 값에 대한 Cleveland 점 도표

```
데이터 : d <- Read("http://lessRstats.com/data/employee.csv")
        d <- d[1:10, ]
```

```
lessR : Plot(Pre, Name, origin.x=0, sort="-")
ggplot2 : d %>% arrange(Pre) %>%
          mutate(Name = factor(Name, levels=Name)) %>%
        ggplot(aes(Name, Pre)) + geom_point() + coord_flip() +
          geom_segment(aes(x=Name, y=0, xend=Name, yend=Pre)) +
          theme(axis.title.y=element_blank())
```

그림 3.10의 클리블랜드 점 도표를 생성하기 위한 나머지 코드는 범주형 변수의 각 수준에 대한 도수를 표로 작성하는 산점도와 같은 패턴을 따른다.

3.3.4 범주형 변수별 평균 시각화

범주형 변수 *x*와 수치형 변수 *y*로 작성된 원본 측정 데이터 테이블(original data table of measurements)이 지정되면, 각 수준의 *x*에 대한 *y* 값을 요약해서 시각화 구축에 필요한 좌표 데이터 테이블(coordinate data table)을 얻는다. 여기서 사용된 예는 범주형 변수 *Dept*와 수치형 변수 *Salary*로 구성된 직원 데이터 테이블이다. 원본 측정 데이터 테이블이 지정되면, 각 수준의 *Dept*에 대한 *Salary*의 표본 평균을 시각적으로 표시한다.

그림 3.11의 좌표 데이터 테이블은 각 수준의 *Dept*에 대하여, *Avg*로 명명된, *Salary*의 평균 값으로 원본 측정 데이터 테이블을 요약한다. **그림 3.11**에 보이는 **<NA>**는 적어도 한 사람의 직원에 대한 부서가 원본 직원 데이터 테이블에서 누락되었다는 것을 암시한다.

Dept	Avg
ACCT	$51,792.78
ADMN	$71,277.12
FINC	$59,010.68
MKTG	$60,257.13
SALE	$68,830.06
<NA>	$43,772.58

그림 3.11: 부서별 평균 연봉.

⚜ 막대 그래프

그림 3.12는 요약된 데이터로부터 구성된 기본 설정 lessR 막대 그래프와 ggplot2 막대 그래

프를 나타내며, 두 가지 모두, **그림 3.11**의 데이터로부터 막대에 표시된 값이 추가되었다. 이번에도, style("gray")으로 색상 테마를 먼저 그레이스케일로 설정하지 않으면, lessR 막대 그래프의 막대는 HCL 색 공간에 기초한 lessR "colors" 팔레트에 따라 동일한 채도와 명도로 다양한 색조를 보여준다.

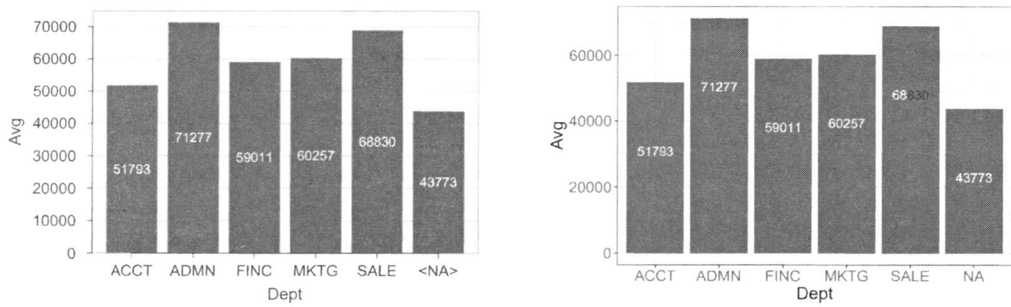

(a) lessR (b) ggplot2

그림 3.12: 데이터 값으로부터 직접 구현한 막대 그래프.

lessR 함수 BarChart()는 다양한 요약 통계량 중 하나에 대한 stat 매개변수를 사용해서 원본 측정 데이터 테이블로부터 내적으로 좌표 데이터 테이블을 계산하는 옵션을 제공한다. 이 매개변수의 인수 값으로 평균에 대해 "mean", 합계에 대해 "sum", 표준편차에 대해 "sd", 평균편차에 대해 "dev", 최소값에 대해 "min", 중앙값에 대해 "median", 그리고 최대값에 대해 "max"를 사용할 수 있다. BarChart() 함수 호출할 때, 먼저 두 변수의 이름, 매개변수 x와 y, 여기서는 각각 *Dept*와 *Salary*를 나열한 다음, 지정된 요약 통계량과 함께 stat 매개변수를 설정한다.

lessR의 경우 BarChart() 함수 또는 ggplot2의 경우 aes() 함수를 이용해서 시각화하려는 변수를 지정할 때, 기본 설정으로 매개변수 목록의 첫 번째에 범주형 변수 x 값을, 두 번째에 수치형 변수 y 값을 위치시킨다. 좌표 데이터 테이블이 입력 데이터로 주어질 때, ggplot2에게 y 값을 얻기 위하여 x 값을 표로 작성하지 말고, 대신 제공된 y 값을 사용하도록 지시하려면, geom_bar() 호출시 stat 매개변수를 "identity"로 설정한다. 또는, 자동으로 stat 매개변수를 "identity"로 설정하는 geom_col()[7] 함수를 이용한다. lessR의 경우, 함수 호출

[7] ggplot2 함수: 변환하지 않고, 입력된 데이터 값을 직접 막대로 표시한다.

에 *y* 값이 포함되면 그 값을 표시한다. lessR과 ggplot2 모두의 경우, *y*는 매개변수 목록에서 두 번째에 위치하기 때문에, 두 번째 매개변수로 나열된 경우, 함수를 호출할 때 매개변수 *y*에 대한 값으로 변수 이름을 생략할 수 있다.

ggpot2의 경우, 원본 직원 데이터 테이블로부터 **그림 3.11**의 좌표 데이터 테이블을 계산하기 위하여, 여기서는 tidyverse 패키지에 포함된 dplyr 함수, group_by()를 사용해서 그룹을 정의하고 summarize()를 사용해서 요약 통계량, 여기서는 매개변수 *Salary*의 평균 mean을 계산한다. 데이터 프레임 *d*에서 원본 또는 가공되지 않은 데이터를 보존하려면, 별도의 데이터 프레임, *avgd*을 생성해서 요약된 데이터를 저장한다. lessR에서 기본적으로 지정된 데이터 프레임 *d*가 아닌, 데이터 프레임으로부터 데이터를 분석하려면, data 매개변수를 적용한다.

이 예제는 magrittr 패키지의 파이프 연산자, %>%를 적용해서, 앞에 있는 함수에서 얻은 출력을 순서상 뒤에 있는 함수의 첫 번째 매개변수 값으로, 여기서는 다음 함수로 입력되는 값으로 전달한다. library() 함수를 이용해서 별도로 magrittr 패키지를 활성화하거나, 모든 tidyverse 패키지와 관련 함수들로 tidyverse의 일부로서 활성화한다.

R 입력 레이블과 함께 제공된 평균 연봉 값으로부터 직접 구현한 막대 그래프
데이터 : d <- Read("http://lessRstats.com/data/employee.csv")

```
lessR : BarChart(Dept, Salary, stat="mean", values = "input")
ggplot2 : d %>% group_by(Dept) %>% summarize(Avg=mean(Salary)) -> avgd
        ggplot(avgd, aes(Dept, Avg)) + geom_bar(stat="identity") +
          geom_text(aes(label=round(Avg,0)), vjust=8, size=4.2,
                   color="white")
```

기본적으로, lessR 막대 그래프는 막대마다 y 데이터 값을 표시한다. 사용자 지정해서 값을 표시하려면, values 매개변수를 "off", "%", "proportion", 또는 "input"으로 지정한다. 표로 작성된 카운트(도수)로서 *y*에 대하여, values는 기본 설정으로 각 범주에 대한 응답 백분율, 즉 상대 도수를 나열하는 "%"으로 지정된다. 이 예제처럼, 직접 제공된 *y*의 경우, value는 기본 설정으로 분석이 진행되는 *y* 값, "input"으로 지정되었다. "proportion" 값은 백분율 대신 비율을 표시한다.

관련 매개변수에는 표시되는 값의 색상을 지정하는 values_color, 표시되는 값의 크기를 지정하는 values_size, 표시되는 값의 소수 자릿수를 지정하는 values_digits, 막대의 내부

또는 외부 위치(기본적으로 "in", 또는 "out")를 지정하는 values_pos, 그리고 표시되는 최소값을 규정하는 values_cut이 있다.

BarChart()는 또한 **그림 3.11**의 좌표 데이터 테이블을 별도로 계산할 수 있으며, 그리고 ggplot2로 수행한 것처럼 좌표 데이터 테이블을 직접 입력한다.

> 좌표 데이터 테이블을 직접 처리하는 BarChart() 함수 호출
>
> *lessR* : `BarChart(Dept, Avg, data=avgd)`

기본 설정된 데이터 프레임 *d* 대신, 데이터 프레임 *avgd*에서 평균 연봉, *Avg*를 분석한다.

ggplot2의 경우, geom_text() 함수를 이용해서 막대에 표시된 각 그룹에 대한 평균을 나타낸다. vjust 매개변수는 아래로 이동시키는 양수의 값으로 각각 표시된 평균의 수직 위치를 이동시킨다. size 및 color 매개변수는 당연히 예상되는 정보를 제공한다. **그림 3.12**에 보이는 ggplot2 막대 그래프를 생성하는 함수 호출을 위한 3개의 매개변수 값은 막대 그래프를 생성하는 연속된 반복에 걸친 시행착오로 얻어진다.

⚜ 클리블랜드 점 도표

그림 3.13은 부서별 평균 연봉 *Salary*를 나타내는 막대 그래프의 클리블랜드 점 도표 버전을 보여준다. 이 예제에서, 범주형 변수는 평균 연봉으로 정렬되는 대신 알파벳순으로 유지되었다. 수치 축의 시작점은 $50,000이다.

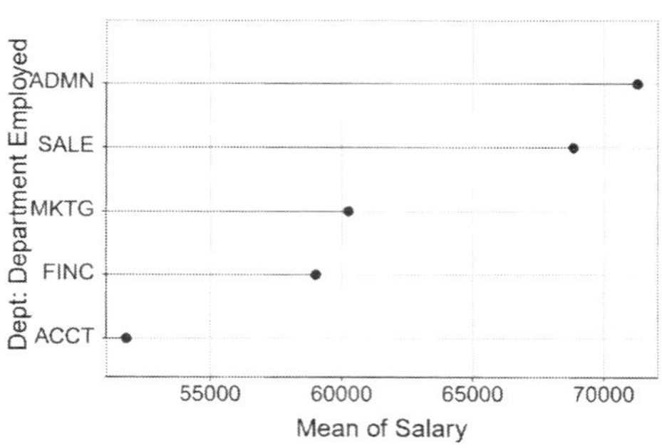

(a) lessR

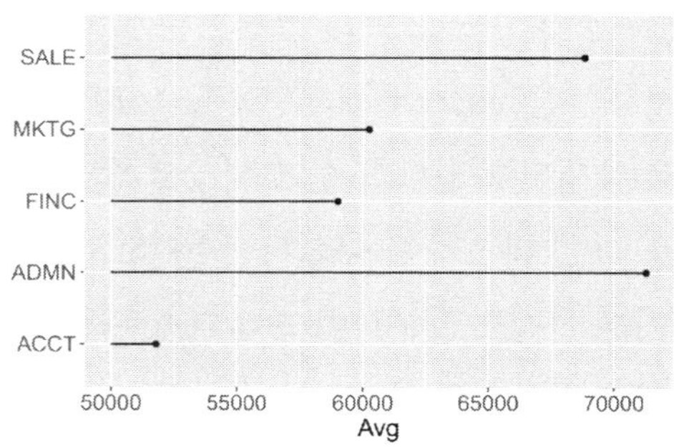

(b) ggplot2

그림 3.13: 부서 *Dept*의 수준별 평균 연봉 *Salary*에 대한 클리블랜드 점 도표.

lessR의 경우, 구문은 BarChart() 대신 Plot()을 수행하는 것 외에, 막대 그래프와 동일하게 유지된다. 이 예제에서 적용된 "mean"을 포함해서, stat 매개변수에 대해 동일한 옵션을 사용할 수 있다. ggplot2 함수 호출도 이전 예와 동일한 패턴을 따른다. 연속된 데이터 변환은 할당 화살표 ->으로 표시된, *avgd* 데이터 프레임 생성으로 끝이 난다.

R 입력 *Dept*별 평균 *Salary*에 대한 점 도표

데이터 : d <- Read("http://lessRstats.com/data/employee.csv")

```
lessR : Plot(Dept, Salary, stat="mean")
ggplot2 : d %>% subset(!is.na(Dept)) %>%
          group_by(Dept) %>% summarize(Avg=mean(Salary)) -> avgd
        ggplot(avgd, aes(Dept, Avg)) + geom_point() + coord_flip() +
          geom_segment(aes(x=Dept, y=50000, xend=Dept, yend=Avg))
```

다음 예는 범주형 변수별 평균편차 분석을 위한 몇 가지 선택사항을 보여준다.

3.4 막대 채우기 색을 활용한 정보 전달

이 장의 막대 그래프를 표현한 이전 예에서, 막대는 길이만 전달하기 때문에, 클리블랜드 점 도표로 교체할 수 있다. 이 절에서는 기저를 이루는 데이터와 관련한 정보를 전달하기 위하여, 다양한 색으로 막대를 채운다. 첫 번째 예는 회사의 5개 부서에 걸친 연봉 *Salary*의 평균을 시각화한 마지막 절부터 계속된다. 여기서는 평균 대신 각 부서에 대한 평균 편차에 초점을 맞출 것이다.

3.4.1 평균 편차 값에 따라 두 갈래로 나뉜 막대 채우기 색

일부 분석은 0같은 기준선을 따라 값을 비교한다. 기준선 양쪽에 값들 사이의 대조를 강조하기 위하여, 음의 값을 갖는 막대를 한 가지 색으로 채우고 양의 값을 갖는 막대를 또 다른 색으로 채워서 막대 그래프를 구현한다. 우선, 두 가지 다른 색상을 고려해 보자.

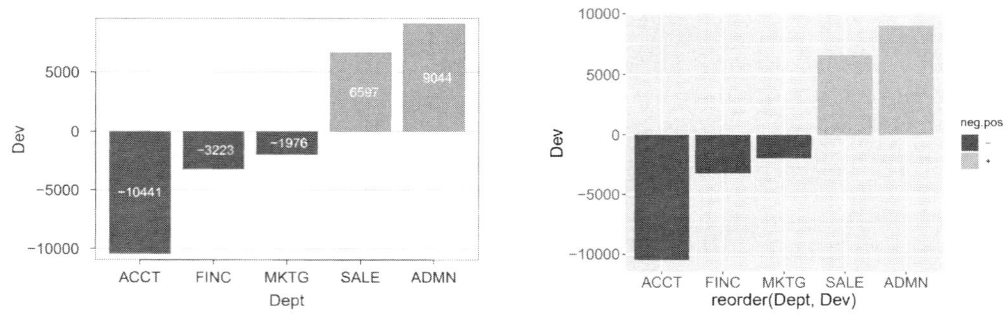

(a) lessR (b) ggplot2

그림 3.14: 음과 양의 표준편차 값에 대해 두 가지 다른 색상으로 채워진 막대 그래프.

<u>**두 가지 다른 색상**</u>. 이 예는 이전 절의 평균 연봉 데이터를 추가로 변환한다. 부서별 평균 연봉 사이의 차이에 초점을 맞추기 위하여, 그래프를 생성하고 (가중치없는) 전체 평균으로부터의 편차를 비교한다. **그림 3.14**에서, 음의 값 대 양의 값을 짙은 회색과 비교되는 옅은 회색으로 강조하였으며, 일반적으로는 그렇지만, 빨간색 대 파란색 또는 검정색 처럼 보다 극적인 대비를 선택한다.

평균과 비교된 각 부서별 연봉의 직접적 차이를 시각화하기 위하여, **그림 3.15**에 보이듯이, 우선, 여기서는 *avgd* 데이터로 저장된, 평균 편차를 계산한다. 결측 데이터를 포함한 데이터 프레임에서 모든 행의 데이터를 제거하는, 기본 R `na.omit()` 함수를 이용해서 **그림 3.11**에서 표시된 결측 데이터를 포함하는 행을 제거한다. 계산한 다음에 새로 생성된 변수, *Dev*에 평균 편차를 저장한다. 데이터 프레임 내에 변수를 명시하려면, 데이터 프레임 이름 다음에 달러 기호 $, 그리고 변수 이름을 포함시킨다.

Dept	Avg	Dev
ACCT	$51,792.78	-$10,440.78
ADMN	$71,277.12	$9,043.57
FINC	$59,010.68	-$3,222.88
MKTG	$60,257.13	-$1,976.42
SALE	$68,830.06	$6,596.51

그림 3.15: 평균 편차, *avgd* 데이터 테이블.

그림 3.14의 막대 그래프를 구현하는 두 가지 서로 다른 전략은 `lessR` 및 `ggplot2`에서 나온다. `BarChart()` 매개변수 `fill_split`는 제공된 *y* 값에 따라 나뉜, 두 가지 서로 다른 채우기 색으로 막대 그래프를 생성하도록 지시한다. `ggplot2`의 경우, 해당 *y* 값의 상태, 음의 값, 0, 또는 양의 값을 나타내는 이진 변수(binary variable)를 생성한 다음에, 이 값들을 `fill` 매개변수에 매핑한다. 또한, 내적으로 평균 편차의 좌표 데이터 테이블을 계산하기 위하여,

BarChart() 함수는 stat 매개변수를 "dev"으로 지정한다.

R 입력 음의 값 대 양의 값에 대해 서로 다른 색으로 채워진 막대 그래프

데이터 : d <- Read("http://lessRstats.com/data/employee.csv")

```
lessR : BarChart(Dept, Salary, stat="dev", sort="+", fill_split=0, values="input")
ggplot2 : avgd <- d %>% subset(!is.na(Dept)) %>%
          group_by(Dept) %>% summarize(Avg = mean(Salary)) %>%
          mutate(Dev = Avg - mean(Avg)) %>%
          mutate(neg.pos = ifelse (Dev <= 0, "-", "+"))
        ggplot(avgd, aes(reorder(Dept, Dev), Dev, fill=neg.pos)) +
          geom_col() + scale_fill_grey(start=.3, end=.7)
```

BarChart() 함수의 sort 매개변수는 *y* 값, 이 예제에서 *Dev*에 따라 막대의 표시를 다르게 정렬한다. "+" 값은 오름차순으로 정렬한다. lessR의 경우, 기본 설정된 채우기 색은 정성 팔레트(qualitative palette), "colors", 파란색의 첫 번째 색상로부터 밝은 색조와 어두운 색조이다. 이 예는 style("gray")로 지정된 그레이 색상 테마의 기본 설정 그레이 색상에 의존한다. 어떤 색상 테마의 기본 설정 값을 재정의하려면, 예를 들어, c("darkred", "gray30")와 같이 두 가지 색상의 fill 벡터를 지정해서, 음의 값에 대해 빨간색 음영을 그리고 양의 값에 대해 어두운 회색 음영을 표시한다.

ggplot2의 경우, 여기서 생성된 변수를 *neg.pos*으로 명명한다. 기본 R의 ifelse 함수를 이용해서 음의 값이나 0이면 "-", 그리고 양의 값이면 "+"처럼, *neg.pos* 값을 할당한다. *Dev* 순서에 따라 *Dept*의 막대 표시를 정렬하려면, 변수 이름을 명시하는 aes() 내에 기본 R 함수 reorder()를 사용한다. fill을 *neg.pos*으로 설정해서 *neg.pos* 값을 막대 채움색에 매핑한다. 기본적으로, 표시되는 두 가지 채움색은 ggplot2 정성 팔레트의 처음 2가지 색, 빨간색과 파란색이다. 그레이스케일로 표시하려면, 특화된 scale_fill_grey() 함수가 일반적으로 사용되지만, 보다 더 일반적인 scale_fill_manual() 함수를 이용하면, 시각화는 임의의 두 가지 색으로 확장할 수 있다.

서로 어우러지는 두 가지 색. 또 다른 선택사항은 막대가 *y*의 가장 작은 값에서 가장 큰 값으로 진행됨에 따라 한 가지 색이 다른 색과 어우러지도록, 두 가지 막대 색을 발산 색상 팔레트(divergent color palette)로 지정하는 것이다. 전형적으로, 빨간색과 검은색과 같이 두 가지 서로 다른 색에 대하여 발산 색상 팔레트를 정의한다. **그림 3.16**을 설명할 목적으로 그레이스케

일을 유지하려면, 이 예의 두 가지 색 모두에 대하여 동일한 회색 값을 지정한다.

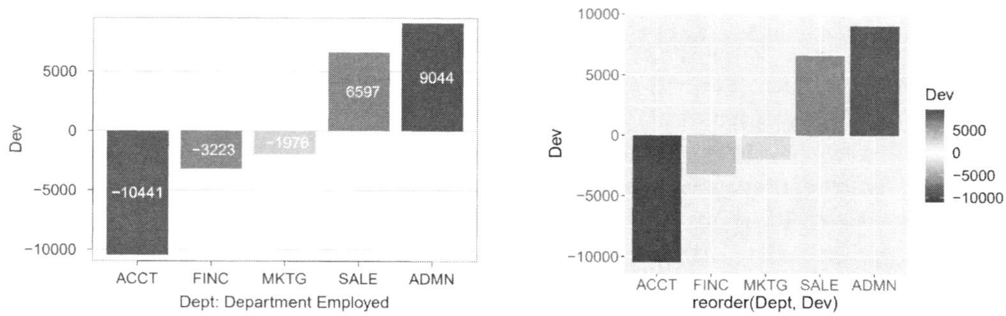

(a) lessR (b) ggplot2

그림 3.16: 음과 양의 표준편차 값에 대해 발산 색상 팔레트를 나타내는 막대 그래프.

이 응용에 대한 ggplot2의 장점은 색상들이 해당 *y* 값에 따라 `fill` 매개변수로 매핑된다는 것이다. `BarChart()`는 발산 색상 팔레트를 나타내지만, 색 배열은 수치 값이 아닌, 막대의 정렬된 위치에 따른 막대 색에만 연관된다.

`lessR`의 경우, `colorspace` 패키지(Ihaka, Murrell, Hornik, Fisher, & Zeileis, 2016)에 포함된 `diverge_hcl()` 함수에 의존하는, `lessR` 함수 `getColors()`에 대한 암묵적 호출로 발산 색상 팔레트를 정의한다. **그림 10.3**에 보이는 HCL 색상환의 12가지 색조로부터 두 개의 복수색 이름의 벡터를 지정한다. 또는, 이 예제에서처럼, `"grays"`를 이용해서 그레이스케일로 팔레트를 제한한다. ggplot2의 경우, `low` 매개변수 값과 `high` 매개변수 값을 지정하는, `scale_fill_gadient2()` 함수로 발산 그레디언트(divergent gradient)를 정의한다. 이 함수는 중립 중간점을 명시적으로 지정할 수 있도록 `midpoint` 매개변수를 제공하기 때문에, `diverge_hcl()` 함수보다 더 많은 제어가 가능합니다.

R 입력 음의 값 대 양의 값에 대해 발산 그레디언트를 포함하는 막대 그래프
데이터 : 이전 예제에서 계속된 `avgd` 데이터 프레임

```
lessR : BarChart(Dept, Salary, stat="dev", sort="+",
          fill=c("grays", "grays"), color="off", values="input")
ggplot2 : ggplot(avgd, aes(reorder(Dept, Dev), Dev, fill=Dev)) +
            geom_bar(stat="identity") +
            scale_fill_gradient2(low="gray25", high="gray25", midpoint=0)
```

일반적으로, 회색 계열 대신에 발산 팔레트에 대하여 두 가지 다른 색을 지정한다. lessR의 경우, 제시된 바와 같이, "grays" 대신, "greens"와 "violets"처럼, **그림 10.3**의 HCL 색상환에 걸쳐 정의된 12가지 색조 중에서 두 개를 선택한다. 결과는 HCL 색상으로부터 생성된 색상 팔레트이다. 또는, 사용자 지정 값에서 채도(chroma) c와 명도(luminance) l을 지정할 수도 있는, "fill"에 대한 인수로서 getColors()를 직접 호출한다. 제어 능력을 향상시키기 위하여, 발산 팔레트를 생성하기 위해서 lessR이 의존하는, colorspace 패키지에서 직접 diverge_hcl() 함수를 참조한다.

ggplot2의 경우, HCL 색상을 포함하는 이전 예에서 "gray25" 사례를 색상 참조로 대신한다. 선명한 붉은색을 선명한 푸른색으로 변환시키는, 한 예는 매개변수 low를 hcl(0,90,40)으로, high를 hcl(240,90,40)으로 지정한다.

3.4.2 순서형 변수의 막대 그래프

순서형 변수의 정렬된 값은 수치 값을 나타내지 않는다. 해당 수준의 정렬된 위치에 따라 어떻게 막대의 색상을 표시할까? 한 가지 대답은 이산 값(discrete values)을 정렬된 범위를 따라서 각 값의 위치에 근거한 색상 범위로 매핑하는 것이다. 설명을 위하여, "low", "med" 그리고 "high"의 문자열 값을 갖는 employee 데이터 *JobSat*에서 변수를 고려해 보자. R 내에서 변수를 순서형으로 정의하려면, 초기에 R로 읽힌 문자열에서 *JobSat*을 순서형 팩터(ordered factor)로 변환한다.

fill 그리고 color 매개변수로 매핑된 순서형 팩터 값에 대한 ggplot2 기본 팔레트는 viridis이기 때문에, 어떤 추가적 설정없이 순서형 팩터의 막대 그래프는 비리디스 viridis 색상으로 표현된다. lessR의 경우, viridis를 채움색으로 지정한다.

R 입력 순서형 팩터에 대해 viridis 색상으로 카운트를 표시한 막대 그래프

데이터 :
```
d <- Read("http://lessRstats.com/data/employee.csv")
d <- factors(JobSat, levels=c("low", "med", "high"), ordered=TRUE)
```

lessR :
```
BarChart(JobSat, fill="viridis")
```

ggplot2 :
```
ggplot(d) + geom_bar(aes(JobSat, fill=JobSat))
```

여기서 viridis 색상이 보이지는 않지만, 그레이스케일은 보인다. **그림 3.17**은 순차 그레이

스케일로 순서형 팩터 *JobSat*의 막대 그래프를 보여준다.

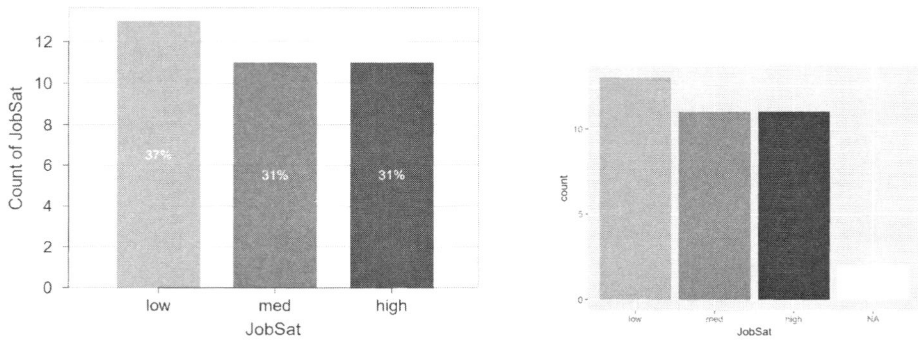

(a) lessR (b) ggplot2

그림 3.17: 순차 그레이스케일로 채워진 순서형 팩터의 막대 그래프.

lessR의 경우, **그림 3.17**을 생성하기 위하여, fill 매개변수는 "grays"로 지정할 수 있지만, 이 책에 있는 모든 lessR 예들에서 그랬던 것처럼, 전체 테마는 스타일 함수와 함께 "gray"로 설정되었다. lessR은 현재 테마에 따라 자연적으로 순차 색상 팔레트를 위한 색조를 자동으로 선택한다. 예를 들어, 테마가 "dodgeblue"였다면, 미리 정의된 팔레트는 "blues"가 될 것이다.

ggplot2는 파란색 척도의 색상으로 기본 설정된다. 여기서는, 매개변수 na.value 설정에 따라 결측 데이터에 대한 막대 색이 "white"로 지정된, scale_fill_grey() 함수를 이용해서 그레이스케일을 얻는다. 회색 색조를 위하여 start와 end 값을 명시한다.

R 입력 순서형 팩터에 대해 순차 그레이스케일로 카운트를 표시한 막대 그래프
데이터 : 앞선 예로부터 얻음

lessR : BarChart(JobSat)
ggplot2 : ggplot(d) + geom_bar(aes(JobSat, fill=JobSat)) +
scale_fill_grey(start=.7, end=.2, na.value="white")

기본 설정값과 그레이스케일을 그대로 두려면, 또 다른 색상 팔레트, 여기서는 HCL 색상환에서 lessR 팔레트 "greens"을 지정한다.

R 입력 순서형 팩터에 대해 녹색 순차 척도로 카운트를 표시한 막대 그래프
데이터 : 앞선 예로부터 얻음

```
lessR : BarChart(JobSat, fill="greens")
ggplot2 : ggplot(d) + geom_bar(aes(JobSat, fill=JobSat)) +
        scale_fill_manual(values=getColors("greens", n=3),
          na.value="gray50")
```

이 예에서, 녹색이 막대 색으로 매핑되는 `lessR`과 `ggplot2` 막대 그래프 모두에 대해 밝은 색에서 어두운 색까지 세 가지 녹색을 만들어 내기 위하여, `lessR` 함수 `getColors()`를 사용한다.

⚜ 연속형 값을 채움색에 매핑

범주형 변수의 이산 값에 대해 변수 값을 매개변수 `fill`에 매핑하면 색을 그 값들과 연관시킨다. 여기서는 연속형 변수 값을 막대 채움색에 매핑한다. 서로 다른 수준의 범주형 변수에 대해 미리 선택된 값으로 정의된 팔레트 대신, 표시된 색상은 해당 데이터 값에 따라 조정된, 연속형 값을 기준으로 한다. 데이터는 다른 미학 성분에도 매핑될 수 있지만, 여기서는 채움색을 나타낸다.

막대 그래프에 대하여, 수치 축에 표시된 수치형 변수 *y*에 대한 값을 `fill` 미학 성분에 매핑한다. 입력 데이터의 일부로 *y* 값을 명시하거나, 또는 **그림 2.1**에 보이는 것처럼, 각 수준의 범주형 변수의 발생 도수(카운트)를 표로 작성한다. **그림 3.18**은 표로 작성된 카운트가 클수록 더 짙은 색으로 막대를 채우는 매핑을 보여준다.

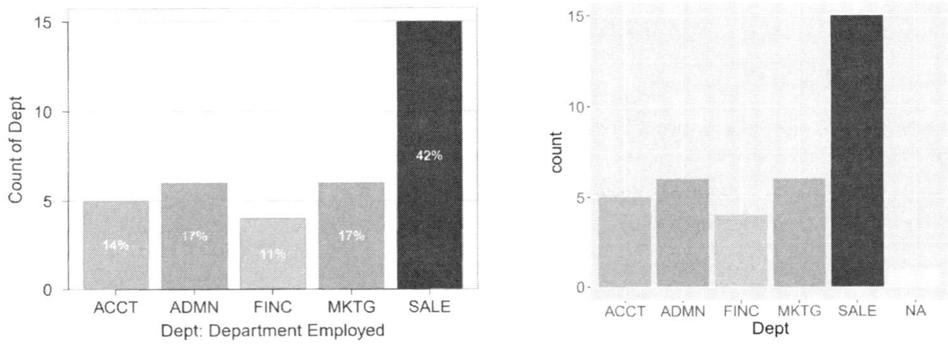

(a) lessR (b) ggplot2

그림 3.18: 발생 도수 값을 fill에 매핑한 막대 그래프.

표로 작성된 발생 도수가 표시된 그래프에 대하여, *y*는 명시되지 않기 때문에, *y* 값 평균을 제공한다. lessR의 경우, fill로 매핑하려면, 잠재적으로 기존 변수와 충돌하지 않게 하려고, 의도적으로 효력이 없는 R 이름으로 선택된, (count)로 지정한다. ggplot2의 경우, aes()에 내장된 count 값으로 stat() 함수를 호출한다. ggplot2는 자연스럽게 결측 데이터의 갯수도 그래프의 일부로 표시한다(lessR처럼 콘솔에 나열하는 것과 반대로).

R 입력 카운트(발생 도수)를 표시한 기본 막대 그래프

데이터 : d <- Read("http://lessRstats.com/data/employee.csv")

```
lessR : BarChart(Dept, fill=(count))
ggplot2 : ggplot(d, aes(Dept, fill=stat(count))) + geom_bar()
```

이 책의 모든 lessR 예와 같이, "gray" 테마를 style()로 설정해서 lessR 그레이스케일을 성취한다. ggplot2에 대한 테마를 바꾸어도 기본 순차 척도가 파란색의 범위에 속하기 때문에, 막대 색은 변하지 않는다. 그레이스케일의 막대를 얻으려면, 낮은 색 low에서 높은 색 high까지 다양한 색에 걸친 그레디언트(gradient)를 생성하는, scale_fill_gradient()[8] 함수를 이용한다.

```
ggplot2 : ... scale_fill_gradient(low="gray95", high="gray25")
```

일반적인 색상 배열을 지정하려면, low와 high 값을 그에 맞춰 설정한다. 기본 파란색 순차 척

[8] 낮은 색에서 높은 색으로 그레디언트를 만드는 ggplot2 함수.

도를 변경하려면, 기본 R 함수 `hcl()`을 이용해서 빨간색에 대한 색조를 0으로, 채도를 85로 설정한 다음, 명도를 밝은 85에서 어두운 30으로 변경시켜서, HCL 색상을 지정한다. 즉, 명도만을 변화시키는 순차적 빨간색 스케일을 만들려면, `low`를 `hcl(0,85,85)`로 설정하고 `high`를 `hcl(0, 85, 30)`으로 지정한다. 또는 동일한 그라디언트에 색을 혼합시켜 색조도 변화시킨다.

막대 채우기에 사용할 비리디스 팔레트(viridis palette)를 얻으려면, `ggplot2`의 경우, 범주형 변수 x를 순서형 팩터로 변환시킨다. 그리고 위의 예에서 비리디스 팔레트를 적용한 것처럼, y를 막대 채우기에 매핑한다. `lessR`의 경우, 별도의 척도 함수(scaling function)없이, `fill`에 대해 `(count.v)` 값을 지정해서, 파란색 순차 팔레트 대신 비리디스 팔레트를 얻는다.

3.4.3 사용자 지정 막대 채우기 색

`lessR` 그리고 `ggplot2`의 `fill` 매개변수를 이용해서, 개별 막대에 대한 색상 벡터를 지정한다. 예를 들어, 개별 막대를 강조하는 경우, 하나의 응용은 의견없음(No Opinion) 옵션을 포함하는 Likert 척도 응답 데이터에 대한 막대 그래프이다. Disagree/Agree 연속체 막대를 밝은 색에서 점차적으로 어두운 색까지 순차 색상 팔레트로 나타내서, 해당 응답 항목에 대해 더 높은 수준의 동의(agreement)를 나타낸다. 그러나, No Opinion 항목은 그런 연속체의 일부가 아니기 때문에, 선택된 순차 팔레트와 다른 색으로 채운다.

그림 3.19의 예는 Disagree/Agree 연속체, Disagree 및 Agree의 X 항목에 대해 두 개의 응답만 포함하는 막대 그래프를 보여준다. 이런 응답에 대한 막대는 밝은 색에서 어두운 회색으로 색상이 지정된다. 흰색으로 채워진, 의견없음(No Opinion) 막대는 다른 두 개의 막대를 따른다.

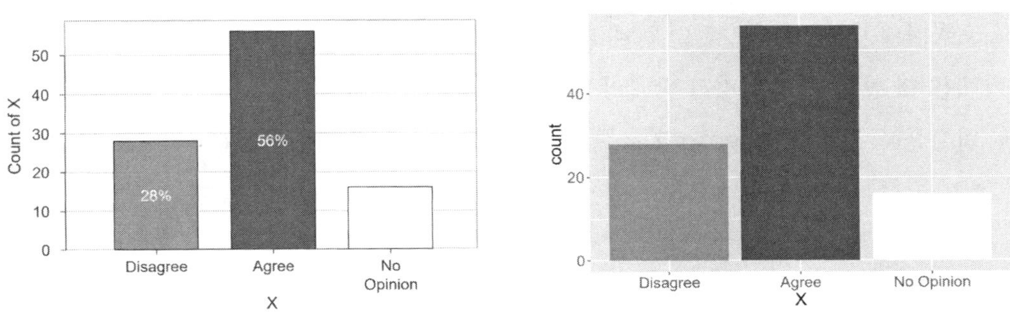

(a) `lessR` (b) `ggplot2`

그림 3.19: 그레이스케일 순차적 색 배열과는 별개의 사용자 지정 No Option 막대.

무작위로 생성된 값으로 이 예제에 대한 데이터를 모사한다. 우선, 문자형 벡터 *X.values*의 표본을 추출하기 위하여 데이터를 준비한다. 기본 R 중복 함수 `rep()`를 사용해서 지정된 횟수만큼 각 값을 반복해서 벡터를 생성한다. 여기서 *X.values* 벡터는 2개의 Disagree 값, 4개의 Agree 값, 그리고 한 개의 No Option 값으로 구성된다. 이 벡터로부터 표본을 추출하면 평균적으로, Disagree보다 2배 많은 Agree 응답, 그리고, No Option보다 4배가 많은 Agree 응답이 얻어질 것이다.

기본 R 함수 `sample()`를 이용해서 X 값의 표본을 추출한다. 이 함수는 Disagree, Agree, 그리고 No Option에 대해 100개의 모의 응답 표본을 생성한다. 그리고 지정된 대로 값들을 정렬하기 위하여 기본 R `factor()` 함수를 이용해서 이 값들을 R의 팩터형 객체로 전환한다. 결과는 데이터 프레임의 일부가 아닌, 사용자 작업 공간, 또는 전역 환경의 X 벡터이다. `ggplot2`의 경우, X가 생성된 사용자의 작업 공간에서 변수 X를 선택하도록 데이터 프레임 이름을 `NULL`로 지정한다. `lessR`은 자동으로 사용자의 작업 공간에서 변수를 검색한다.

R 입력 사용자 지정 색상을 입힌 No Option 막대

데이터 :
```
X.values <- c(rep("Disagree",2), rep("Agree",4), "No Opinion")
X <- sample(X.values, size=100, replace=TRUE)
X <- factor(X, levels=c("Disagree", "Agree", "No Opinion"))
```

fill colors : `Clr <- c(getColors("grays", n=2), "white")`
lessR : `BarChart(X, fill=Clr, color="black")`
ggplot2 : `ggplot(NULL, aes(X)) + geom_bar(fill=Clr)`

Clr 벡터는 3가지 채움색으로 구성된다. `lessR` 함수 `getColors()`는 처음 2개의 막대, Disagree와 Agree에 해당하는, 2가지 그레이스케일 색상을 만든다. 완전한 *Clr* 벡터는 `"white"` 색도 포함한다. 기본 설정으로 밝은 배경을 갖기 때문에, `lessR` 막대 그래프는 흰색으로 채워진 막대를 더 잘 보이게 하려고 막대의 테두리를 기본설정 값, `"transparent"`에서 `"black"`으로 변경한다. `lessR` 및 `ggplot2` 모두의 경우, 세 가지 막대 채움색을 *Clr* 벡터로 지정한다.

3.5 저장된 출력에서 보고서 작성

2장에서 설명한 것처럼, BarChart() 함수는 시각화를 구현할 뿐 아니라, R 콘솔[9]에 텍스트로 통계 분석 결과도 출력한다. BarChart() 함수의 출력도 다른 통계 결과와 함께, R의 리스트형 객체로 저장할 수 있다. 그렇게 하려면, 출력을 *b*와 같은 이름으로 명명된 R 객체로 할당한다.

R 입력 저장된 BarChart() 출력

데이터 : d <- Read("http://lessRstats.com/data/employee.csv")

lessR : b <- BarChart(Dept)

저장된 BarChart() 출력은 서로 다른 유형의 객체로 구성된, 리스트형 R 객체이다. 모든 객체와 마찬가지로, 내용을 보려면 객체 이름 *b*를 입력한다. 이 리스트형 객체에 두 가지 세트의 구성 성분들이 저장된다.

첫 번째 구성 성분 세트에는 out_title, out_lbl, out_counts, out_chi, 그리고 out_miss이 있다. R 리스트형 객체 세트의 구성 성분들은 텍스트 형식의 BarChart() 결과를 RStudio 콘솔로 출력하지만, 각 성분은 따로따로 표시된다. 이 성분들은 각각 제목, 모든 변수 레이블, 도수 분포, 카이제곱 검정(chi-square test), 그리고 결측 데이터의 수를 정의한다.

두 번째 세트의 구성 성분들은, 다른 함수에 대한 입력처럼 심층 분석으로 입력되거나, 후속 보고서 작성을 위해 개별적으로 접근할 수 있는, 출력을 나타낸다. 이 성분들은 n_dim, p_value, freq_df, freq, prop, 그리고 n_miss로 구성된다. 이 성분들은 각각 차원의 수(변수), 카이제곱 검정의 *p*-값, 도수 분포의 데이터 프레임, 도수표, 비율표, 그리고 결측 데이터의 수를 의미한다.

다음에 보이는 R Markdown(마크다운) 문서의 구성 방식은 저장된 BarChart() 출력을 결과 및 분석을 포함하는, 보고서에 내장시키는 템플릿을 제공한다. lessRstats.com/Rmd/04.Rmd에서 온라인으로 이 R 마크다운 문서를 찾으면 다음 내용을 확인할 수 있다.

---

[9] BarChart() 또는 끊임없이 반복되는 style() 호출에서 quiet를 TRUE로 설정하면, 어떤 출력도 콘솔로 보내지 않는다.

Illustrative BarChart R Markdown document

````
1  ## Analyze Number of Employees by Department
2  Load `lessR`, which includes the data.
3  ```r
4  suppressPackageStartupMessages(library(lessR))
5  d <- Read("Employee", quiet= TRUE)
6  ```
7
8  ### The Bar Chart
9  First run the `BarChart` function. Do not display statistics at the console.
10 ```r, fig.width=5.5, fig.height=3.5
11 b <- BarChart(Dept, quiet=TRUE)
12 ```
13
14 ### Statistics
15 The number of missing values is `r b$n.miss`. Obtain the frequency distribution.
16 ```{r, echo=FALSE}
17 print.out(b$out_counts)
18 ```
19
20 Obtain the chi-square test, for one variable with the null hypothesis of equal
21 population proportions.
22 ```{r, echo=FALSE}
23 print.out(b$out_chi)
24 ```
25
26 Reject the null hypothesis with a _p_-value of `r round(b$p_value,3)`. The number
27 of employees across departments differs in the population as well as the sample.
````

모든 R Markdown 문서와 마찬가지로, ```{r} 라인과 마감하는 ``` 라인 사이에 있는 R 코드들, 코드 블록을 수동으로 입력한다. 또는 보다 편리하게, 소스창 위에 툴바에서 RStudio Insert 드롭-다운 메뉴에서 코드 블록을 정의한다. 이 R Markdown 문서의 모든 다른 라인들은 주석이다. # 기호로 시작되는 1, 8, 그리고 14 라인은 제목이다. 2개의 기호 ##은 2차 제목을, 3개의 기호 ###은 제목의 글꼴 크기를 지시하는 3차 제목을 의미한다.

리스트 이름 다음에 달러 기호 $ 그리고 성분 이름을 붙여, 저장된 R의 리스트형 객체의 특정 성분을 참조한다. 이 보고서는 17과 23 라인에 작성된 출력은 두 가지 리스트형 성분, b$out_counts와 b$out_chi, 도수 분포 그리고 등모집단확률(equal population probability)과 연관된 카이제곱 검정을 포함한다. 암묵적으로 성분 이름만 열거해서 호출되는, 기본 R print() 함수의 출력은 각 라인에 라인 번호와 따옴표를 포함한다. lessR 함수 print_out()은 보다 더 정돈된 출력을 보장한다.

이 보고서는 15와 26 라인에 `r로 시작해서 `으로 마치는 인라인 코드 참조라는, 두 가지 리스트 유형의 통계 성분, b$n.miss와 b$p_value도 참조한다. 보고서를 생성하면, 보고서의 텍스트로 직접 포함된 결과 값을 이용해서 이런 R 표현식이 해석된다.

보고서를 작성하기 위하여, RStudio 통합개발환경 내에서 File 메뉴의 New File 선택해서 선택한 다음 Markdown File을 클릭한다. 파일 내용을 윈도우 페인(창)으로 복사한다. 그리고 윈도우 상단의 툴바에서, 막대 그래프, 요약 통계 그리고 해설로 완성된 웹 페이지를 생성하는, Knit 버튼을 클릭한다. (LaTeX가 있다면) pdf 파일, 또는 (Word 또는 LibreOffice Writer와 같은 유사품이 있다면) MS Word 화일로 전달하려면, Knit 버튼 옆에 화살표를 선택한 다음, 적절한 대안을 선택한다.

3.6 부분과 전체의 관계 시각화

서로 다른 수준의 범주형 변수의 수치 값을 비교하기 위하여, 막대 그래프와 산점도는 직선형 척도로 각 수준에 대한 수치형 변수의 값을 나타낸다. 그러나, 이런 시각화는 전체 값의 일부분으로 각각의 수치 값을 표현하지 못한다. 시각화는 부분 조각들을 보여주지만, 전체는 보여주지 못한다. 파이 차트, 와플 차트, 그리고 트리맵은 구성 요소 조각들로 나뉜 전체의 관점을 제공한다

3.6.1 도넛 차트 및 파이 차트

파이 차트(pie chart)[10]는 원을, 범주형 변수의 수준마다 하나씩, 조각으로 나눈다. 각 조각의 면적은 해당 수치형 변수 값을 반영한다. **그림 3.20b**의 `ggplot2` 시각화는 employee 데이터 프레임 세트에서 각 5개 부서 직원들의 카운트(도수)에 대한 전통적인 파이 차트이다. 도넛 차트(doughnut chart) 또는 링 차트(ring chart)라고 부르는, `lessR`을 이용해서 구현한, 보다 현대적 버전의 파이 차트가 **그림 3.20a**에 보인다. 도넛 차트는 파이 차트의 중심을 구멍으로 바꾼다.

[10] 해당 범주의 각 수치값에 따라 크기가 조정된, 부분으로 나누어진 원.

(a) lessR (b) ggplot2

그림 3.20: 도넛(링) 차트와 전통적인 파이 차트.

그러나, 전통적인 파이 차트는 일반적으로 권장되지 않는다. 데이터 시각화에 영향력 있는 기여자, Cleveland(1993)의 작업을 정리하면, 기본 R의 차트 함수 `pie()`에 대한 R 도움말 설명서는 직설적으로 "파이 차트는 정보를 표시하는 매우 나쁜 방법이다"라고 언급한다. 사람의 눈은 직선형 척도를 잘 판단하지만, 상대적인 면적을 판단하는 데 서투르다. 특히, 서로 거의 같은 값을 갖는 수치형 값의 경우, 길이에 따른 차이는 면적보다 더 정확하다.

파이 조각을 비교하는 또 다른 전략은 원의 중심에서 나오는, 각 조각의 각도이다. 면적과 마찬가지로, 사람들은 각도를 길이로 능숙하게 비교하지 못한다. 비교를 위한 또 하나의 전략은 각 조각의 둘레이다. **그림 3.21**은 파이 조각의 크기를 평가하는 3가지 특징을 보여준다: 면적, 각도, 그리고 둘레.

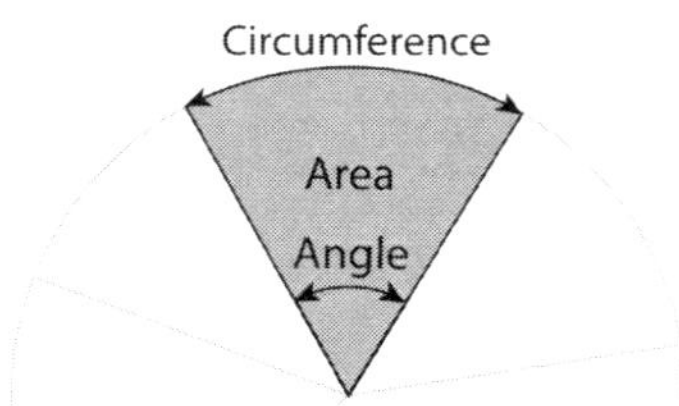

그림 3.21: 파이 조각의 크기를 평가하는 3가지 판단.

그러나, 실제로는 학술/과학 논문 이외의 분야에서, 보다 현대적 도넛 차트 형태의 파이 차트는 더욱 자주 접하게 되며, 장점을 제공한다(Spencer & Lewandowsky, 1991). 파이의 중심이 없다면, 보는 사람들은 막대 길이와 유사한 해당 조각의 둘레에 의해, 더욱 자세하게 파이 조각의 크기를 비교할 수 있을 것이다. 각 조각의 가장자리 길이를 비교하면, 최소한 어느 정도까지 면적과 각도를 비교하는 문제를 완화한다.

그에 맞춰, lessR 함수 PieChart()는 기본적으로 hole 매개변수를 0.65로 지정해서 도넛 차트를 생성한다. 최대 1.0이지만 1.0보다 조금 작은 값은 큰 구멍, 즉, 폭이 작은 링을 만든다. 작은 hole 값은 작은 구멍을 낳는다. 값이 0이면, 구멍이 없는 전형적인 파이 차트가 된다. 막대 그래프처럼, 기본적으로, 표로 작성된 카운트를 사용하려면 "%"로 그리고 데이터로부터 읽힌 *y*의 수치 값을 입력하려면 "input"으로 기본 설정된 values 매개변수에 따라 각 조각에 대한 수치 값을 나타낸다. 수치 값을 보여주지 않으려면 values를 "off"로 지정한다.

ggplot2는 파이 차트를 극좌표로 표시된 누적 막대 그래프로 나타낸다. 하나의 열을 포함한 누적 막대 차트를 생성한 다음, coord_polar() 함수를 이용해서 극좌표로 전환한다. *x*-변수 이름을 빈 문자열로 나타내서, *x* 변수를 지정하지 않는다. *y*-변수는 각 조각의 크기에 따라 달라지는 수치형 변수이다. 여기서 *y* 값은 주어지지 않지만, 대신 stat(count)로 표시된, 각 수준의 범주형 관심 변수, *Dept*에 대한 발생 도수를 표로 작성된다. *Dept*의 수준을 fill 색상에 매핑한다. 명확하게 하기 위해 삭제하는 것이 가장 좋지만, coord_polar() 함수는 그래프에 theme_void() 호출로 수행되는, 몇 가지 다른 세부 정보를 추가한다.

R 입력 카운트(발생 도수)를 표시한 기본 도넛/파이 차트

데이터 : d <- Read("http://lessRstats.com/data/employee.csv")

```
lessR : PieChart(Dept)
ggplot2 : ggplot(na.omit(d), aes(x="", y=stat(count), fill=Dept)) +
          geom_bar() + coord_polar(theta="y") +
          scale_fill_grey(start=.8, end=.3) +
          theme_void()
```

그림 3.20의 도넛/파이 차트 모두 그레이스케일로 보이도록 기본 설정되지 않는다. 대신, 두 차트 모두 다중 색조로 구성된 각각의 기본 정성 스케일(qualitative scale)를 수용한다. 범주형 변수의 수준이 크기에 따라 정렬되지 않으면, 정성 스케일은 일반적으로, 여기서 나타낸 순차 척도, 그레이스케일보다 더 적절하다. 그러나, 그레이스케일로 출력해 보면, 똑같이 각각의 파이 조각이 같은 색조의 회색으로 표시되거나, 순차 그레이스케일로 나타난다.

lessR style("gray") 함수는 그래프와 후속 그래프의 모든 성분에 대해 그레이스케일을 생성한다. 또는, fill 매개변수를 "grays"로 지정한다. ggplot2의 경우, scale_fill_grey()

를 실행한다. 이때, `start`와 `end` 매개변수를 각각 0.8과 0.3으로 지정해서, 표시되는 그레이스케일의 명암 범위를 어느 정도 압축시킨다.

3.6.2 와플 차트

와플 차트[11], 또는 정사각형 파이 차트(square pie chart)는 파이(또는 와플) 조각을 정사각형으로 교체한다. 범주형 변수와 관련된 더 큰 수치 값의 경우, **그림 3.22**에 보이듯이, employee 데이터 세트의 *Dept* 변수에 대하여 더 많은 정사각형을 나타낸다.

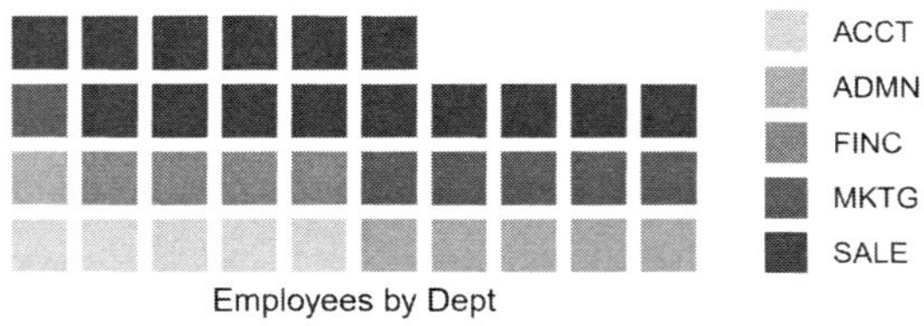

그림 3.22: Dept 변수의 5가지 범주에 대해 카운트(발생 도수)를 나타낸 와플 차트.

Bob Rudis와 Dave Gandy의 `waffle` 패키지(2017)에 포함된 `waffle()` 함수를 이용해서 **그림 3.22**에 와플 차트를 구현하였다. 수준마다 다르게 보이는 색조로 정사각형 와플 차트를 쉽게 구축하였다. `waffle()` 함수는 범주형 변수의 각 수준에 대한 발생 도수를 표로 작성하지 않기 때문에, 수치형 변수 *y*가 카운트(도수)를 포함하면, 기본 R `table()` 함수를 이용해서 별도로 계산한다. 이 예제에서, 도수 표를 myFreq으로 저장하였다. `waffle(myFreq)`로부터 해당 와플 차트를 구현한다.

R 입력 카운트(발생 도수)를 표시한 와플 차트

```
데이터 : d <- Read("http://lessRstats.com/data/employee.csv")
         myFreq <- table(d$Dept)
lessR : clr <- getColors("grays", n=5)
waffle : waffle(myFreq, colors=clr, flip=TRUE, xlab="Employees by Dept")
```

범주마다 하나의 사용자 정의 색상을 `colors` 매개변수와 함께 `waffle()` 함수로 전달한다. **그림**

[11] 색깔있는 정사각형으로 각 범주에 대한 수치형 변수 값을 나타낸다.

3.22의 그레이스케일 시각화를 생성하려면, 우선, 여기서는 LessR 함수 getColors()를 이용해서, 5가지 그레이스케일 색상의 순차 팔레트를 생성한다. 물론, 기본 설정된 waffle() 정성 척도를 waffle 기본색보다 다소 어두운 색으로 변경하기 위하여, "blues"와 같이 미리 정의된 다른 lessR 순차 척도도 "grays", 또는 "colors" 대신 사용할 수 있다.

기본적으로, 와플 차트는 수직으로 표시된다. flip 매개변수를 TRUE로 지정하면, 수평 방향의 와플 차트가 구형된다. 표준 기본 R 매개변수 xlab은 레이블을 제공한다.

3.6.3 트리맵

파이 차트, 와플 차트, 그리고 트리맵[12] 모두 전체에 대한 각 부분의 비율 관계를 시각화한다. 상대적으로 작은 수의 조각에 가장 잘 작동하는, 파이 차트와는 달리, 트리맵은 잠재적으로 더 많은 요소들을 표시할 수 있다. 더욱이, 범주들은 계층형(hierarchical), 범주 내 하위-범주(sub-categories)일 수 있다. 공립학교를 학군별로 편성하는 것이 한 예이다. 학군에 속한 학교마다 특정 학년-수준에서 어떤 과목에 대한 학습 성공을 시각화한다. 결과적으로 얻어지는 트리맵은 학교와 학군 모두를 비교할 수 있다. 또 다른 예로, 일반 상점에서 파는 여러 가지 상품들을 하드웨어, 의류, 그리고 가구 같은 여러 가지 상품 범주로 정리한다. 그리고 각 상품 범주를 특정 상품으로 나눈다. 범주마다 서로 다른 상품의 판매를 시각화한다.

나무들(실제 나무와 트리맵)은 가지를 갖는다. 트리맵의 각 가지는 직사각형으로 표현되며, 각 직사각형은 하위 범주를 나타내기 위하여 성분 직사각형으로 더 세분화할 수 있는, 범주를 대표한다. 파이 차트 그리고 와플 차트처럼, 트리맵은 해당 형태, 여기서는 직사각형의 크기를 변화시켜서 전체의 비율을 표시한다.

Martijn Tennekes의 treemap() 패키지(2017)는 트리맵을 시각화하기 위하여 같은 이름의 함수를 제공한다. 함수에 필요한 첫 번째 매개변수는 관련 데이터를 포함하는 데이터 프레임이다. 두번째 필요한 매개변수, index는 하나 이상의 범주형 변수 (단일 변수 또는 계층형의 경우, 계층에서 가장 높은 변수가 먼저 나열되는 범주형 변수 벡터)를 식별한다. 세 번째 필요한 매개변수, vSize는 각 범주에 대한 값의 합에 따라 직사각형 크기의 배율을 설정하는, 연속형 변수를 지정한다. 일부 분석에 필요한 네번째 매개변수, vColor는 분석의 type과 관련하여,

[12] 더 작은 직사각형, 하위-직사각형으로 나뉜 직사각형.

직사각형의 색을 지정한다. 매개변수 vSize와 vColor는 동일한 변수일 수 있다.

단일-변수 트리맵. **그림 3.23**의 트리맵은 **그림 3.20**의 파이 차트 그리고 **그림 3.22**의 와플 차트에 해당한다. 트리맵은 회사의 5개 부서별 직원 수를 예시한다. 가장 어둡고 크기가 가장 큰 직사각형은 15명으로 직원이 가장 많은 영업부(sale)를 나타낸다. 가장 밝고 크기가 가장 작은 사각형은 4명으로 직원이 가장 적은 재무부(finance)를 나타낸다.

그레이스케일로 표시되지만, 이 트리맵은 일반적으로 직사각형마다 다른 색으로 색칠된, 기본 정성 스케일(qualitative scale)로 표시된다. **그림 3.23**의 그레이스케일 색조는 알파벳순으로 되어있다: 회계부는 가장 밝은 회색을 가지며 영업부는 가장 어두운 회색을 갖는다. 순차 척도와 일치하는, 밝은 색에서 어두운 색으로의 배열로 표시되는 근본적인 크기 조정은 없다.

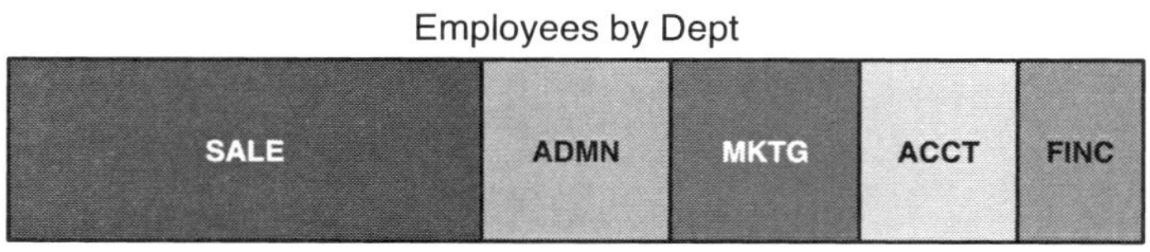

그림 3.23: Dept 변수의 5가지 범주에 대해 카운트(발생 도수)를 나타낸 트리맵.

treemap() 함수로 입력되는 데이터는 원본 데이터 테이블, 또는 전체 데이터 테이블에서 계산된 요약 통계 테이블일 수 있다. 첫 번째 예에서, 트리맵은 각 부서의 직원 수를 나타낸다. 5개의 *Dept* 수준에 해당하는, 그룹을 정의하기 위하여 tidyverse dplyr 함수 group_by()를 이용해서 이러한 카운트(발생 도수)를 명시적으로 가져온 다음, summarise()를 이용해서 해당 카운트, 생성 변수 *Freq*를 계산한다. *Dept*와 *Freq*로 구성된 요약 테이블을 myFreq에 저장한 다음, treemap()으로 입력한다. 요약 테이블은 treemap()이 보여주지 못하는, 부서마다 하나씩 그리고 결측 데이터에 대해 하나, 총 6개의 행을 갖는다.

R 입력 카운트(발생 도수)를 표시한 트리맵

데이터 :
```
d <- Read("http://lessRstats.com/data/employee.csv")
d %>% group_by(Dept) %>% summarise(Freq=n()) -> myFreq
```

treemap :
```
treemap(myFreq, "Dept", "Freq", type="index",
    title="Employees by Dept", palette=getColors("grays", n=5))
```

type 매개변수를 "index"으로 지정하면, 분류되는 범주형 변수, 여기서는 오직 하나의 범주형 변수 *Dept*의 값에 따라 직사각형을 색칠하게 한다. palette 매개변수는 직사각형을 채우는 색깔을 지정한다. 이 예에서 lessR 함수 getColors()로 그레이스케일을 생성하였다.

크기를 나타내는 색상. 색깔도 하나 이상의 범주형 변수의 분류에 따라 연속형 변수의 크기를 묘사할 수 있다. **그림 3.24**의 트리맵은 5개 부서 각각에 대한 평균 연봉 *Salary* 분포를 나타낸다. 각 직사각형의 색깔은 평균 연봉 *Salary*의 크기에 따라 다르다. 최고 평균 연봉 *Salary*, $71,277을 갖는 관리부(ADMIN)는 직사각형을 가장 어두운 색으로 나타내었으며, 최저 평균 연봉 *Salary*, $51,793을 갖는 회계부(ACCT)는 직사각형을 가장 밝은 색으로 나타내었다. 각 사각형의 크기는 해당 부서의 연봉 합계에 따라 다르다. 여기서 영업부에는 가장 많은 직원이 있기 때문에, 연봉 합계가 가장 크다.

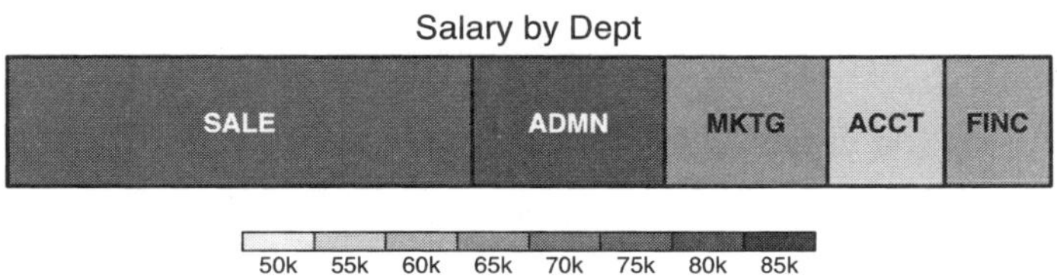

그림 3.24: Dept의 5가지 범주형 변수에 대해 평균 연봉을 나타낸 트리맵.

기본적으로, treemap()은 관련 연속형 변수(들)의 합에 따라 직사각형에 색을 입힌다. 평균을 분석하려면, fun.aggregate 매개변수를 "mean"으로 지정한다. 직사각형의 색이 해당 평균의 크기를 반영하게 하려면, type 매개변수를 "value"로 설정한다. 이 맥락에서 기본 범례 제목은 의미가 없으므로, 삭제한다.

R 입력 Dept의 5가지 범주형 변수에 대한 평균 연봉 트리맵

데이터 : d <- Read("http://lessRstats.com/data/employee.csv")

treemap :
```
treemap(d, "Dept", "Salary", vColor="Salary", type="value",
        fun.aggregate="mean", title.legend="", title="Salary by Dept",
        palette=getColors("grays", n=8))
```

다시 한번, 기본 색상 팔레트를 무시하고 그레이스케일을 이용해서 **그림 3.24**를 생성한다. 명시된 palette 매개변수가 없으면, 기본 색상, 가장 작은 값에 대해 밝은 오렌지로 시작해서

가장 큰 값에 대해 어두운 빨간색까지 순차적으로 진행되는, 기본 색상인 오렌지색-빨간색 팔레트를 생성한다. 8가지 색깔을 가진 팔레트는 비교적 넓은 범위의 밝기를 나타낸다. `getColors()`에 대한 `n` 값이 작을수록 점진적으로 더 작은 범위의 밝기를 제공한다.

계층형 트리맵. 계층형으로 나타내기 위하여, `treemap()`이 색인 변수(index variable)로 참조하는, 하나 이상의 분류 변수를 제공한다. 1993 데이터 세트(Lock, 1993)를 이용해서, **그림 3.25**는 USA에서 만든 자동차와 다른 곳에서 만든 자동차에 따라 분류된, 서로 다른 유형의 자동차에 대한 갤런당 고속도로 연료 사용량을 예시한다. 가장 어두운 정사각형은 최고 연비, 37.3 MPG(Mile per Gallon)를 갖는 USA에서 생산하지 않은 Small 소형차(0)를 나타낸다. 두 가지 가장 어두운 정사각형은 Small 자동차 부류에 속하기 때문에, 두 번째로 좋은 연비, 34.3 MPG는 USA에서 제조한 Small 소형차(1)에 대한 것이다. 가장 밝은색을 입힌 정사각형은 USA에서 생산하지 않은 Van(0)에 대한 최저 연비, 22.6 MPG를 나타내며, USA에서 생산한 Van(1)에 대해, 모든 범주 중에서 가장 최저 연비, 21.5 MPG를 나타낸다.

이 예에서, Large 유형의 대형차만 USA에서 제조되며, 이 데이터에는 USA에서 생산하지 않은 Large 대형차의 예는 없다. 그런 이유로, `treemap()` 함수가 존재하는 하위-범주에 레이블을 붙이지 않더라도, Large 직사각형은 하위 범주로 다시 분류되지 않는다.

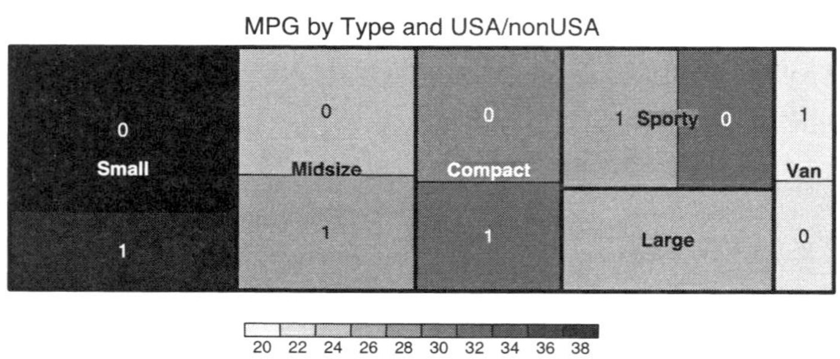

그림 3.25: MPG의 계층형 트리맵.

이런 계층형 트리맵을 구현하기 위하여, *Type*을 분류의 첫 번째 수준으로 그리고 *Source*를 두 번째 수준으로 지정하도록, `vSize` 매개변수를 `c("Type", "Source")`으로 설정한다. 이전 예와 같이, 각 분류에 대한 평균, 여기서는 MPG으로 직사각형에 색을 입힌다. 직사각형의 크기는 각 그룹에 대한 총 MPG에서 나온다.

R 입력 Dept내 성별에 대한 카운트(발생 도수)를 나타낸 계층형 트리맵

데이터 : d <- Read("http://lessRstats.com/data/Cars93.csv")

```
treemap : treemap(d, c("Type", "Source"), vSize="MPGhiway",
          vColor="MPGhiway", type="dens", fun.aggregate="mean",
          title.legend="", title="MPG by Type and USA/nonUSA",
          palette=getColors("grays", n=8))
```

treemap()은 앞에서 설명한 "index"와 "values"으로, 몇 가지 다른 유형의 직사각형을 색칠하는 방법을 제공한다. 이 예에서 "values"도 사용할 수 있지만, 상대적으로 작은 범위의 MPG는 다양한 직사각형에 대해 제한된 범위의 밝기를 결과로 초래한다. 더 넓은 범위의 색상 변화를 나타내려면, 매개변수 type를 "dens"로 지정해서, MPG의 농도에 따라 색을 칠한다.

treemap() 함수는 트리맵이 나타내는 값을 계산한다. 이 값을 얻으려면, 이 예에서 tm과 같이, 함수 출력을 유효한 R 이름을 가진 객체로 할당한다.

```
treemap : tm <- treemap(parameter values)
          tm
```

값을 표시하려면, R 콘솔에서 객체 이름을 입력한다. 출력은 범주형 변수 수준 값의 각 조합에 대한 행을 포함한다: 해당 vSize과 vColor 값, 직사각형의 좌표와 차원, 그리고 각 직사각형의 색깔.

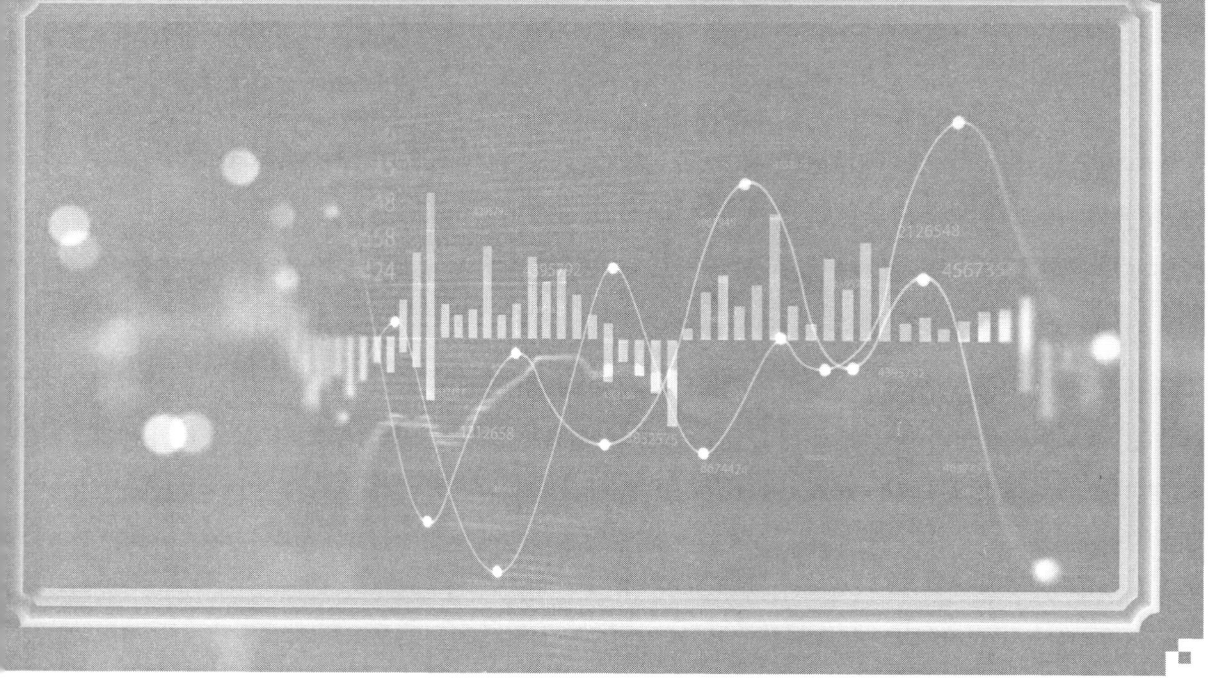

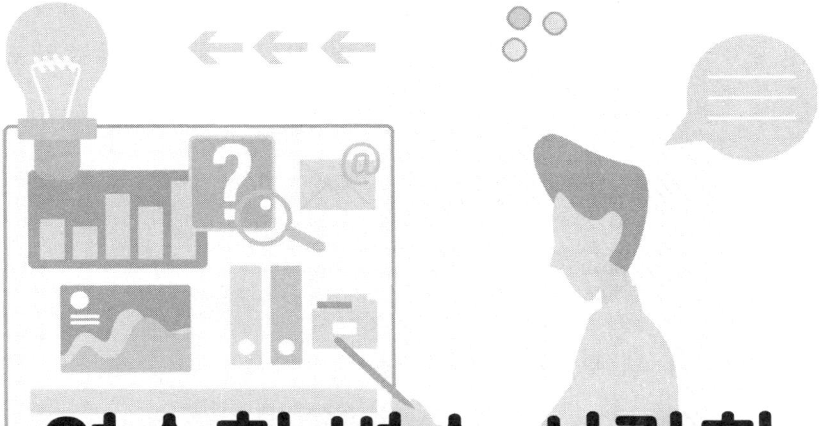

연속형 변수 시각화

연속형 변수의 분포를 시각화하면 모집단의 표본으로부터 기저를 이루는 모집단 분포의 유형을 추정할 수 있다. 2장에서 두 가지 시각화, 히스토그램뿐 아니라 최신 대체 그래프, VBS 플롯을 소개하였다. 이 장에서는 두 가지 시각화에 대해 상세히 논술할 것이다.

4.1 히스토그램

4.1.1 인접 구간에 연속형 변수 배치

연속형 변수의 측정값을 빈(bin)으로 그룹화. 범주형 변수의 고유 데이터 값이 상대적으로 적은 것에 반하여, 개별적으로 나타내려는 연속형 변수의 고유 데이터 값은 너무 많다. 어떤 회사의 직원에 대한 미화 연봉을 생각해 보자. 연봉은 수만 달러의 범위에 있지만, 1센트라도 무시될 수 없다. 대부분은 아니더라도 잠재 가치(potential value)는 절대 발생하지 않거나, 발생하더라도 많아야 한두 번 정도 발생한다. 예를 들어, 표본의 크기가 방대하지 않으면, \$69,424.79 액수의 연봉 *Salary*이 발생할 일은 없을 것이다.

개별적으로 의미 있게 표시할 수 없는 고유 데이터 값을 어떻게 처리할까? 이에 대한 해답은 여러 가지가 있으며, 그중 일부는 VBS 플롯처럼, 오래된 기술들보다 만족스러운 결과를 낳는 최신 컴퓨터 기술에 근거한다. 19세기 종이와 연필 기술에 기반을 둔, 전통적인 대답은 값의 범위를, 때때로 클래스 *classes*라고 하는, 빈(bins)[1]으로 분할하는 것이다. 각각의 빈은 비슷한 데이터 값들을 포함한다. **그림 4.1**은 미화 연봉 \$60,000에서 \$70,000까지의 값을 포함하는, 빈의 예를 보여준다.

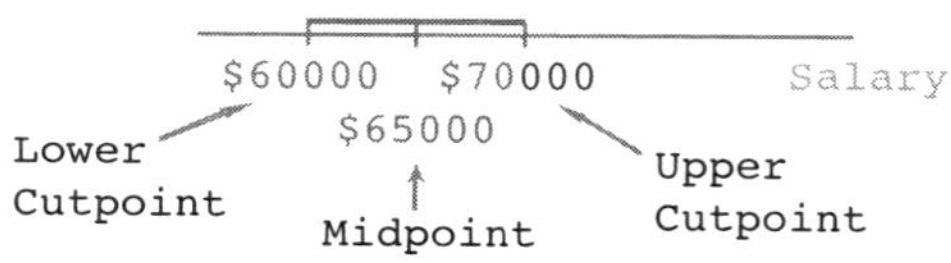

그림 4.1: \$60,000에서 \$70,000까지 범위의 데이터 값에 대해 정의된 빈의 예.

각각의 빈 너비, 또는 빈폭(bin width)을 설정하는 절점(cutpoints)[2], 상하의 경계로 빈을 정의한다. 가장 효과적으로 빈의 값들이 요약되는 단일 지점을, 반드시 데이터 값이 아닌, 중간점(midpoint)[3]이라고 한다. **그림 4.1**의 빈폭은 \$10,000이며 중간점은 \$65,000이다. 지속적으로, 절점과 정확히 같은 값을 인접한 하부 빈 또는 인접한 상위 빈에 할당한다.

<u>히스토그램</u>. 연속형 변수의 가장 흔한 시각화는 히스토그램(histogram)[4]이다. 히스토그램을 생성하려면, 데이터를 분할, 즉 개별 데이터 값을 빈으로 정렬한다. 막대 그래프처럼, 히스토그램은 막대로 구성된다. 막대 그래프와 달리, 히스토그램의 인접한 막대는 공통 변을 공유해서, 연속형 변수의 근본적인 연속성을 나타낸다.

변수의 연속성을 보여주기 위하여, **그림 2.5**의 기본 `lessR` 히스토그램과 `ggplot2` 히스토그램 모두 **그림 4.2**에서 반복되었다. 기본적으로, `ggplot2`는 의도적으로 너무 작아서 의미가 없는, 빈폭으로 히스토그램을 표시해서, 서로 다른 크기의 빈폭 탐구를 권장하게 한다. **그림 2.5**의 히스토그램 모두 \$10,000의 빈폭을 갖지만, 시작점이 다르기 때문에 서로 다르다.

[1] 일반적으로 제각기 같은 크기를 갖는, 인접한 간격의 연속.

[2] 빈의 하한 및 상한 경계.

[3] 빈 내의 모든 값을 요약한, 빈의 중간 지점.

[4] 발생 도수에 비례하는 높이의 막대로 표시된, 빈으로 연속형 변수의 각 데이터 값을 나타낸 그래프.

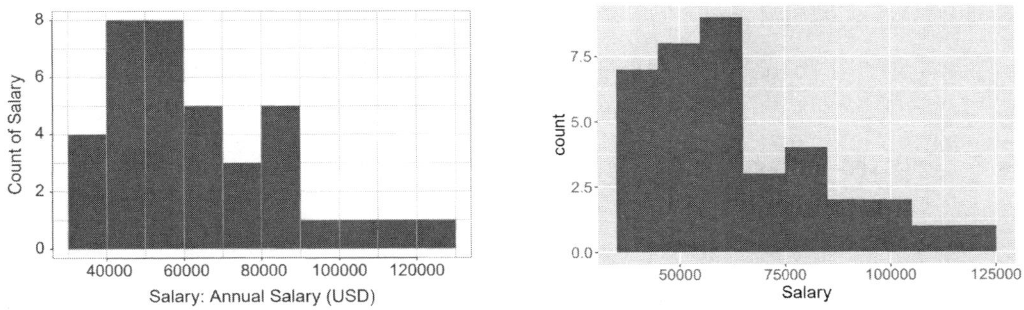

(a) lessR　　(b) ggplot2

그림 4.2: 기본 히스토그램.

lessR 함수 Histogram(), 줄여 쓴 hs()는 기본 R 히스토그램 함수 hist()를 실행한다. Histogram()은 많은 매개변수에 직접 접근할 수 있을 뿐만 아니라, 빈폭 계산을 위해 hist()의 기본값을 유지한다. 기본적으로, R은 절점과 같은 값을 빈의 하한으로 할당하며, 이는 Histogram()에서도 유지되는 법칙이다. **리스트 2.2**에 보이듯이, Histogram()은 시각화 이외에, 도수 분포 표, 요약 통계, 그리고 이상치 분석(outlier analysis)을 포함하는 통계 분석을 제공한다.

geom_histogram()으로 ggplot2 히스토그램을 수행한다. binwidth 매개변수를 사용해서 빈폭을 사용자 지정한다.

R 입력 기본 히스토그램
데이터 : d <- Read("http://lessRstats.com/data/employee.csv")

lessR : Histogram(Salary)
ggplot2 : ggplot(d, aes(Salary)) + geom_histogram(binwidth=10000)

표준 값의 fill 그리고 color 매개변수가 히스토그램 생성에 적용된다. 단일 색상 이외에, 잠정적으로 채도 chroma와 명도 luminance의 값을 원하는 대로 바꾸어, lessR 순차 팔레트 "blues"같은 색상 팔레트도 사용할 수 있다. 또는, 개별 막대 색을 원하는 대로 바꿀 수 있다. 10개의 막대를 나타내는 이 예에서, 처음 4개의 푸른색 막대, 하나의 빨간색 막대, 그리고 5개의 푸른색 막대가 표시된다.

```
Histogram(Salary, fill=c(rep("blue",4), "red", rep("blue",5)))
```

채움색을 사용자 지정하려면, 순차적으로 각 빈의 채움색을 명시한다. 기본 R 반복 함수 `rep()`은 다섯 번의 `"blue"`처럼, 색깔을 반복적으로 입력하는 것을 방지한다.

4.1.2 다양한 형태의 히스토그램

어떤 연속형 변수의 데이터 값이라도 여러 가지 다양한 히스토그램으로 나타낼 수 있다. 각 히스토그램의 모양은 빈의 시작점과 빈폭에 따라 달라진다. **그림 4.2b**에 예시된 것처럼, 이 매개변수 값 중 하나 또는 둘 다 변경하면, 히스토그램의 모양이 달라질 수 있다. 예를 들어, `lessR` 및 `ggplot2`으로 구현된 히스토그램은, \$10,000의 동일한 빈폭을 갖는 동일한 데이터에 대한 것이지만, 서로 다르다. 왜 그럴까? 이 데이터에 대한 기본 R 함수 `hist()`의 계산을 따르는, `lessR` 히스토그램은 \$30,000에서 첫 번째 빈에 대한 기본 시작점을 갖는다. `bin_start()` 매개변수를 \$35,000으로 지정하면, **그림 4.2b**에서 `ggplot2`에 의해 계산된 결과와 동일한 히스토그램이 생성된다.

데이터에 대한 바람직한 빈의 너비와 올바른 빈의 시작점은? 정답은 없습니다. 일반적으로, 기저를 이루는 분포를 표시하기 위하여 사용할 수 있는 데이터가 지원하는 가장 적당한 크기의 빈을 선택한다. 그러나, 기본 빈폭을 계산하는 알고리즘은 자동으로 가장 좁고 유용한 크기의 빈을 제공하지 않는다. 선택된 값은 또한 개인의 취향에 따라 달라진다.

기본 히스토그램이 주어지는 경우, 시행착오를 거쳐, 해당 모집단 분포의 보다 대표적인 시각화를 정의한다. 일반적으로 기본 모집단 분포는 한 방향으로 매끄러운(아니면 적어도 유사한) 곡선, 또는 정규 곡선과 마찬가지로 최대 값까지(또는, 반대로 최소 값까지) 매끄러운 곡선, 그리고 다른 방향으로 매끄러운 곡선으로 대표된다.

매우 좁거나 매우 넓은 빈폭을 갖는, **그림 4.3**의 히스토그램을 생각해 보자.

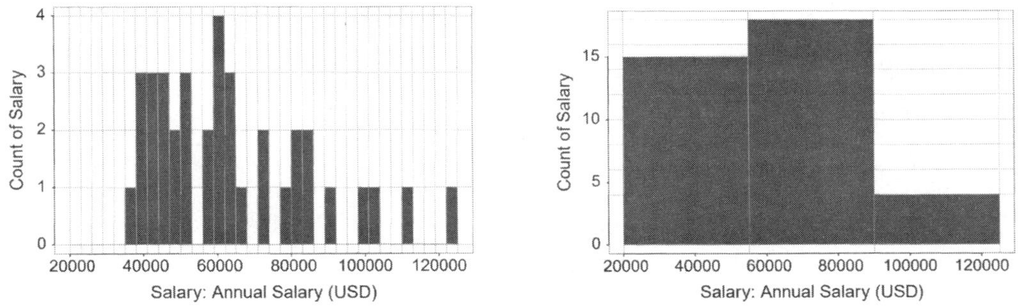

(a) Under-smoothed (b) Over-smoothed

그림 4.3: 빈폭 조정이 필요한 과소 평활 및 과다 평활 히스토그램.

좁은 빈 히스토그램은 **그림 4.3a**의 히스토그램으로 이어지는, 약 $3,500으로 기본 설정된 **ggplot2** 빈폭에 기인한다. 다수의 히스토그램 막대의 기복은 실제 모집단 분포를 반영하는 대신 주어진 표본 크기에 대하여 빈폭이 너무 작다는 것을 나타낼 가능성이 높다. 이런 지나친 기복은 **과소 평활**(under-smoothing)**[5]**을 나타낸다. 많은 변동은 표본 추출 오차를 나타낼 가능성이 있기 때문에, 크기가 동일한 새 표본으로 복제되지 않을 것이다.

그림 4.3b에 보이듯이, 다른 극한은 **과다 평활**(over-smoothing)이다. 과다 평활 히스토그램은 사용할 수 있는 정보 중 일부를 숨기면서, 주어진 표본 크기에 대하여 너무 넓은 빈으로 이어진다. 대신, 더 좁은 빈은 보다 상세하게 기저를 이루는 모집단 분포를 묘사하는 결과로 이어진다.

lessR 함수 **Histogram()**을 호출할 때 **bin_width** 값을 변경해서 얻어진, **그림 4.3**의 히스토그램을 생성하는 함수 호출이 아래에 보인다.

```
under-smoothed : Histogram(Salary, bin_width=3000)
over-smoothed : Histogram(Salary, bin_width=35000)
```

하나의 값이 반드시 최적의 히스토그램을 정의하지는 않지만, $12,000의 빈폭을 갖는 **그림 4.4**의 히스토그램은 고용(employment) 데이터에 대해 이전에 구현된 그래프보다 더 나은 히스토그램을 나타낸다.

[5] 사용할 수 있는 데이터에 비해 빈폭이 너무 작아서, 많은 빈의 수로 인해 세세한 내용까지 나타내는 평활.

보다 대표적인 히스토그램을 얻으려면, `lessR` `bin_start` 같은 매개변수를 이용해서 빈폭과 빈스의 시작점을 조정해야 할 수도 있다. 이 예에서, `bin_width`는 $18,000이며, `bin_start`는 $23,000이다.

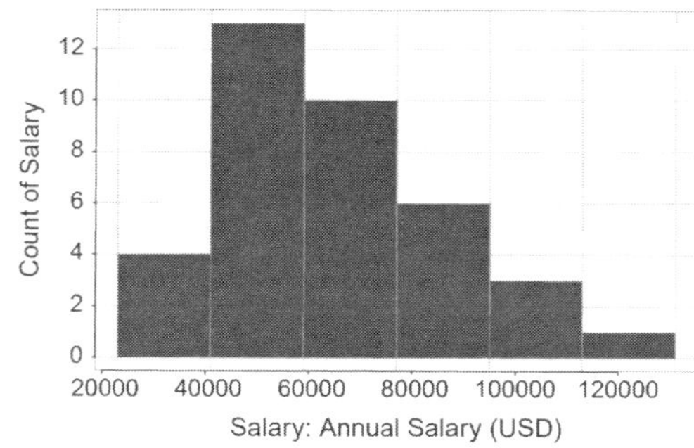

그림 4.4: 보다 최적화된 히스토그램.

4.1.3 누적 히스토그램

누적 도수(cumulative frequencies)로부터 누적 히스토그램을 계산한다. 각각의 빈에 대하여, 첫 번째 빈부터 해당 빈까지 카운트(도수)를 더한다. **그림 4.5**는 누적 히스토그램의 한 예를 보여준다.

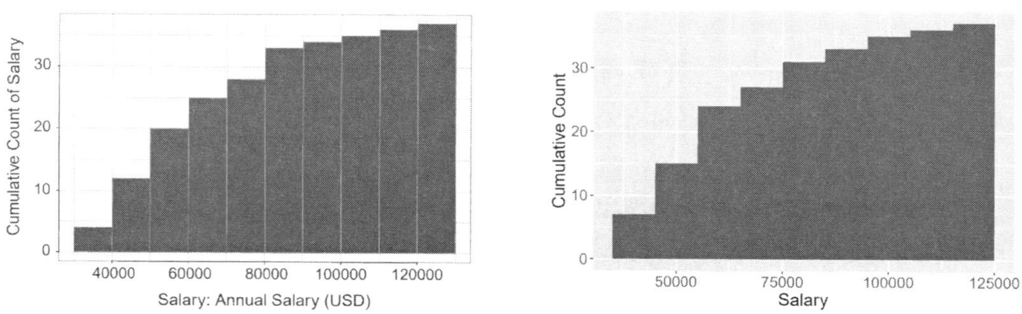

(a) lessR (b) ggplot2

그림 4.5: 누적 히스토그램.

`lessR`의 경우, 매개변수 `cumulative`를 `"on"`으로 지정해서 누적 히스토그램을 얻는다. `ggplot2`의 경우, 기본 R 함수 `cumsum()`을 이용해서 구체적으로 누적 도수를 계산한 다음, 카운

트에 적용하였다. 카운트(도수)는 데이터로부터 얻어진 것은 아니지만, 오히려, **stat()** 함수를 이용해서 카운트를 y 변수로 참조한, **ggplot2**에 의해 계산되었다.

이 예에서, 다중 레이어 구성시 **ggplot2**의 유연성도 예시되었다. 이 예에서처럼 모든 **ggplot()** 객체는 보이는 그대로, **p** 객체로 저장될 수 있으며, 후속 시각화를 위하여 또 다른 레이어가 추가될 수 있다. **p** 시각화를 표시하려면, 출력할 수 있는 모든 **R** 객체처럼 콘솔에서 객체 이름을 입력하면 된다.

R 입력

데이터 :
```
d <- Read("http://lessRstats.com/data/employee.csv")
```

ggplot2 :
```
p <- ggplot(d, aes(Salary)) +
  geom_histogram(aes(y=cumsum(stat(count))), binwidth=10000) +
  labs(y="Cumulative Count")
p
```

그림 4.6은 이전 누적 히스토그램을 좀 더 발전시킨 결과를 보여준다. 여기서 정규 히스토그램을 누적 히스토그램 위에 겹쳐 놓았다.

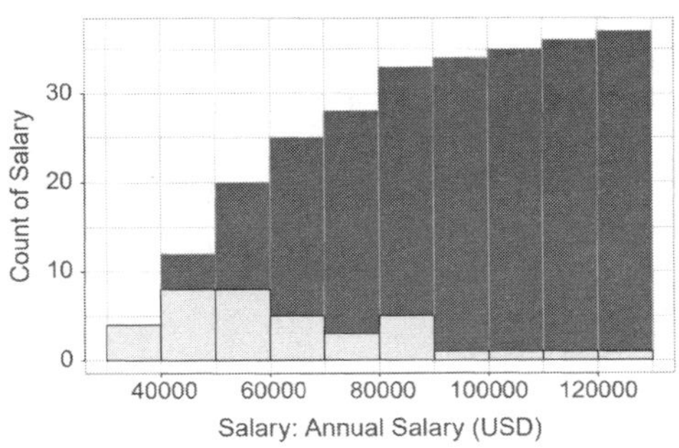

(a) lessR

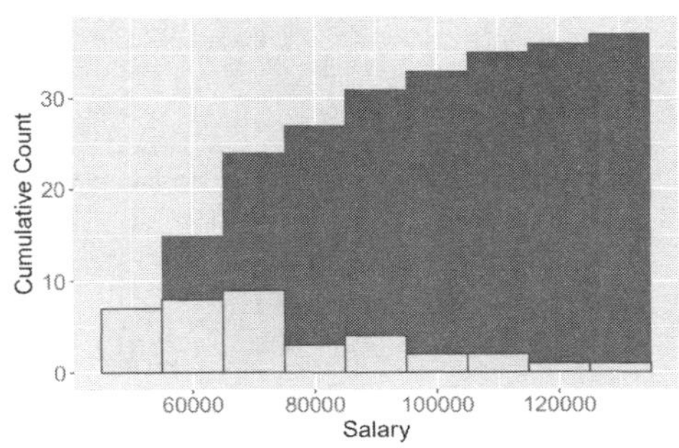

(b) ggplot2

그림 4.6: 겹쳐진 정규 히스토그램이 포함된 누적 히스토그램.

lessR의 경우, 매개변수 **cumulate**를 **"both"**으로 지정해서 2개의 레이어, 누적 히스토그램 위에 겹쳐진 정규 히스토그램을 생성한다. **ggplot2**의 경우, 수정되지 않은 주어진 데이터에서 계산된, 또 다른 히스토그램 레이어를 명시적으로 추가한다. 마지막 예에서 저장된 **p** 객체에 레이어를 추가한다.

R 입력

데이터 : d <- Read("http://lessRstats.com/data/employee.csv")

lessR : Histogram(Salary, cumulate="both")
ggplot2 : p + geom_histogram(binwidth=10000, fill="gray90",
                    color="gray20")

정규 히스토그램을 누적 히스토그램 위에 겹치면 두 히스토그램 사이의 관계를 알 수 있다: 각각의 누적 히스토그램 막대 값은 이전 빈의 크기보다 증가한다.

4.1.4 도수 다각형

도수 다각형(frequency polygon)은, **그림 4.7**에 보이는 것처럼, 히스토그램의 막대를 이웃하는 선분으로 연결된 각 막대 꼭대기의 중간점으로 바꾼다.

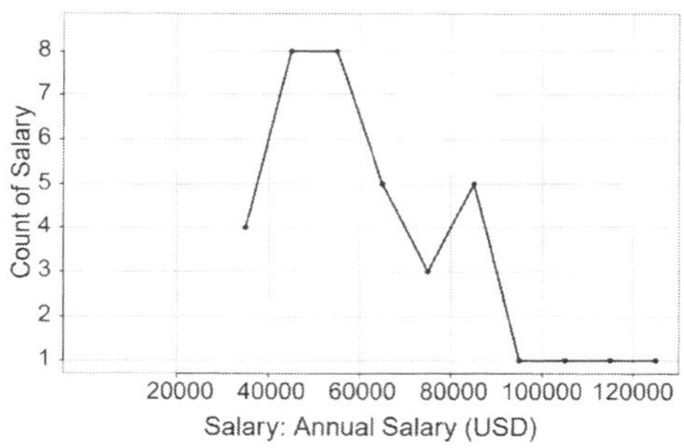

(a) lessR

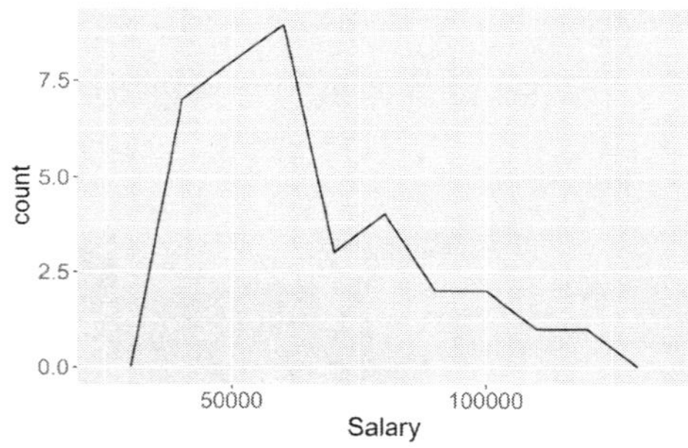

(b) ggplot2

그림 4.7: 기본 도수 다각형.

도수 다각형은 해당 도수를 나타내는 각 빈의 중간점을 차례로 선분으로 연결해서 이루어지는 산점도이다. 보통 일컫는, 산점도를 나타내는 lessR 함수, Plot() 또는 축약형 sp()는 도수 다각형을 생성한다. 데이터 자체가 아닌, 표 형식의 데이터를 표시하도록 지시하려면, stat 매개변수를 "count"로 지정한다. ggplot2의 경우, geom_freqpoly() 함수를 구동시킨다.

R 입력 도수 다각형

데이터 : d <- Read("http://lessRstats.com/data/employee.csv")

lessR : Plot(Salary, stat="count")
ggplot2 : ggplot(d, aes(Salary)) + geom_freqpoly(binwidth=10000)

히스토그램과 비교한 도수 다각형의 장점은 기저를 이루는 분포의 형태가 어쩌면 더욱 명확하게 묘사될 수 있다는 것이다. 그럼에도 불구하고, 히스토그램과 도수 다각형은 빈의 근사치에 대해 예상되는 원활한 분포의 추정에 기반을 둔다. 추정된 매끄러운 곡선을 직접 제공하는 것이 최선이다.

4.2 밀도 플롯

히스토그램과 도수 다각형은 주목할 만한 19세기의 혁신들이었다. 컴퓨터 기술에 의존하는 최근에 개발된 알고리즘은 연속형 변수에 대해 표본 추출된 데이터 분포의 기초가 될 수 있는 매끄러운 곡선, 즉 밀도 곡선을 직접 추정한다(Sheather & Johns, 1991). 히스토그램처럼, 매끄러운 밀도 곡선은 다른 변수보다 더 많거나 덜 발생하는 경향이 있는 변수 값의 위치를 나타낸다.

4.2.1 개선된 밀도 플롯

그림 4.8은 lessR과 ggplot2에 대한 개선된 밀도 플롯을 예시한다.

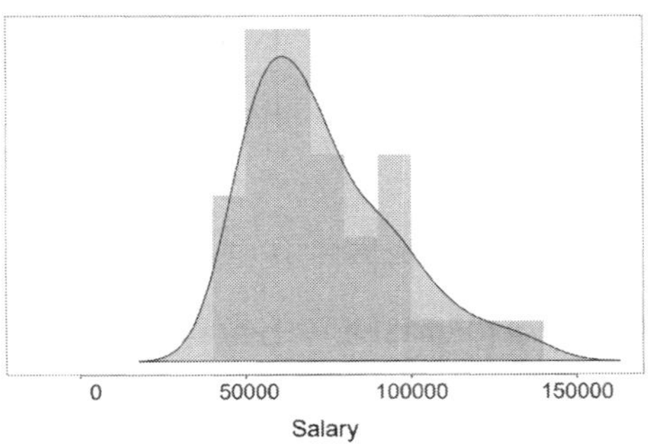

(a) lessR

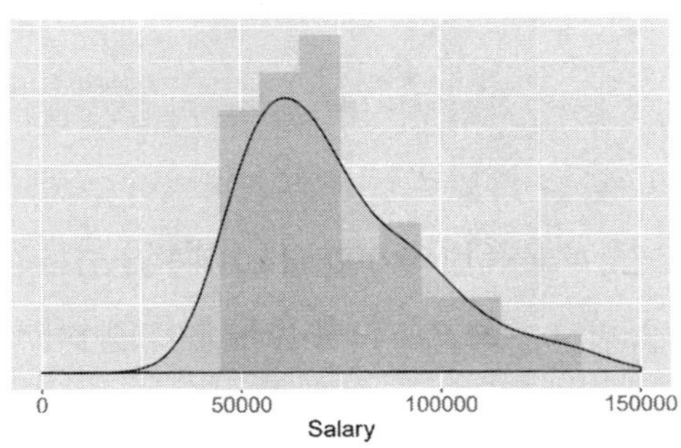

(b) ggplot2

그림 4.8: 히스토그램이 있는 일반 및 정규 밀도 플롯.

lessR 함수 Histogram()에 대한 density 매개변수는 동일한 데이터의 히스토그램 위에 표시되는, 일반 밀도 곡선을 제공한다. lessR을 이용해서, 레이어별로 시각화, 히스토그램과 밀도 플롯을 구축한다.

R 입력 히스토그램이 있는 밀도 플롯

데이터 : d <- Read("http://lessRstats.com/data/employee.csv")

```
lessR : Histogram(Salary, density=TRUE)
ggplot2 : ggplot(d, aes(Salary)) + xlim(0,150000) +
        geom_histogram(binwidth=10000, aes(y=stat(density)),
          color="gray80", fill="gray80") +
        geom_density(alpha=.4, fill="gray") +
        theme(axis.title.y=element_blank()) +
        theme(axis.text.y=element_blank()) +
        theme(axis.ticks.y=element_blank())
```

lessR의 경우, 정규 밀도 함수를 얻으려면 type 매개변수를 "normal"로, 그리고 일반 밀도 곡선과 정규 밀도 곡선 모두를 얻으려면, "both"로 지정한다. ggplot2에는 정규 곡선을 나타내는 기하학적 객체 geom이 없으므로, ggplot2의 stat_function()를 이용해서 기본 R 함수 dnorm()을 실행해서 정규 밀도 곡선을 나타낸다.

R 입력 히스토그램이 있는 정규 밀도 플롯

데이터 : d <- Read("http://lessRstats.com/data/employee.csv")

```
lessR : Histogram(Salary, density=TRUE, type="normal")
ggplot2 : 이전 코드에 다음 레이어를 추가한다:
     stat_function(fun=function(x)
     dnorm(x, mean=mean(d$Salary), sd=sd(d$Salary)))
```

그림 4.8의 3개의 레이어 중 하나를 포함시키지 않으려면, ggplot2를 이용해서 시각화를 구축할 때, 밀도 플롯 또는 히스토그램 중 하나를 해당 레이어에 포함하지 않으면 된다. lessR 히스토그램을 보이지 않게 하려면, color_hist와 color_fill 매개변수를 "off"으로 지정한다. 원하는 대로 히스토그램 형태를 바꾸려면, Histogram() 매개변수 bin_start와 bin_width을 적용한다.

ggplot2의 경우, 원하는 대로 색깔을 변경하려면, 각 레이어에 대한 함수를 호출할 때 표준

`fill`과 `color` 매개변수를 적용한다. `lessR`에서 원하는 대로 색깔을 변경하려면, 표시되는 해당 곡선에 대해 `color_gen`, `color_nrm`, 그리고 `color_hist`, 그리고 해당 채움색에 대해 `fill_gen`, `fill_nrm`, 그리고 `fill_hist`을 사용한다.

대부분의 `lessR` 시각화와 마찬가지로, 통계 분석은 시각화를 수반한다. 밀도 곡선에 대한 통계는 표본 크기, 결측 데이터의 수, 밀도 빈폭, 후속 분석에 필요한 잠재적 조정, 샤피로-윌크 정규성 검정(Shapiro-Wilk normality test), 그리고 다음 절에서 자세히 설명할 이상치에 대한 박스 플롯 분석을 포함한다. **리스트 4.1**은 **그림 4.8**과 함께 제공되는 분석을 보여준다.

```
Sample Size:  37
Missing Values:  0

Density bandwidth for general curve: 9529.0447
For a smoother curve, increase bandwidth with option: bw

Null hypothesis is a normal population
Shapiro-Wilk normality test:  W = 0.9117,  p-value = 0.0063

(Box plot) Outliers: 1

Small       Large
-----       -----
             124419.2
```

리스트 4.1: `Density()` 통계 분석.

4.2.2 중첩 밀도 곡선

통계학 입문 교과서의 표준 주제가 되는, 공통 통계 분석은 두 개의 다른 집단에 걸쳐 연속형 변수의 모집단 평균을 비교한다. 예를 들어, 어떤 회사에서 남자 직원 Men과 여자 직원 Women에 대한 평균 연봉 *Salary*에 차이가 있는가? 고전적인 대답은 차이가 없는 귀무 가설(null hypothesis)에 대한 *p*-값(p-value)뿐 아니라 해당 평균차의 신뢰구간(confidence interval) 모두를 제공하는, 평균 차이에 대한 *t*-검정에서 도출된다.

최신 컴퓨터 그래픽 기법을 이용해서 얻은 기본적인 비교는, **그림 4.9**에 보이듯이, 남자 직원 Men과 여자 직원 Women의 평균 연봉 *Salary*에 대한 중첩 밀도 곡선(overlapping density curve)을 포함할 수 있다. **그림 4.9a**에 보이듯이, `lessR` 시각화는 기술 및 추론 통계(descriptive and inferential statistics) 모두도 포함한다. 분석 단위, 여기서는 USD로 표현된, 그리고 표준화된 효과 크기(standardized effect size), *smd*로도 표현된 Cohen의 *d*(J. Cohen, 1988), 표본 평균차의 시각화도 제공된다.

lessR의 ttest() 함수를 이용해서 통계 분석과 시각화를 구현할 때, 표준 R 모델 표기법은 왼쪽에 응답 변수 *Salary*, 물결표, ~, 그 다음에 예측 변수, *Gender*가 따르는 방식이다. 평균 차이 비교의 경우, 예측 변수는 2가지 값, M과 F만을 갖는 그룹 변수이다.

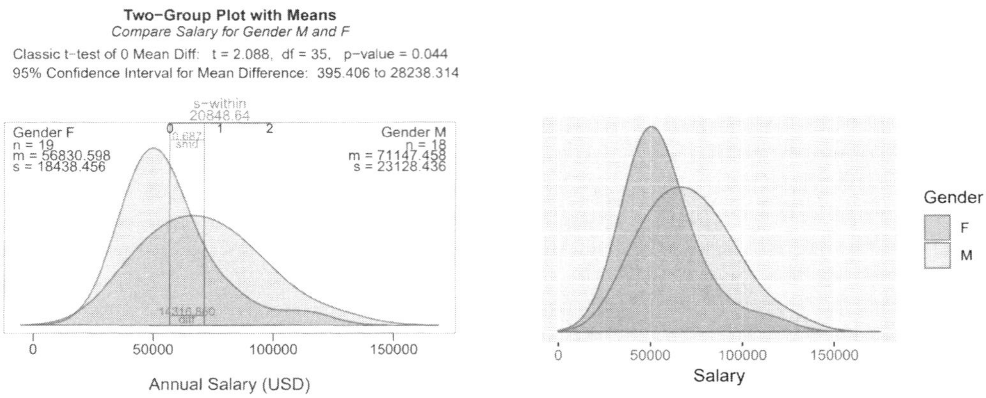

(a) lessR (b) ggplot2

그림 4.9: 중첩 밀도 곡선.

ggplot2의 경우, 중첩 밀도 곡선을 생성하기 위하여, ggplot()을 호출해서 데이터에 접근하고, 매개변수를 포함한 aes()와 기본 설정 매개변수 값만 포함하는 geom_density()를 호출한다. aes() 내에서, 첫 번째 변수 *Salary*는 밀도를 표시하는 변수이다. fill 매개변수는 각 그룹에 대해 개별적으로 표시되는 변수를 명시한다.

선택적 xlim() 함수는 *x*-축에 표시되는 값의 범위를 명시한다. 기본적으로, geom_density()는 보통, 이 상황에서처럼, 명시된 데이터 범위에 대해서만 그래프를 표시해서, 밀도 곡선은 잘린 상태로 남게 된다. 관측 범위를 벗어난 데이터의 형태는 추측에 근거하므로, 외삽하지 않는 것이 더 보수적인 접근이지만, 때로는 합리적인 추정이 된다. theme() 함수 호출은 축 제목을 제거하며, 밀도 값과 관련 눈금 표시를 제거한다. scale_fill_manual() 호출은 두 밀도 곡선의 채움색에 대한 그레이스케일을 지정한다.

R 입력 중첩 밀도 곡선

데이터 : d <- Read("http://lessRstats.com/data/employee.csv")

```
lessR : ttest(Salary ~ Gender)
ggplot2 : ggplot(d, aes(Salary, fill=Gender)) + xlim(0, 175000) +
        geom_density(alpha=0.25, color="gray50", bw=14000) +
        theme(axis.title.y=element_blank(),
              axis.text.y=element_blank(),
              axis.ticks.y=element_blank()) +
        scale_fill_manual(values=c("gray25", "gray65"))
```

시행착오를 거쳐 ggplot2 매개변수 값의 일부를 얻는다. 기본 대역폭(bandwidth)이 너무 낮기 때문에, 밀도 곡선은 무작위 노이즈를 반영하는 것과 같은 물결 모양을 나타낸다. 밀도 곡선의 완전한 표현에 필요한 x-축 한계는 밀도 시각화를 수정하는 1회 이상 반복 작업이 지나야 알 수 있다.

여기서 ggplot2의 장점은 두 개의 밀도 곡선으로 제한되지 않는다는 것이다. 그러나, 그룹의 수가 증가하면 할수록, 박스 플롯같은 대체 그래프는 읽기가 더욱 쉬워진다. lessR의 장점은 완전한 통계 분석이 시각화에 수반된다는 것이다. **리스트 4.2**에 보이는 첫 번째 표현은 기술 통계이다.

```
Response Variable:  Salary, Annual Salary (USD)
Grouping Variable:  Gender, Male or Female

------ Description ------

Salary for Gender M:  n.miss = 0,  n = 18,  mean = 71147.458,  sd = 23128.436
Salary for Gender F:  n.miss = 0,  n = 19,  mean = 56830.598,  sd = 18438.456

Sample Mean Difference of Salary:  14316.860

Within-group Standard Deviation:   20848.636
```

리스트 4.2: ttest() 기술 통계 분석.

리스트 4.3에 보이듯이, 통계 출력의 다음 표현은 t-검정의 가정을 평가한다.

```
------ Assumptions ------

Note: These hypothesis tests can perform poorly, and the
      t-test is typically robust to violations of assumptions.
      Use as heuristic guides instead of interpreting literally.

Null hypothesis, for each group, is a normal distribution of Salary.
Group M  Shapiro-Wilk normality test:  W = 0.962,  p-value = 0.647
Group F  Shapiro-Wilk normality test:  W = 0.828,  p-value = 0.003

Null hypothesis is equal variances of Salary, i.e., homogeneous.
Variance Ratio test:  F = 534924536.348/339976675.129 = 1.573,
   df = 17;18,  p-value = 0.349
Levene's test, Brown-Forsythe:  t = 1.302,  df = 35,  p-value = 0.20
```

리스트 4.3: `ttest()` 가정 평가.

추론 검정은 분산의 균질성을 가정하건 아니건 간에 수행된다. 균질성을 가정한 분석이 **리스트 4.4**에 보인다.

```
------ Inference ------

--- Assume equal population variances of Salary for each Gender

t-cutoff: tcut =  2.030
Standard Error of Mean Difference: SE =  6857.494

Hypothesis Test of 0 Mean Diff:  t = 2.088,  df = 35,  p-value = 0.044

Margin of Error for 95% Confidence Level:  13921.454
```

리스트 4.4: 분산의 균질성을 가정한, `ttest()` 추론 통계 분석.

효과 크기(effect size)와 각 밀도 곡선에 대한 대역폭도 제공되며, 빈폭은 bw 매개변수로 조정할 수 있다. 동일한 시각화를 제공하지만, 요약 통계의 기본 통계 산출물, 가설 검정, 그리고 평균차의 신뢰 구간만 제공하는, `tt_brief`라는 이름의 `ttest()` 버전도 있다.

4.2.3 러그 플롯

또 다른 버전의 밀도 플롯은 각 데이터 값을 점 대신 눈금으로 표시하는 단일 변수에 대한 산점도, 러그 플롯(rug plot)[6]이다. **그림 4.10**에서 보이듯이, 러그 플롯은 전형적으로 밀도 플롯의

[6] 작은 눈금이 각 개별 데이터 값을 나타내는 일종의 산점도.

변수 축을 따라 러그(rug)를 표시한다.

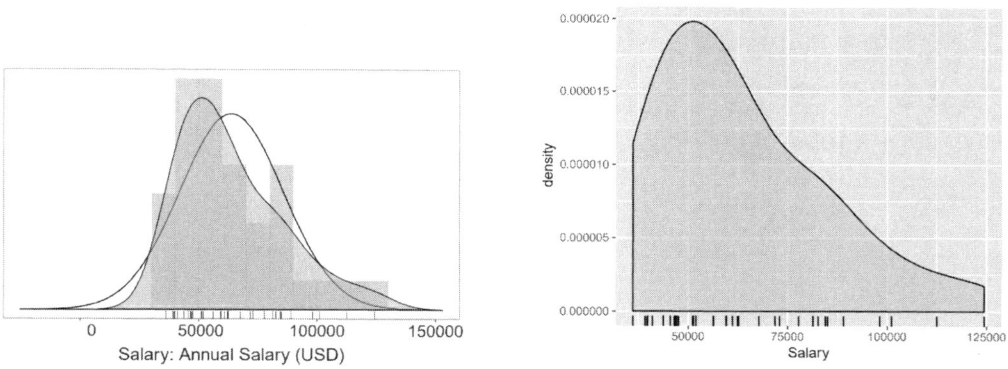

(a) lessR (b) ggplot2

그림 4.10: 러그가 있는 밀도 플롯.

ggplot2를 이용해서 러그 플롯을 생성하려면, geom_rug()를 추가한다. lessR의 경우, Histogram() 호출시 rug 매개변수를 TRUE로 지정하고, density 매개변수도 TRUE로 지정한다. 기본 lessR과 ggplot2 밀도 플롯을 더 잘 비교하려면, 밀도 함수 그래프에 대하여 밝은 회색 채움색과 투명도를 이용해서 **그림 4.10**의 ggplot2 시각화를 향상시킨다.

R 입력 러그가 있는 밀도 플롯

데이터 : d <- Read("http://lessRstats.com/data/employee.csv")

lessR : Histogram(Salary, density=TRUE, rug="TRUE")

ggplot2 : ggplot(d, aes(Salary)) +
    geom_density(alpha=.4, fill="gray") + geom_rug()

러그 눈금에 대한 기본 검정색을 다른 색으로 변경하려면, geom_rug() 레이어에 color 매개변수를 추가한다. lessR의 경우, color_rug 매개변수를 적용한다. 러그 플롯의 각 눈금 표시의 최적 폭은 데이터 값의 수에 따라 다르다. 여기서는, ggplot2에 대해서 size 매개변수를, lessR에 대해서 size_rug 매개변수를 적용해서 눈금의 선 너비를 변경하였다.

4.2.4 바이올린 플롯

밀도 플롯은 원점으로부터 수직 높이로 밀도를 나타낸다. 관련 바이올린 플롯(violin plot)[7]은 밀도 플롯을 축에 대하여 대칭인, 밀도의 거울상으로 회전시킨다. **그림 4.11**의 예를 살펴보자. 바이올린 플롯은 단일 밀도 플롯 자체보다 연속체를 따라 더 많은 밀도의 변화를 반영하는, 반사된 밀도의 너비에 따라 밀도를 나타낸다.

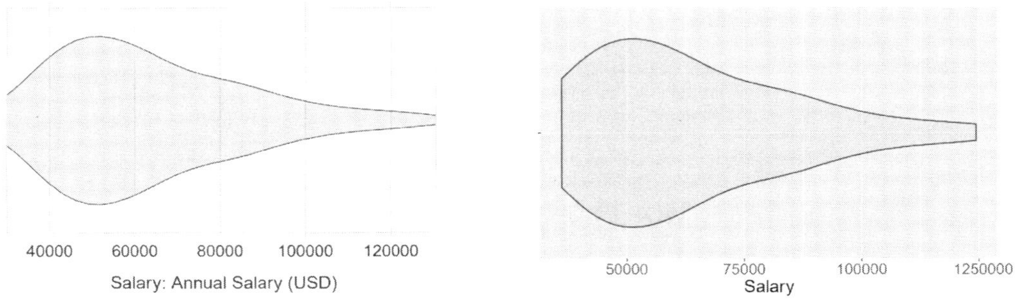

(a) lessR (b) ggplot2

그림 4.11: 바이올린 플롯.

ggplot2를 이용해서 바이올린 플롯을 생성하려면, geom_violin() 레이어를 추가한다. 여기서 alpha 매개변수를 0.4로 지정해서 부분적으로 투명한, 밝은 회색으로 바이올린을 채운다. axis.title.y에 대한 참조는 수직 축에 표시되지 않는, 문자 x를 제거한다. lessR의 경우, ViolinPlot() 함수, 또는 축약형 vp()를 적용한다.

R 입력 바이올린 플롯

데이터 : `d <- Read("http://lessRstats.com/data/employee.csv")`

```
lessR : ViolinPlot(Salary)
ggplot2 : ggplot(d, aes(Salary, "")) +
        geom_violin(fill="gray85", alpha=0.4) +
        theme(axis.title.y=element_blank())
```

lessR 함수 이름, ViolinPlot()과 vp() 모두, 바이올린 플롯을 위해 매개변수 vbs_plot를 "v"으로 지정한, lessR의 일반 Plot() 함수에 대한 별칭이다.

[7] 보통 너비보다 길이가 긴 (또는 그 반대), 대칭 밀도 플롯.

4.3 박스 플롯

박스 플롯(box plot)[8]은 사분위간 범위(interquartile range, IQR)[9]에서 유래된다(Tukey, 1977). 분포 값을 가장 작은 것부터 가장 큰 것까지 정렬한다. 사분위수(quartiles)[10]는 정렬된 값의 분포를 4등분, 4개의 같은 크기의 그룹으로 나눈다. 처음 4분의 1의 값은 최소값과 제1 사분위수 사이에 있다. 제2 사분위는 정렬된 분포에 가장 작은 값과 가장 큰 값 사이의 중간 위치를 차지하는 값, 중앙값(median)이다. 제3 사분위수는 작은 값에서 가장 큰 값의 25%를 분리한다. 사분위간 범위(IQR)는 제1 사분위와 제3 사분위 사이의 값 범위이다.

그림 4.12에 보이듯이, 박스 플롯의 박스는 (좁은) 모서리를 정의한 다음, 박스를 만들기 위해 연결되는, 제1 사분위수와 제3 사분위수로 그려진다. 박스의 너비는 관계없다. **그림 4.12**는 **그림 2.6**에 보이는 통합 VBS 플롯에서 얻은 박스 플롯과 같다.

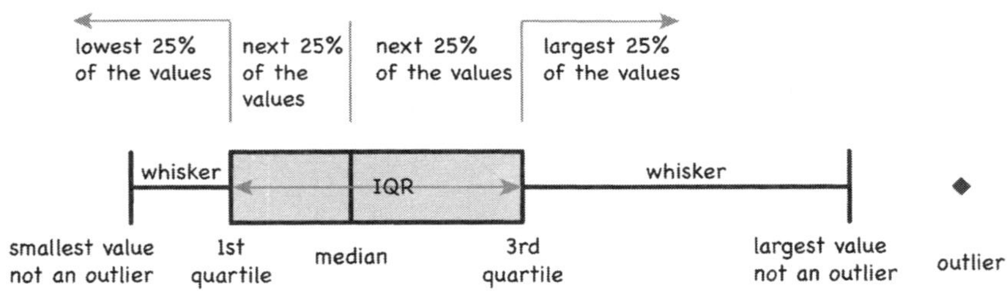

그림 4.12: 박스 플롯.

박스 플롯은 분포를 사분위수로 묶어 표시한다. **그림 4.12**의 분포는 중앙값에서 박스의 오른쪽과 가장자리까지의 거리로 표시되듯이, 오른쪽으로 꼬리가 치우쳐 있다.

4.3.1 표준 박스 플롯

Salary 데이터에 대한 박스 플롯이 **그림 4.13**에 보인다.

---

[8] 제1 사분위수와 제3 사분위수 주변에 박스, 중앙값에 대한 선, 그리고 각 모서리에서 1.5배의 IQR 이내의 모든 값을 포함하도록 박스 바깥으로 이어진 수염과 같은 선들로 구성됨.

[9] 정렬된 분포 값의 중간 50%, 제1 사분위와 제3 사분위 사이의 차.

[10] 3개의 사분위수가 정렬된 분포를 4등분함.

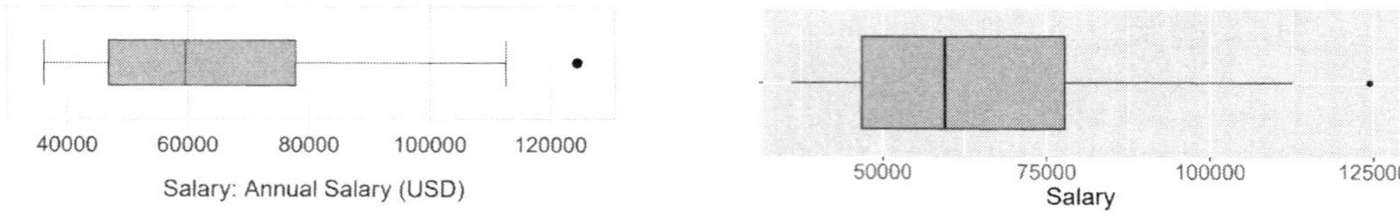

(a) lessR (b) ggplot2

그림 4.13: 표준 박스 플롯.

geom_boxplot()를 이용해서 ggplot2 박스 플롯을 구현한다. lessR의 경우, BoxPlot() 함수, 축약형 bx()를 사용한다. 기본적으로, ggplot2는 수직으로 박스 플롯을 나타낸다. 수직 또는 수평 중에서 어느 것이 좋고 나쁘다고 말할 수 없으며, 선호의 문제이다. 두 박스 플롯을 같은 방향으로 표시하려면, coord_flip()으로 박스 플롯을 수평으로 뒤집는다.

R 입력 데이터 프레임 *d*로부터 얻은 *Salary*의 박스 플롯

데이터 : d <- Read("http://lessRstats.com/data/employee.csv")

lessR : BoxPlot(Salary)

ggplot2 : ggplot(d, aes(x="", y=Salary)) +
geom_boxplot(fill="gray75") + coord_flip()

BoxPlot()과 축약형 bx()는 모두, 박스 플롯만을 위해 매개변수 vbs_plot를 "b"로 지정한, lessR의 일반 Plot() 함수의 별칭이다.

박스 플롯의 주요 용도는 분포의 특성을 이해하는데 필요한, 잠재적 이상치(outliers)를 식별하는 것이다(Belsley, Kuh, & Welsch, 1980; Osborne & Overbay, 2004). 이상치는 데이터 수집 또는 표기의 오류를 나타낼 수 있다. 또는 이상치는 나머지 데이터 값을 생성하는 모집단과는 별개의 모집단으로부터 표본 추출된 데이터 값이 될 수 있다. 서로 다른 모집단으로부터 표본 추출된 데이터 값은 의도된 관심 모집단에 대한 일반화와 관련한, 분석을 왜곡시킬 수 있다. 이상치가 식별되면, 분석자는 비정상적인 값이 생성되는 과정을 이해해야 한다.

박스의 가장자리에서 멀리 떨어진 값을 이상치로 레이블을 붙인다. 대칭 분포에 대하여, 잠재적 이상치를 1사 분위수 또는 3사 분위수를 넘어서서 사분위간 범위(IQR)의 1.5배 밖에 위치한 데이터 값으로 정의한다. 실제 이상치를 1사 분위수 또는 3사 분위수를 넘어서서 사분위간 범위(IQR)의 3.0배 이상에 위치한 값으로 정의한다. 기본적으로, lessR은 전형적으로

두 이상치 집합을 모두 개별 점으로 표시한다. 그레이스케일이 선택되지 않으면, 이상치를 진홍색으로 표시하며, 실제 이상치를 선홍색으로 표시한다. **그림 4.13**은 가장 높은 연봉을 이상치로 식별한다.

4.3.2 비대칭 박스 플롯

1.5배와 3.0배의 IQR 절단(cutoffs)은 대칭 분포에 더욱 적절하게 적용된다(Vandervieren & Hubert, 2004; Hubert & Vandervieren, 2008). 대칭 분포와 비교해서, 비대칭 분포의 치우친 꼬리에 더 많은 값, 어쩌면 극단적인 값이 기대된다. 대칭 분포와 비교해서, 반대쪽 꼬리에 있는 값은 덜 변화할 것으로 기대된다.

설명을 위하여, **그림 4.14a**는 이상치의 고전적 박스 플롯 정의를 250개의 무작위로 표본 추출된 값에 적용하였으며, 모든 값은 비대칭 분포, 즉 기본 R `rlnorm()` 함수에서 얻은 표준화된 로그 정규 출력으로부터 얻었다. 분포는 제3 사분위수보다 큰, 1.5 IQR 이상의 법칙에 따라 이상치로 분류된 22개의 값이 나타내듯이, 심하게 오른쪽 꼬리로 치우쳐 있다. 이 값들은 대부분의 다른 값들과 멀리 떨어져 있다는 점에서 이상치로 간주되며, 기저를 이루는 분포의 특성을 고려할 때 당연한 결과이다.

(a) classic box plot (b) adjusted box plot

그림 4.14: 박스 플롯과 오른쪽 꼬리로 치우친 분포에 대해 조정된 박스 플롯.

보상하기 위하여, Hubert와 Vandervieren(2008)는 분포의 왜도(distribution's skewness)도 고려하기 위하여 고전적인 1.5 IQR의 정의를 일반화하였다. 박스 양쪽에 수염의 변화량을 조정하는, 새로운 2개의 매개변수 a와 b를 도입하였다. a와 b 값이 영이 아니면, 박스 플롯 양쪽에 수염은 왜곡하는 방향으로 이동한다. 왜곡이 없다면, 수정된 공식은 고전적인 이상치 정의로 단순화된다. **그림 4.14b**에 보이듯이, 감지된 이상치의 수를 줄이면서, 조정된 박스 플롯의 오른쪽 수염이 커졌다.

R 패키지 robustbase()는 박스 플롯 조정을 가능하게 한다(Maechler et al., 2016). lessR 함수 Plot()와, 그 별칭 BoxPlot() 또는 축약형 bx()는 함축적으로 robustbase()에서 함수를 호출할 수 있다. Plot() 매개변수 box.adj를 TRUE로 지정한다. 박스의 양쪽에 수염 조정의 영향을 바꾸기 위하여, 각각 −4와 3의 기본 설정 값에서 매개변수 a와 b 값을 변경하기도 한다.

4.4 단일변수 산점도

산점도는 데이터 값과 해당 표본 크기를 직접 시각화할 수 있다. 각 데이터 값은, 해당 값 축에 따른 그 위치에 따라, 점으로 표시된다. 같은 값에 해당하는 점들은 겹쳐진다. **그림 4.15**에 보이듯이, 겹쳐진 점들은 같은 값의 여러 점들을 구별하기 위하여, 지터(jitter)[11]라는 무작위 섭동(random perturbation), 파형의 순간적인 흐트러짐으로 표시된다.

(a) lessR (b) ggplot2

그림 4.15: 박스 플롯.

lessR은 자동으로 중첩이 발생하는 범위 내에서 지터를 적용한다. 중첩이 많을수록, 더 많은 지터를 초래하며, 표시된 점의 값을 유지하기 위하여 가능하면 수직 지터를, 같은 값을 가진 점들이 너무 많으면 수평 지터를 적용한다. ggplot2의 경우, 지터를 얻으려면 점들을 표시하기 위하여 geom_point 대신 geom_jitter를 사용한다. 같은 방향으로 박스 플롯을 보여주기 위하여, cord_flip()으로 박스 플롯을 수평으로 뒤집는다.

[11] 산점도에서 표시된 점들의 무작위 섭동.

R 입력 데이터 프레임 *d*로부터 얻은 *Salary*의 박스 플롯

데이터 : d <- Read("http://lessRstats.com/data/employee.csv")

lessR : ScatterPlot(Salary)

ggplot2 :
```
ggplot(d, aes(x="", y=Salary)) +
    geom_jitter(position=position_jitter(0.02)) + coord_flip() +
    theme(axis.title.y=element_blank())
```

바이올린 플롯 그리고 박스 플롯에서처럼, ScatterPlot(), 또는 축약형 sp()는, 매개변수 vbs_plot를 "s"로 지정한 Plot() 함수에 대한 별칭이다.

4.5 통합 바이올린 플롯(V)/박스 플롯(B)/산점도(S)

19세기 이후, **그림 2.5**에 보이는 히스토그램은 *Age*, *Salary*, *MPG*, 또는 *Height*와 같은 연속형 변수의 도수를 보여주는 시각화의 표준이 되어왔다. 문제는 히스토그램이 처음으로 컴퓨터가 만들어지고 처음으로 컴퓨터 데이터 시각화가 구현되기 훨씬 이전에 개발된 단순 기술을 따른다는 것이다. 즉, 히스토그램은 기저를 이루는 연속성을 나타내기 위하여 들쭉날쭉한 불연속 막대를 사용하며, 이상치를 감지하지 못하며, 표본 크기를 시각화하지 못하며, 다른 그룹과 비교하기 위해 쉽게 막대를 쌓지 않는다(Gerbing, 2020). 최신 컴퓨터 기술이 히스토그램보다 연속형 변수 값의 분포에 대하여 유익한 정보를 나타내는 수단을 제공한다는 사실은 놀랄 일이 아니다. 최신 방법들을 이용해서 더 나은 시각화를 구현할 수 있다.

4.5.1 VBS 플롯

VBS 플롯은 연속형 변수 분포의 3가지 간소화된 시각화를 통합한다: 바이올린 플롯, 박스 플롯, 그리고 산점도. *Salary* 데이터의 VBS 플롯이 **그림 2.6**에 보이지만, 연속성을 위하여 여기 **그림 4.16**에 반복되었다.

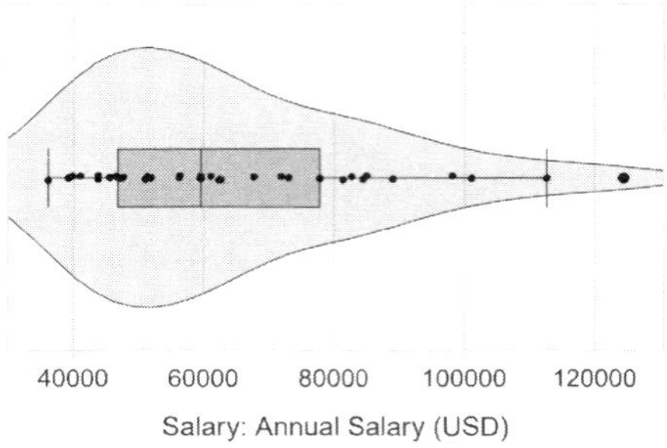

(a) lessR

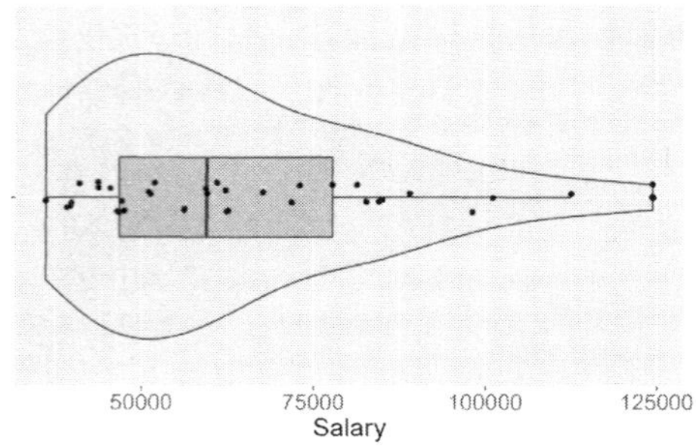

(b) ggplot2

그림 4.16: 통합 바이올린/박스/산점도 플롯 또는 VBS 플롯.

lessR의 Plot()의 경우, 그래프의 개별 구성 요소를 제거하기 위하여 기본 설정 값을 무시한다. 더 적은 수의 구성 요소를 요청하려면, 기본적으로 완전한 통합을 구현하도록 기본값 "vbs"를 갖는, vbs_plot 매개변수 중에서 "v", "b" 그리고 "s" 문자 중 한두 개만 사용한다.

ggplot2의 경우, 해당하는 3개의 geom 함수 호출로 임의의 세가지 레이어 조합을 추가해서 3가지 유형의 기하학적 객체를 그래프에 명시한다: **그림 2.2**에 예시된 것과 같은 일반적 형태에 따른 geom_violin(), geom_boxplot(), 그리고 geom_jitter() 함수. geom_jitter() 함수는 진동한 다음, 산점도의 개별적인 점들을 표시한다. coord_flip() 함수 호출은 단지 사용자가 원하는 데로, 그래프의 방향을 수직에서 수평으로 뒤집는다. axis.title.y에 대한 참조는 수직축에 불필요한 레이블을 제거한다.

그러나, ggplot2 VBS 플롯은 bw 매개변수로 표시된 바와 같이, 이상적인 빈폭, 바이올린 플롯에서 매끄러운 정도를 결정하기 위하여, 반복적인 분석을 통해 구성되어야 한다. width 매개변수를 이용해서 바이올린 플롯 내부에 들어맞는 박스의 넓이를 조정한다. position 매개변수는 지터의 양(amount of jitter)을 지정한다. Plot() 함수는 자동으로 이런 매개변수 값들을 계산해서, 예를 들어, 5부터 50,000까지 표본 크기로부터 점들의 크기를 조정한다. geom_boxplot() 함수가 그렇듯이, **그림 4.16**에서 geom_jitter()도 이상치를 표시하기 때문에, 점을 두 번 표시하지 않도록 geom_jitter()로 입력되는 데이터가 제한된다.

Plot() 함수는 시각화와 함께, **리스트 4.5**에 보이는 통계 분석도 제공한다. 여기에는, 박스 플롯 결과를 포함하는 요약 통계, 이상치의 레이블 지정, 그리고 시각화 구축을 위해 계산된 매개변수 값이 포함된다.

```
--- Salary ---
Present: 37
Missing: 0
Total  : 37

Mean          : 63795.557
Stnd Dev      : 21799.533
IQR           : 31012.560
Skew          : 0.190   [medcouple, -1 to 1]

Minimum       : 36124.970
Lower Whisker: 36124.970
1st Quartile : 46772.950
Median        : 59547.600
3rd Quartile : 77785.510
Upper Whisker: 112563.380
Maximum       : 124419.230

(Box plot) Outliers: 1

Small      Large
-----      -----
           18 124419.23

Number of duplicated values: 0

Parameter values (can be manually set)
-------------------------------------------------------
size: 0.61       size of plotted points
jitter.y: 0.45   random vertical movement of points
jitter.x: 0.00   random horizontal movement of points
bw: 9529.04      set bandwidth higher for smoother edges
```

리스트 4.5: VBS 통계 분석.

계산된 매개변수 값을 알면, 사용자 지정을 수동으로 구현할 때 유용하다. 예를 들어, 평활화 알고리즘은 가끔 단조로운 경향이 있어서, 더 작은 **bw** 값으로 재실행함으로써, 너무 매끄러운 대역폭을 줄인다.

lessR과 **ggplot2** 사이의 균형은 분명하다. **ggplot2**보다 코드가 단순한 **lessR** 함수는 해당 통계 분석과 더불어, 여러 상황에서 미리 정의된 시각화를 구현한다. 예를 들어, VBS 플롯을 이용하면, 3가지 구성 요소 모두, 하나의 구성 요소가 요구하는 것보다 그렇게 많지 않은 공간에서, 유일하지만, 보완적인 정보를 제공한다. 그에 반하여, **ggplot2** 구축에 다중 함수 호출이 더 많이 관여되더라도, 분석자에게 믿을 수 없을 정도로 다재다능한 사용자 지정할 수 있는 시각화 도구 키트를 제공하는, 많은 **geom** 함수를 사용할 수 있다.

4.5.2 리커트 데이터의 VBS 플롯

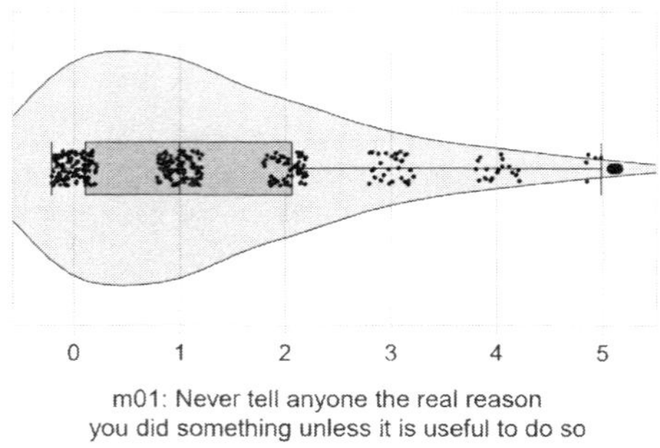

그림 4.17: Mach IV 척도의 첫 번째 항목에 대한 6-포인트 Likert 스케일 응답의 VBS 플롯.

`Plot()` 함수가 특정 시각화의 특성에 맞도록 근본 매개변수를 조정하는 방법을 더욱 자세하게 설명하기 위하여, 리커트(Likert) 척도 가운데 태도 항목, 즉, 보통 Strongly Disagree, Disagree 등처럼 약 4~7개의 응답 가능성에 대한 VBS 플롯을 고려해 보자. **그림 4.17**에 보이는 것처럼, 여기서 예는 원본 Mach IV 척도(Christie & Geis, 1970)에 대해 351개의 응답을 갖는 마키아벨리즘(Machiavellianism)의 분석(Hunter et al., 1982)에 관한 것이다. 근본적인 태도는 동의/비동의 연속체에 따라 다르지만, Strongly Disagree(0)부터 Strongly Agree(5)까지 고유한 6가지 응답만으로 평가된다.

`Plot()`은 많은 수의 반복 데이터 값, 351개의 응답에 걸쳐 분포된 6개의 값만을 탐지한다. 수직 지터만을 포함하는 이전 예와 달리, `Plot()`는 좌표로부터 점은 벗어나지만 둘러싸인 바이올린 플롯 이내에 산점도를 적합시키는, 적절한 수평 지터를 추가한다. 그러나 몇 가지 고유한 데이터 값이 주어지면, 기본 `Plot()` 밀도는 기저를 이루는 연속성을 회복한다. 전체 분포와 비교해서 이상치인, Strongly Disagree 위치에서, Strongly Agree 위치까지 동의에서 단조롭고 매끄러운 밀도 감소를 보여준다. 히스토그램과 비교해서, VBS 플롯은 기본 연속 분포에서 매우 이산적인 측정의 변증법적 긴장(dialectic tension)을 보다 잘 해소한다. 이 응용에서, 히스토그램은 단지 6개의 빈으로 제한되는 반면, VBS 플롯은 연속성을 근사하고, 이상치를 식별하고, 그리고 응답 범주마다 표본 크기와 응답을 시각적으로 표현한다.

이 시각화를 생성하는 코드는 다음과 같다.

R 입력 입력 변수 레이블링을 이용한 일련의 팩터형 변수 생성

데이터 :
```
d <- Read("http://lessRstats.com/data/Mach4.csv")
l <- Read("http://lessRstats.com/data/Mach4_lbl.csv",
          var_labels=TRUE)
```

lessR :
```
Plot(m01)
```

이제 R 기본 사항이 제시되면, 데이터 시각화를 만들 준비가 된 것이다.

정수형 데이터 값을 팩터형으로 전환하는 Mach IV 항목에 대한 Likert 응답의 이전 예와 다르게, 여기서는 데이터를 숫자로 분석한다. 예를 들어, 6개 반응 각각에 지정할 값 레이블이 없지만, 통계 출력 및 시각화에 표시할 Mach IV 항목에 대한 `lessR` 변수 레이블을 호출한다. `Read()`와 함께, 매개변수 `var_labels`을 `TRUE`로 지정해서 2개의 열(변수 이름과 변수 레이블)로 구성된, 데이터 프레임 `l` 안으로 레이블을 읽는다.

4.5.3 트렐리스 플롯 또는 부분도(Facets)

다음은 Men과 Women에 대해 개별적으로 VBS 플롯을 생성한, 트렐리스(Trellis) 플롯의 간단한 예이다. 시각화를 생성하는 수준을 명시하는 변수를 조건변수(conditioning variable)라고 한다. **그림 4.18**에 *Salary*의 히스토그램이 데이터에 존재하는 2가지 수준의 *Gender*(Male과 Female)로 구분되어 표시되었다.

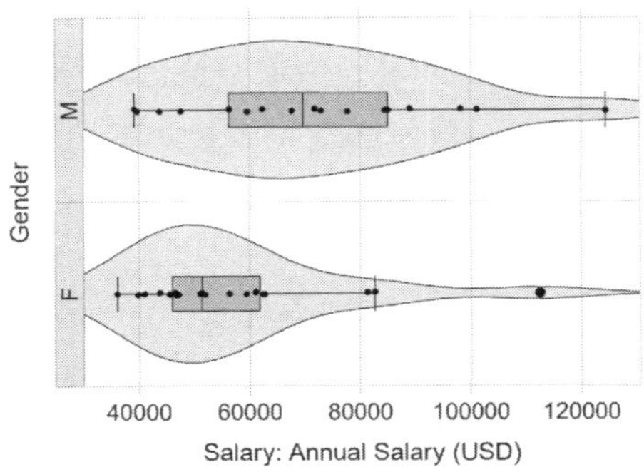

(a) `lessR`

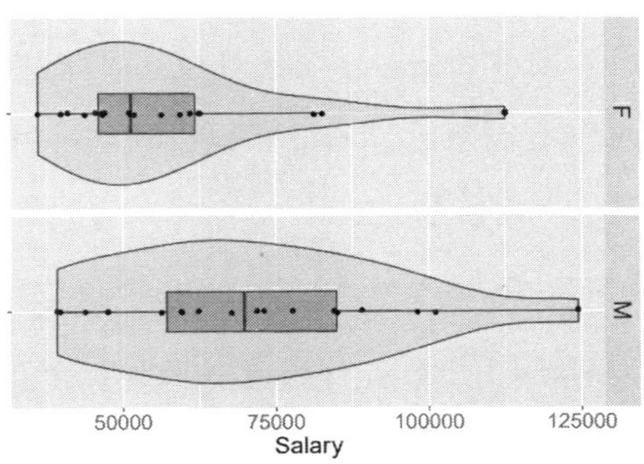

(b) `ggplot2`

그림 4.18: Men과 Female에 대해 각각 하나의 패널로 구성된 트렐리스 VBS 플롯.

더 높은 비율의 여성들이 더 낮은 연봉 범위를 차지한다고 결론짓는다. 이런 시각화의 패턴은 *Salary*에 어떤 징후, 아마 차별의 양상을 발견하기 위해 추가 조사를 권장한다.

lessR를 이용한 트렐리스 플롯 시각화는, 해당 격자(lattice) 함수로 전달되는 대부분의 lessR 스타일과 색상 매개변수를 포함하는, lattice 패키지(Sarkar, 2008)로부터 생긴 것이다. by1 매개변수로 첫 번째 조건변수를, by2 매개변수로 두 번째 조건변수를 명시한다. 또 다른 가능성은 같은 그래프에 서로 다른 수준의 범주형 변수에 대한 산점도를 포함하는, 단일 패널 그래프를 구현하는 것이다.

ggplot2 시스템 안에서 부분도(facets)로 부르는, 트렐리스 그래프를 명시하기 위하여 facet_grid() 함수를 동작시킨다. 누적된 각 증분을 ggplot2 객체에 저장해서 증분 시각화를 생성하는 것이 ggplot2의 특징이다. 단일 패널 VBS 그래프에 대해 이전에 제공된 지시 사항들을 객체 p로 저장한 다음, 추가 사양을 다중-패널 그래프를 생성하기 위해 이미 개발된 내용에 추가한다.

R 입력 나중에 사용하기 위해 ggplot() p 객체 정의하기

데이터 : d <- Read("http://lessRstats.com/data/employee.csv")

```
p <- ggplot(d, aes(x="", y=Salary)) +
      geom_violin(fill="gray75", bw=9500) +
      geom_boxplot(fill="gray65", width=0.25) +
      geom_jitter(shape=16, position=position_jitter(0.01)) +
      coord_flip()
```

이미 수행한 작업을 반복하지 않으면서 다중-패널을 표시하기 하려면, 더욱 간결한 표현으로 진행한다. 생성된 객체를 나타내기 위하여, R 콘솔에서 p를 입력하거나, + 기호로 분리된 더 많은 레이어를 덧붙인다.

R 입력 데이터 프레임 d로부터 얻은 Salary의 VBS 플롯

데이터 : d <- Read("http://lessRstats.com/data/employee.csv")

lessR : Plot(Salary, by1=Gender)

ggplot2 : p <- p + facet_grid(rows=vars(Gender))

```
p
```

`facet_grid()` 함수 호출에서, 남성과 여성의 연봉 Salary 비교를 용이하게 하는, 2개의 *Gender* VBS 패널을 수직으로 쌓도록 `cols` 매개변수를 지정한다.

여기서 초점은 컴퓨터 이전 기술의 히스토그램을 최신 기술의 그래프로 대체한 것이다. `lessR`을 이용해서 다음과 같이 단일 패널 VBS 플롯을 구현하거나, 하나 이상의 패널에 범주형 변수 수준에 대한 그래프를 분배한다.

- 변수 X의 VBS 플롯에 대한 `Plot(X)`
- 같은 패널에 표시된 Y에 따른 다른 그룹의 X에 대한 `Plot(X, by=Y)`
- 범주형 변수 Y의 조건에 따른, 변수 X의 트렐리스 VBS 플롯에 대한 `Plot(X, by1=Y)`. 두 번째 조건변수에 대해 매개변수 by2를 추가한다.

뿐만 아니라, `vbs_plot` 매개변수에 따라, 모든 조합의 바이올린 플롯, 박스 플롯, 그리고 산점도를 구현할 수 있다. 원하는 조합의 `"v"`, `"b"`, 그리고 `"s"`를 단일 문자열로 선택한다.

4.6 파레토 차트

파레토 차트(Pareto chart)는 같은 패널에 2개의 범주형 변수에 대한 개별적 그래프로 구성된다. 왼쪽 수직축에 보이는 값을 갖는 첫 번째 그래프는 관심 범주형 변수의 발생 도수를 나타낸 막대 그래프이며, 막대는 내림차순으로 정렬된다. 두 번째 그래프, 도수 다각형(frequency polygon)은 같은 변수의 카운트(발생 도수)를 누적한다. 파레토 차트는 어떤 결과를 초래하는 가장 영향력 있는 인자를 시각화한다.

1906년에 경제학자 Vilfredo Pareto는 여러 나라에 걸쳐 다양한 형태의 부를 일반화한 관찰, 약 20%의 이탈리아 인구가 80%의 땅을 소유하고 있다고 지적했다. 좀 더 일반적으로, 제조공정의 품질 향상을 위해 관찰해보면 보통 몇 가지 유형의 결함이 대부분의 품질 문제로 이어진다. 일반적으로 약 20%의 결함이 약 80%의 불량품으로 이어진다. 또는, 약 20%의 상품을 반품하는 이유는 약 80%의 반품으로 이어진다. 긍정적인 측면으로 보면, 약 80%의 판매는 약 20%의 고객에서 나온다. 80%의 결과는 20%의 원인에서 비롯된다는 이런 서술은 파레토 원리(Pareto principle)로 알려진다.

그림 4.19에 보이듯이, 파레토 차트는 이런 80-20 규칙에 대한 시각화를 제공한다. **그림 4.19a**의 첫 번째 파레토 차트는 품질 관리 차트 패키지 `qcc`에서 나온 것이다. **그림 4.19b**의 두 번째 그래프는 `ggplot2`에서 구현된 것이다.

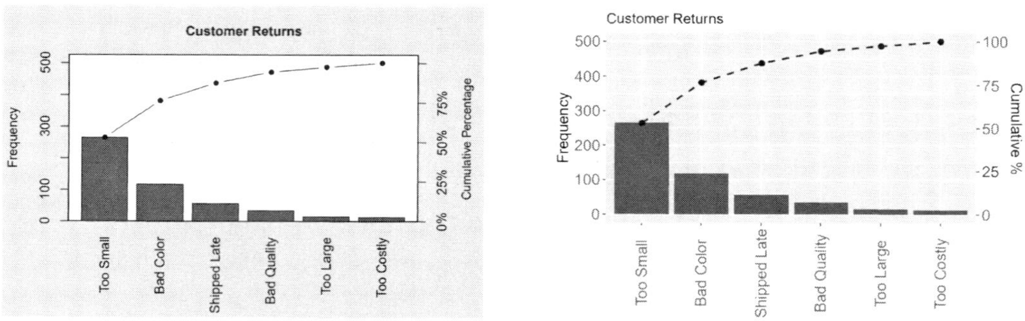

(a) qcc (b) ggplot2

그림 4.19: 파레토 차트.

그림 4.19는 고객이 구매한 옷을 반품하는 두 가지 주요 이유를 보여준다: 전체 반품의 76.4%를 차지하는, 크기가 너무 작음(Too Small) 그리고 기대하던 색깔이 아님(Bad Color). 이 분석으로부터, 소매업자는 옷의 크기를 조정하거나, 웹 사이트의 상품 페이지에 옷의 크기는 고객들이 기대하는 것보다 약간 작다는 내용의 공지 사항을 게시해야 한다는 것을 이해할 것이다. 두 번째로, 고객들이 기대했던 색깔의 옷을 받을 수 있도록, 더욱 정확한 색깔을 나타내기 위하여, 웹 사이트에서의 사진 촬영을 조정해야 한다.

`qcc` 패키지 함수 `pareto.chart()`는 단순한 함수 호출로 파레토 차트를 생성한다. 유일한 문제는 각 범주형 변수에 대한 도수가 함수를 호출할 때 데이터로 입력된다는 것이다. 도수를 벡터로 직접 입력하거나, 기본 R `table()` 함수에서 도수를 계산한다. 여기서 데이터는 500개 행의 데이터를 갖는 하나의 열로 구성되며, 각 행의 데이터 값은 옷을 반품하는 이유가 된다. 이 데이터 값을 데이터 프레임, *d*로 읽는다. 이 표의 Row 1에, 첫 번째 항목은 변수 이름, Reason이다. `table(d$Reason)` 함수 호출하면, **리스트 4.6**에 보이는 것과 같은 도표가 작성된다.

```
> myCount
Reason
   Bad Color     Bad Quality  Shipped Late  Too Costly  Too Large  Too Small
quality control      34            56           13          15         265
```

리스트 4.6: qcc 파레토 차트 함수로 입력된 도표화된 데이터.

다음 코드에 표시된 바와 같이, pareto.chart()으로 입력되는, 도표 결과를 벡터 *myCount*에 저장한 다음, 표준 기본 R의 main 매개변수를 이용해서 차트 제목을, 그리고 기본 R의 col 매개변수를 이용해서, 여기서는 기본 설정된 파란색 척도를 재지정해서, 다른 색으로 지정한다.함수는 도표화된 값을 정렬하고, 누적 합을 계산하고, 그리고 개별 레이어를 표시하는 작업을 한다.

R 입력 qcc 파레토 차트

데이터 :
```
d <- Read("http://lessRstats.com/data/Pareto.csv")
myCount <- table(d$Reason)
```

qcc :
```
pareto.chart(myCount, main="Customer Returns", col="gray30")
```

ggplot2를 이용해서 파레토 차트를 구현하려면 더 많은 작업이 필요하다. stat_pareto() 함수를 이용해서 파레토 차트를 생성하는 ggplot2 함수를 보완하는 ggQC 패키지가 있다. 다음은, ggplot2가 작동하는 방법을 조금 더 이해하기 위한, ggplot2에서 직접 그래프를 얻는 R 코드이다. 우선 데이터를 준비하는 과정을 소개한 다음, 파레토 차트의 자체 코드를 설명할 것이다. 이 예는 기본적인 함수 호출에서 다양한 시각화를 만들 수 있는 잠재력, 즉 ggplot2 프로그래밍 능력을 보여주는 또 다른 예가 된다.

qcc의 함수와 마찬가지로, 옷을 반품하는 각각의 이유에 대한 도수를 표로 나타내는 것으로 시작하며, 여기서는 표로 만들어진 도수 *myCount*를 *d2*라는 이름의 데이터 프레임으로 변환한다. table() 함수의 차원 이름 매개변수 dnn은 그 자체가 *Freq*라는 이름이 붙은, 표로 나타낸 도수에 대한 변수의 이름을 지정한다. 내림차순으로 정렬하는 desc() 함수에서 호출되는 *Freq* 변수와 함께, tidyverse 패키지의 dplyr 함수 arrange()를 이용해서, 표로 나타낸 값을 내림차순으로 정렬한다. 요인의 수준으로 코드화된 기존의 순서에 따라 그래프를 구현하려면, 정렬된 순서는 보존되어야 한다. 그리고, 기본 R cumsum()으로 계산된 누적 합계를

*d2*에 새로운 변수 *Cml*로 저장한다.

R 입력 ggplot2 파레토 차트를 위한 데이터 전처리

데이터 :
```
d <- Read("http://lessRstats.com/data/Pareto.csv")
myCount <- table(d$Reason, dnn="Reason")
d2 <- data.frame(myCount)
d2 <- arrange(d2, desc(Freq))
d2$Reason <- factor(d2$Reason, levels=d2$Reason)
d2$Cml <- cumsum(d2$Freq)
```

리스트 4.7에 보이는 것처럼, 반품 이유, 연관된 도수 그리고 누적 도수로 구성된, 데이터 프레임 *d2*는 데이터 랭글링(data wrangling)의 결과이며, ggplot2 함수로 입력되는 데이터이다.

```
> d2
         Reason Freq Cml
1 Too Small      265  265
2 Bad Color      117  382
3  Shipped Late   56  438
4 Bad Quality     34  472
5 Too Large       15  487
6 Too Costly      13  500
```

리스트 4.7: ggplot2 파레토 차트 함수로 입력하기 위해 준비된 데이터.

ggplot2 파레토 차트를 생성하기 위한 코드를 작성하려면, 우선 그래프의 성분 레이어를 생각해 본다: 막대 그래프, 그래프에 해당 점들로 표시되는 누적 도수 분포, 그리고 누적 도수들을 연결하는 일련의 선분. 각각 geom_bar()(또는 geom_col()), geom_point(), 그리고 누적 도수를 나타내는 점들을 연결하는 선을 위한 geom_line()를 이용해서 3개의 레이어를 표시한다. 변수 *Freq*의 *y*-좌표로 막대를 표시한다. 변수 *Cml*의 *y*-좌표를 이용해서 누적 도수 점들과 해당 선을 표시한다.

geom_bar() 매개변수 fill은 막대 채움색을 지정한다. stat 매개변수는 데이터에서 *y* 값을 읽도록 지시한다. geom_point()의 경우, size를 2.5로 설정하여 점을 확대한다. geom_line()의 경우, 점들은 같은 그룹에 속해야 하지만, *Reason*이 팩터형 변수이기 때문에, 각 수준의 팩터는 다른 그룹을 나타낸다. 이 문제를 해결하기 위하여, group을 1으로 지정해서 같은 그룹에 속하도록 *d2*에 모든 데이터 값을 정의한다. 점들을 연결하는 선을 점선으로 표시하도록 매개변수 linetype를 지정한다.

R 입력 ggplot2 파레토 차트

데이터 : 데이터 소스 d2의 구성에 대해서 이전 항목을 참조

```
ggplot2 : ggplot(d2, aes(Reason)) +
          geom_bar(aes(y=Freq), fill="gray30", stat="identity") +
          geom_point(aes(y=Cml), color="black", size=2.5) +
          geom_line(aes(y=Cml, group=1), color="black", size=.75,
            linetype="dashed") +
          theme(axis.text.x = element_text(angle=90, vjust=0.5)) +
            scale_y_continuous("Frequency",
              sec.axis=sec_axis(~ ./5, name="Cumulative %")) +
          labs(title="Customer Returns", x="", y="Frequency")
```

3개의 레이어를 표시한 다음, `theme()` 레이어를 추가해서 시각화를 더욱 향상시킨다. `axis.text.x`를 명시해서 *x*-축에 수직인 범주형 변수 값을 표시한다. `scale_y_continuous()`를 이용해서, 오른쪽에 평행한 축이 있는 왼쪽의 수직축의 변환된 버전을 만든다. 원본 데이터 프레임 *d2*에 500개 행의 데이터가 있으므로 백분율로 전환하기 위하여, 여기서 변환은 왼쪽 축의 값을 5로 나누었다. `labs()` 함수에 제목을 추가하고, *x*-축 레이블을 제거하고, *y*-축 레이블을 추가한다.

위의 ggplot2 코드는 두 번째 수직축을 포함하는, ggplot2 프로그래밍의 추가적인 예를 제공한다. qcc 패키지의 qcc 함수와 유사한, 보다 직접적인 또 다른 옵션은 qcc처럼 다양한 품질 관리 함수와 시각화를 제공하는, ggQC 패키지의 `stat_pareto()` 함수이다. ggQC 제어 차트 함수는 나중에 다룰 것이다.

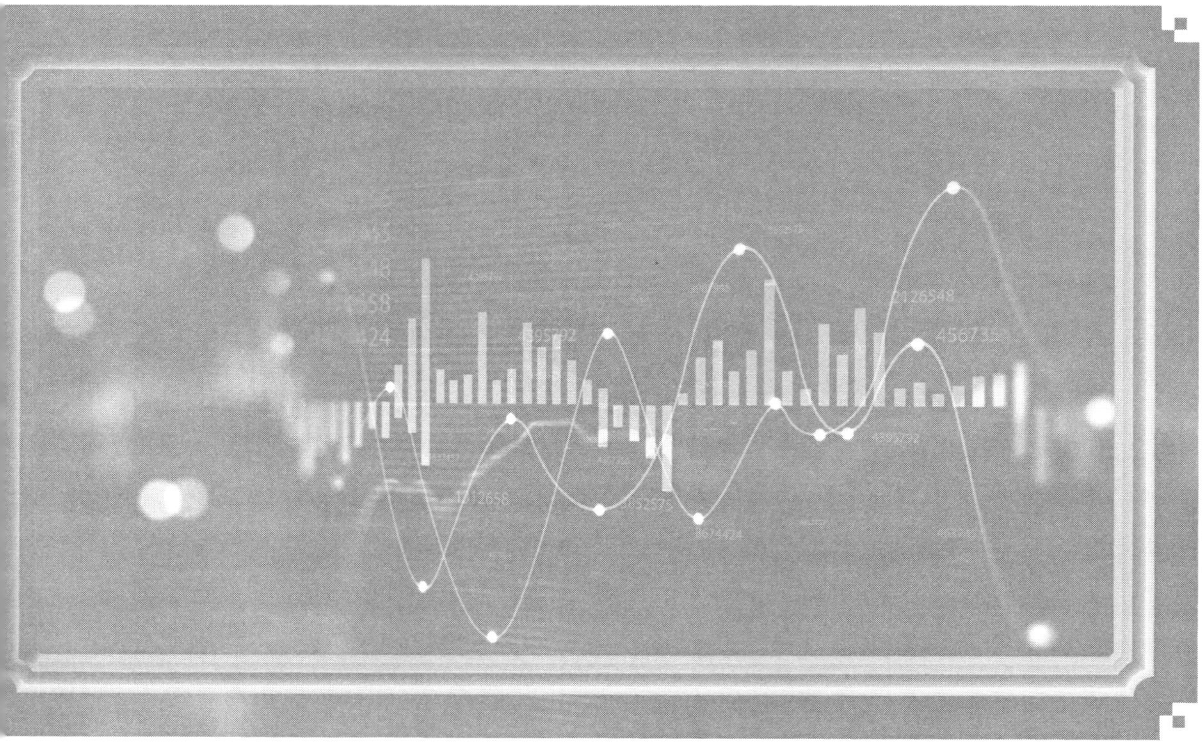

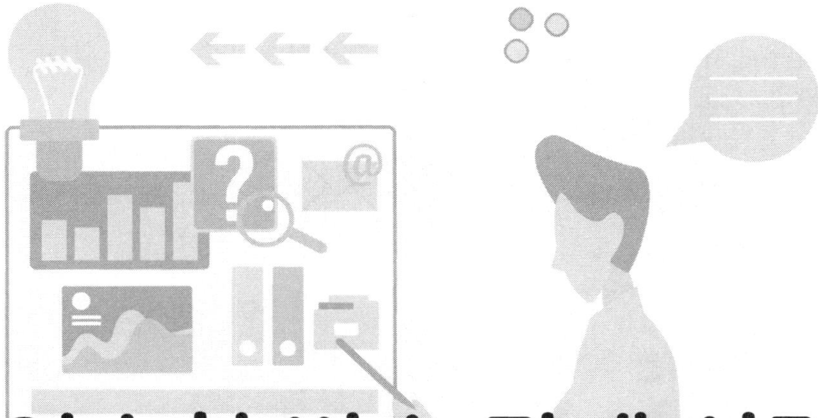

두 연속형 변수 관계 시각화

두 개 이상의 변수가 서로 어떻게 관련되어 있을까? 6장에서 두 변수 사이의 관계 분석을 설명할 것이다. 여기서는 연속형 변수 사이의 관계(relationships)에 초점을 둘 것이다: 한 변수 값이 증가할수록 다른 변수 값이 체계적으로 증가(+ 관계) 또는 체계적으로 감소(− 관계)하는 경향이 있다. 다음 예를 살펴보자.

긍정적인 관계(positive relationships)

- 음식의 질이 높아질수록, 고객 만족도가 높아진다.
- 호텔 투숙율이 증가할수록, 더 많은 직원이 필요하다.

부정적인 관계(negative relationships)

- 가격이 내릴수록, 판매량이 증가한다.
- 파티 시간이 증가할수록, 성적이 낮아진다.

예를 들어 선형 관계의 경우, 상관계수(correlation coefficient)[1]에 의해 평가되는, 긍정적인 관계와 부정적인 관계의 규모(magnitude)는 같을 수 있다. + 또는 − 부호는 관계의 방향을 나타낸다. 계수의 크기는 규모를 나타낸다.

[1] −1과 1로 경계를 이룬, 두 변수 사이의 선형 관계의 정도를 나타낸 계수.

두 연속형 변수 사이의 관계에 대한 필수적인 시각화는 산점도(scattterplot)[2]이다. 각 관측치에 대한 데이터 값 쌍은 하나의 점으로 표시된다. 각 점의 두 좌표를 해당 관측에 대한 두 변수의 값으로 정의한다.

5.1 개선된 산점도

5.1.1 산점도에 타원 추가

두 변수, x와 y의 분포는 필연적으로 제3의 변수를 포함한다. 범주형 변수의 경우, 제3의 변수는 특정 값의 x와 y에서 결합 도수(joint frequency)이다. 연속형 변수의 경우, 제3의 변수는 매끄러운 곡선으로 표시되는 결합 밀도(joint density), z이다. 그래프는 높이로 나타낸 z를 갖는 3차원으로 확장된다. **그림 5.1**의 두 가지 예처럼, 이변량 정규분포(bivariate normal distribution)[3]의 그래프를 생각해 보자.

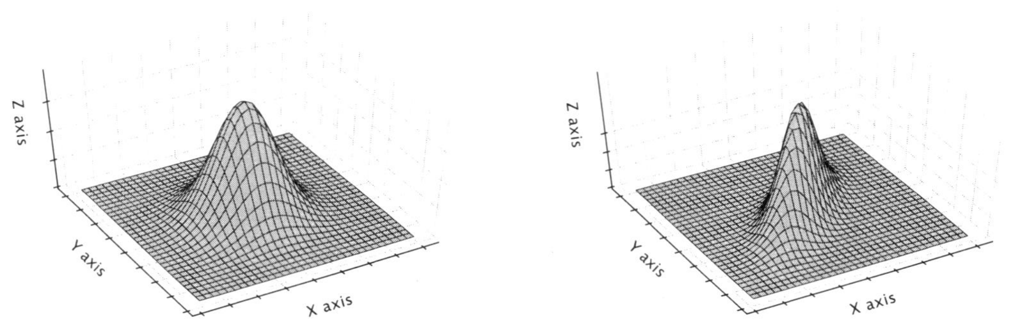

(a) $\rho = 0.00$ **(b)** $\rho = 0.75$

그림 5.1: 이변량 정규분포.

그래프는 2차원 정규 곡선의 일반화된 3차원 곡선을 나타낸다. 결과 3-D 객체의 형상은 모집단 상관계수 ρ에 관해 표현된, x와 y 사이의 상관관계의 크기에 따라 다르다.

[2] 두 변수의 각 쌍의 값을 하나의 점으로 표시된 그래프.

[3] 2-차원 정규 곡선과 유사한 일반화된 3차원 곡선.

이변량 정규분포 그래프는 이용해서 두 이변량 분포 변수의 관계를 요약할 수 있다. 하나의 타원은 *x*- 및 *y*-축으로 정의된 영역, "바닥(floor)"과 평행인 3-차원 이변수 정규 분포를 통과하는 하나의 조각으로부터 생긴다. 타원은, 3-차원 객체위에 높이가 같은 모든 점들을 포함하는 등고선 곡선, 조각의 데두리이다. 모집단 상관계수 ρ=0.00의 경우, 변수들이 동일한 척도 그리고 동일한 물리적 단위로 표현된다면, 타원은 원이다. *x*와 *y*, 또는 +와 − 사이의 상관관계가 클수록, 타원은 더 좁아진다.

타원의 크기는 *z*-축의 객체를 통과하는 조각의 높이에 따라 달라진다. *x*-*y* 좌표 평면인, 바닥에 가까울수록, 타원의 크기는 더 커지므로, 신뢰 수준이 더 커진다. 일반적으로 선택하는 신뢰 수준은 0.95이다. 이는 해당 이변량 정규분포에서 95%의 데이터 값이 0.95 신뢰 타원(confidence ellipse)[4] 이내에 있다는 것을 의미한다. 이변량 정규분포에서 어떤 하나의 표본에 대해서도, 대략 95%의 값들이 0.95 신뢰 타원에 포함된다.

2장에서 산점도에 타원을 추가하는 `lessR` 및 `ggplot2`의 예를 살펴보자. **그림 5.2**는 산점도에 다중 타원을 지정한 예이다.

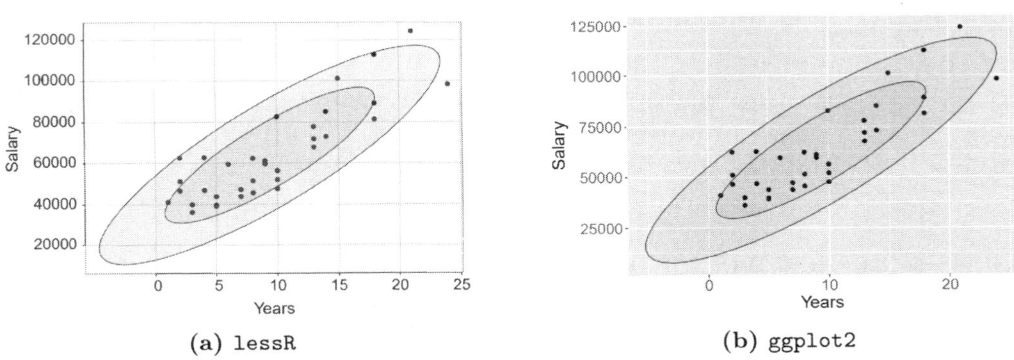

(a) `lessR` (b) `ggplot2`

그림 5.2: 산점도에 다중 타원을 추가한 예.

그림 5.2의 산점도를 작성하는 방법은 다음과 같다.

[4] 개선된 매개변수: **그림 2.8**에 보이는 것처럼, 개선된 산점도를 생성한다.

R 입력 2개의 타원이 추가된 산점도: *Years*과 *Salary* - *d* 데이터 프레임

데이터 : d <- Read("http://lessRstats.com/data/employee.csv")

```
lessR : Plot(Years, Salary, ellipse=c(.68, .95))
ggplot2 : ggplot(d, aes(Years, Salary)) + geom_point() +
        stat_ellipse(type="norm", level=.95,
          geom="polygon", color="gray20", size=.4, alpha=.05) +
        stat_ellipse(type="norm", level=.68,
          geom="polygon", color="gray20", size=.4, alpha=.05)
```

lessR의 경우, 95% 신뢰 타원을 위해 TRUE로 지정된, 매개변수 ellipse를 포함하는 Plot() 함수를 이용해서 산점도에 타원 레이어를 추가한다. 또는, 수치형 벡터 값을 정의하는 기본 R의 c() 함수를 이용해서, ellipse를 0과 1 사이의 하나 이상의 특정 값으로 지정하였다. 타원은 기본 설정으로 현재 색상 테마와 일치하는 밝은 반투명 색으로 채워졌다. 2장에서 예시한 것처럼, lessR도, TRUE로 지정했을 때 타원뿐 아니라 기타 향상된 기능을 산점도에 추가하는, enhance 옵션을 제공한다.

ggplot2의 경우, stat_ellipse()으로 명시적으로 타원을 추가한다. level 매개변수는 신뢰 수준을 명시한다.

대체 시각화는 다중 타원을 지정한 다음, 개별 점들이 제안하는 기본 패턴에 초점을 두기 위하여 그래프에서 점들을 제거한다. 다음은 0.05, 0.10, 0.15 ... 0.90, 0.95 데이터 타원의 반투명한 내부를 겹쳐서 보여준다. **그림 5.3**은 격식에 매이지 않는 결합 밀도의 대략적인 표시, 데이터로부터 추산된 이상화된 두 변수 사이의 관계를 나타낸다.

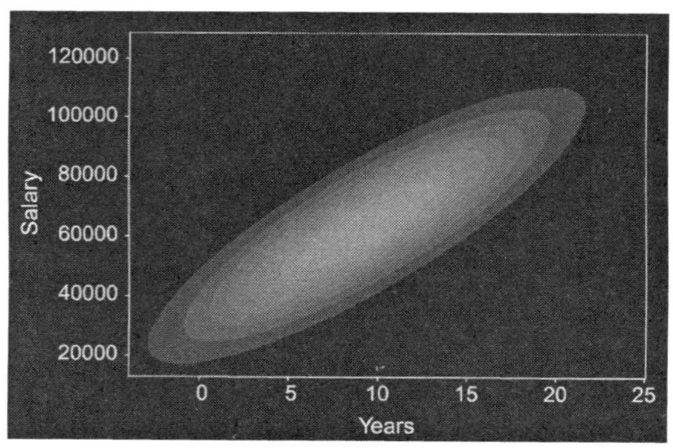

그림 5.3: lessR 함수 Plot()로부터 생성된 누적 반투명 타원.

그림 5.3의 시각화는 두 가지 함수 호출에서 나온다. style() 함수는 후속 시각화에 적용할 수 있는, 스타일을 변화시킨다. 다른 함수는 서로 다른 타원 내부의 배열을 표시한다.

R 입력 누적 반투명 타원: *Years*과 *Salary* - *d* 데이터 프레임

데이터 : d <- Read("http://lessRstats.com/data/employee.csv")

lessR :
```
style("gray", sub_theme="black", ellipse_color="off", grid_lwd=0)
Plot(Years, Salary, size=0, ellipse=seq(0.1, 0.9, 0.1))
```

점들을 보이지 않게 하려면, `size=0`으로 지정한다. 추가적인 영향을 위하여, **그림 5.3**은 `style()` 함수로 지정된 검은색 배경과 함께 그레이스케일로 표시된다. 투명으로 설정된 `style()` 함수를 이용해서, 타원의 색을 없앨 수도 있다. 타원 너비를 0으로 지정하면, 격자선을 없앨 수 있다. `grid.color`를 `"off"`로 지정해도 같은 효과를 거둘 수 있다. 9개의 서로 다른 신뢰 수준에서 9개의 타원을 생성하기 위하여, 이 예에서 기본 R의 `seq()` 함수는 0.1부터 0.9까지 0.1씩 증가하는 수열을 발생시킨다.

타원과 배경 사이에 훨씬 더 큰 대비를 만들기 위하여, 매개변수 `sub_theme`으로 `"gray"`에서 `"orange"`로, 또한 `"black"`로 스타일을 변경한다.

5.1.2 산점도에 최적선 추가

타원 이외에, 비선형 또는 선형 최적선은 또 하나의 유용한 관계를 요약한다. 비선형 적합의 경우, 기본 R은 `loess()`으로, 반면에 `lessR`과 `ggplot2`는 기본 설정으로 최적선을 표시한다. **그림 5.4**는 기본 0.95 신뢰 영역을 수반하는 산점도의 뢰스 평활(loess smoothing)을 예시한다.

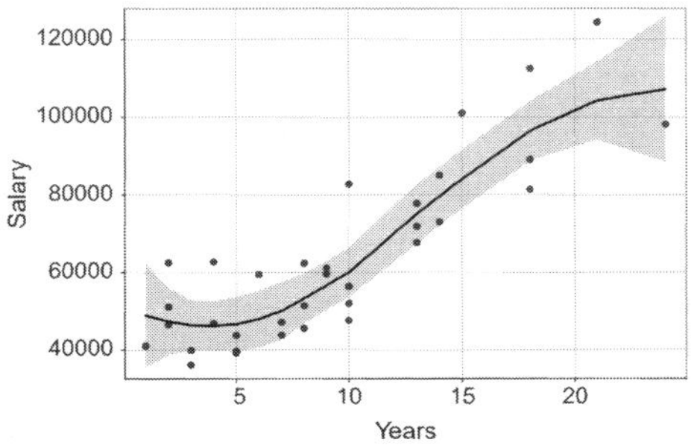

(a) lessR

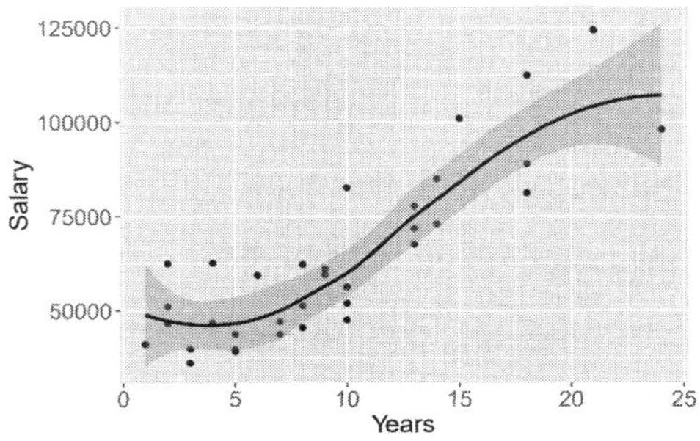

(b) ggplot2

그림 5.4: 제2-표준 오차 신뢰 구간을 갖는 Loess 최적선.

lessR의 경우, fit 매개변수를 TRUE로 지정해서 적합선과 신뢰 대역을 얻는다. ggplot2의 경우, geom_smooth()으로 같은 결과를 얻을 수 있다.

R 입력 적합선과 신뢰 구간: *Years*과 *Salary* - *d* 데이터 프레임

데이터 : d <- Read("http://lessRstats.com/data/employee.csv")

```
lessR : Plot(Years, Salary, fit=TRUE)
ggplot2 : ggplot(d, aes(Years, Salary)) + geom_point() +
        geom_smooth(color="black")
```

그림 5.5는 해당 신뢰 대역을 포함하는 최소 제곱 최적선(least-squares best-fit line)을 보여준다. 이 시각화는 적합선 계산에 사용된 데이터를 나타내는 산점도를 포함하지 않는다.

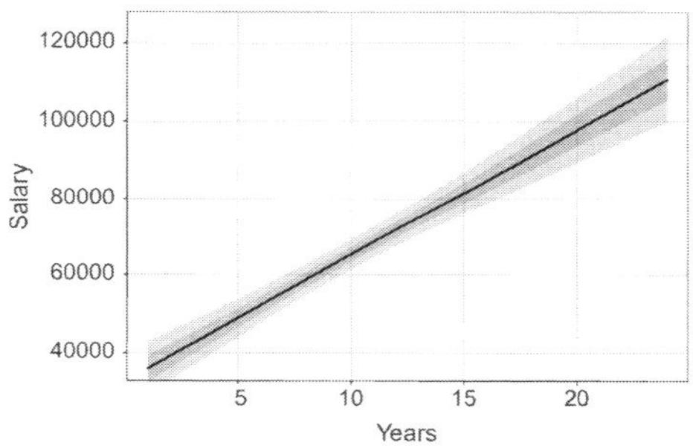

(a) lessR

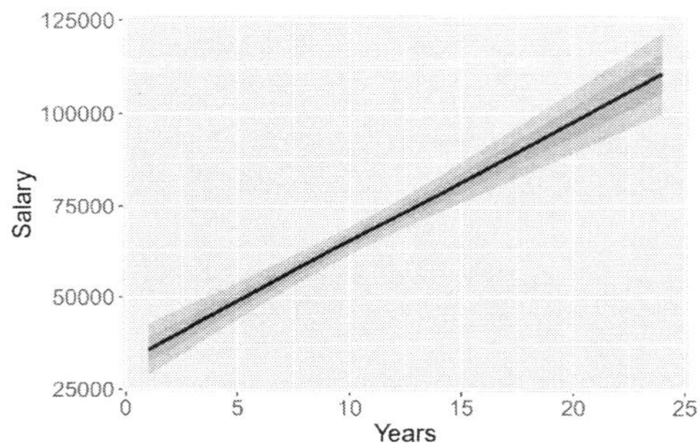

(b) ggplot2

그림 5.5: 0.68과 0.95 표준 오차 신뢰 구간을 갖는 최소 제곱 최적선.

lessR의 경우, 매개변수 size=0으로 지정해서, 점들을 보이지 않게 한다. ggplot2의 경우, geom_point()를 참조하지 않으면, 점들은 보이지 않는다. 선형 모형 최소 제곱 최적선을 나타내려면, lessR의 경우, Plot() 함수의 매개변수 fit를 "lm"으로 지정하며, ggplot2의 경우, geom_smooth()에 대한 매개변수로 method=lm으로 지정한다. 신뢰 대역을 나타내지 않게 하려면, lessR의 경우, fit_se를 FALSE로 지정하며, ggplot2의 경우, geom_smooth()를 호출할 때 se=FALSE으로 지정한다.

1-범주형 변수 막대 그래프의 값을 정렬한 것처럼, lessR은 sort 매개변수를 동작시킨 다음, "+" 또는 "-"으로 지정해서 각각 오름차순 또는 내림차순 정렬을 지시한다. 이 예에서, ggplot2를 이용해서 도수별로 팩터(요인) 수준의 순서를 변경하려면, fct_infreq()를 사용한다.

> **R 입력** 내림차순 정렬된 2-변수 막대 그래프
> *데이터* : d <- Read("http://lessRstats.com/data/employee.csv")
>
> *lessR* : BarChart(Dept, by=Gender, sort="-")
> *ggplot2* : ggplot(d, aes(x=fct_infreq(Dept), fill=Gender)) + geom_bar()

lessR의 sort 매개변수와 ggplot2 함수 fct_infreq()이 없다면, 정렬된 버전의 막대 그래프는 기본 설정된, 정렬되지 않은 버전과 동일하다.

6.2.2 수평 막대 그래프

그림 6.6은 수평 버전의 2-범주형 변수 막대 그래프를 보여준다.

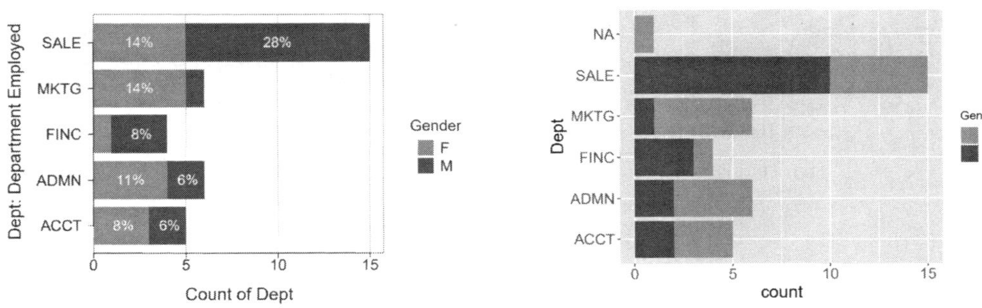

(a) lessR (b) ggplot2

그림 6.6: 수평 2-범주형 변수 막대 그래프.

1-범주형 변수 막대 그래프와 마찬가지로, lessR을 이용해서 수평 막대 그래프를 얻으려면, 기본 R 매개변수 horiz을 TRUE로 지정한다. ggplot2의 경우, coord_flip()을 사용해서 수평 막대 그래프를 구현한다.

R 입력 수평 2-변수 막대 그래프

데이터 : d <- Read("http://lessRstats.com/data/employee.csv")

lessR : BarChart(Dept, by=Gender, horiz=TRUE)
ggplot2 : ggplot(d, aes(Dept, fill=Gender)) + geom_bar() + coord_flip()

개인적으로 선호하는 것이 아니라면, 수평 방향 패널이 갖는 장점은 이름이 긴 레이블을 위한 공간이 자동으로 조정된다는 것이다.

6.2.3 상단에 범례가 있는 막대 그래프

기본적으로, 시각화 시스템은 범례를 그래프 영역의 우측 여백에 위치시킨다. **그림 6.7**은 막대 그래프 상단에 위치시킨 범례를 보여준다.

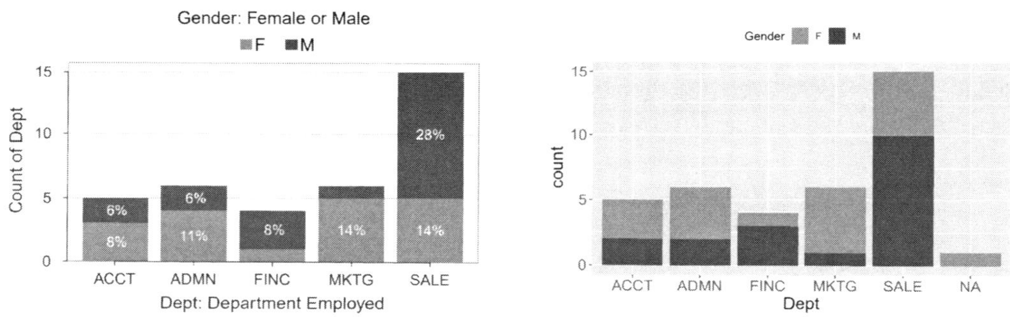

(a) lessR (b) ggplot2

그림 6.7: 상단에 범례가 있는 막대 그래프.

lessR와 ggplot2 모두 동일한 매개변수 legend.position를 "top"으로 설정해서, 그래프 상단에 범례를 위치시킨다. ggplot2의 경우, 매개변수를 theme()으로 전달한다.

R 입력 상단에 범례가 있는 막대 그래프

데이터 : d <- Read("http://lessRstats.com/data/employee.csv")

lessR : BarChart(Dept, by=Gender, legend.position="top")
ggplot2 : ggplot(d, aes(Dept, fill=Gender)) + geom_bar() +
theme(legend.position="top") +
scale_fill_grey(start=.6, end=.3)

ggplot2의 경우, legend.position의 값을 "none", "left", "right", 그리고 "bottom"으로 지정할 수 있다. 더욱 유연한 결과를 얻기 위해, *x*-축 그리고 *y*-축 단위로 2-항목 벡터를 지정하면, 사용자 지정된 위치를 확보할 수 있다. lessR은, 다음과 같은 추가 위치를 제공하는 기본 R의 legend() 함수에 의존한다: "bottomright", "bottom", "bottomleft", "left", "topleft", "top", "topright", "right", 그리고 "center".

6.2.4 100% 누적 막대 그래프

누적 2-변수 막대 그래프는 2개의 범주형 변수를 표시한다. 여기서 첫 번째 범주형 변수 *Dept*는 *x*-축 변수가 되며, 각 막대의 음영 영역을 결정하는 두 번째 범주형 변수 *Gender*는 lessR에서 by 매개변수, 그리고 ggplot2에서 fill 매개변수로 지정된다. 여기서 분석은 첫 번째 범주형 변수 *Dept*의 각 수준 이내에서 by 또는 fill 매개변수의 백분율 분포를 비교한다. 각 부서에 남성과 여성의 몇 퍼센트가 고용되었는가? **그림 6.8**에 보이는 것처럼, 부서 *Dept*의 각 수준 이내에서 성별 *Gender*의 수준별 분포 분석으로 이 질문에 대답한다.

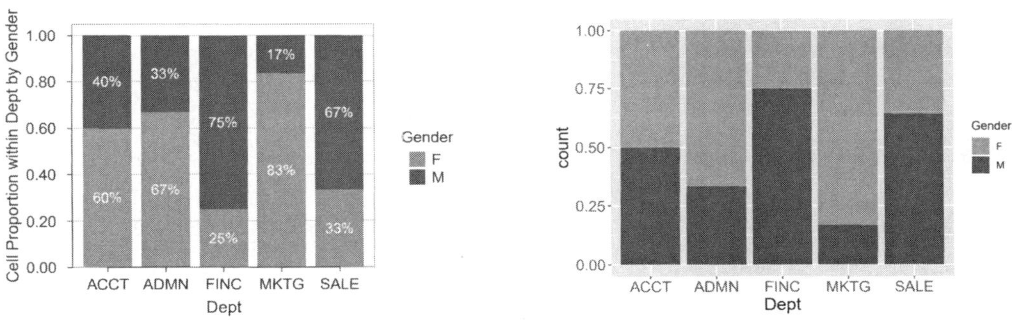

(a) lessR (b) ggplot2

그림 6.8: 100% 누적 막대 그래프.

이 분석에서 각 막대의 높이 (길이)는 완전 100%, 각 그룹 (범주) 이내에서 모든 요소의 전체 비율을 차지한다. 결과 시각화를 100% 누적 막대 그래프[7]라고 한다. lessR을 이용해서 100% 누적 막대 그래프를 생성하려면, stack100 매개변수를 TRUE로 지정한다. ggplot2의 경우, geom_bar() 함수 호출 내에서 position 매개변수를 "fill"로 지정한다.

[7] *x* 변수의 각 수준 이내에서 by 또는 fill 매개변수의 수준별 비율.

R 입력 100% 누적 막대 그래프

데이터 : d <- Read("http://lessRstats.com/data/employee.csv")

lessR : BarChart(Dept, by=Gender, stack100=TRUE)

ggplot2 : ggplot(na.omit(d), aes(Dept, fill=Gender)) +
geom_bar(position="fill")

리스트 6.1에 보이는 것처럼, BarChart()는 양방향 교차표를 제공하며, **리스트 6.3**에 보이는 것처럼, 열마다 해당하는 수준별 비율표를 추가한다.

```
Cell Proportions within Each Column
-----------------------------------

      Dept
Gender    ACCT  ADMN  FINC  MKTG  SALE
  F      0.600 0.667 0.250 0.833 0.333
  M      0.400 0.333 0.750 0.167 0.667
  Sum    1.000 1.000 1.000 1.000 1.000
```

리스트 6.3: BarChart() 2-변수 통계 분석.

다음 절에 보이는 것처럼, 수치형 변수 y는 카운트(도수)에 제한되지 않는다.

6.2.5 두 범주형 변수에 대한 평균의 막대 그래프

카운트(counts) 이외에, 수치형 변수 값에 대한 평균같은 통계량을 정의할 수 있다. lessR의 경우, 직접 데이터로부터, 또는 두 세트의 범주형 변수에 대한 통계 요약표로부터, 두 범주형 변수에 걸쳐 분포된 이런 통계량을 시각화한다. ggplot2의 경우, 측정된 원시 데이터로부터 평균의 데이터 프레임을 계산하는 것이 더 간단하며, 변환된 데이터는 ggplot() 함수로 읽혀진다.

⚜ 원시 데이터에서 직접 막대 그래프 생성

그림 6.9에서 두 수치형 변수에 대한 평균의 막대 그래프는 분할된 형태로 나타난다. **그림 3.11**에서처럼, 단일 범주형 변수의 범주에 따른 평균의 막대 그래프를 일반화하기 위하여, BarChart() 함수 호출시 by 매개변수를 추가한다. stat 매개변수를 이용해서 계산할 통계

량을 지정한다. 평균을 얻기 위하여, 그 값을 "mean"으로 명시한다. 제시된 바와 같이, 행 방향으로 누적되지 않고 열 방향으로 나열된 막대 그래프를 구현하기 위하여, beside 매개변수를 TRUE로 지정한다.

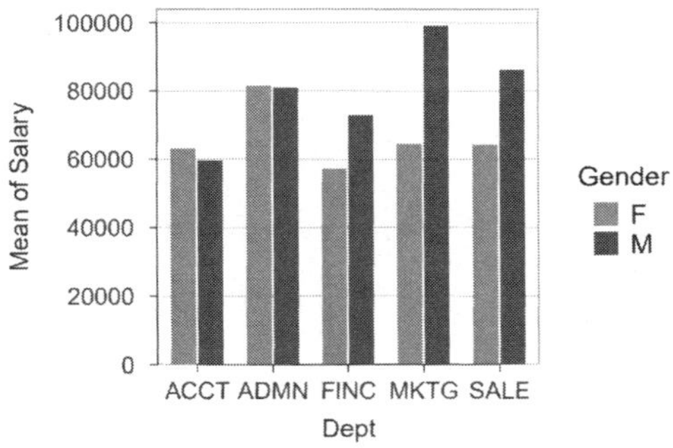

그림 6.9: 직접 데이터에서 생성한 2-변수의 평균 막대 그래프.

R 입력 데이터에서 Dept-Gender 조합에 대한 평균 연봉

데이터 : d <- Read("http://lessRstats.com/data/employee.xlsx")

lessR : BarChart(Dept, Salary, by=Gender, stat="mean", beside=TRUE)

lessR를 이용해서 두 범주형 변수의 통계량 막대 그래프를 생성할 때, 원시 데이터(raw data) 또는 집계 데이터(aggregated data)[8] 모두에 대해 같은 구문을 따른다. BarChart()는 데이터의 형태를 감지하며, 직접 집계 데이터를 처리하거나, 또는 원시 측정 데이터로부터 집계 데이터를 계산한다. 어떤 경우라도, 기본 설정된 데이터 프레임 d에 데이터가 없으면, data 매개변수로 데이터 프레임 이름을 지정한다.

❖ 집계 데이터에서 막대 그래프 생성

단일 범주형 변수에 대한 막대 그래프처럼, 두 범주형 변수에 대한 막대 그래프에도 수치형 변수가, 여기서는 두 범주형 변수의 수준들 사이의 조합에 따른, 요약 통계로서 입력될 수 있다. 데이터 테이블로 구성된 요약 통계 결과를, 엑셀 명명법을 사용하는 일종의 피벗 테이블, 집계 데이터라고 한다. 2-변수 막대 그래프에 대한 이런 요약 통계를 분석하려면, 막대 그래프

[8] 하나 이상의 범주형 변수 수준의 조합에 따른 대한 통계.

가 구성되는 좌표 데이터 테이블을 직접 막대 그래프 함수로 입력한다.

좌표 데이터 테이블을 구성하려면, 우선 원시 측정 데이터 테이블을 읽는다. 이 예에서, 보다 더 기술적으로 출력에 레이블을 붙이기 위하여, 선택사항으로서 각 행이 변수 이름 뒤에 해당 변수 레이블로 정의된 2-열 테이블을 읽는다. Gender 변수는 F와 M으로 코딩되었다. 더 자세하게 값 레이블을 사용하여 결과를 표시하려면, 수치형 문자열 변수를, 예를 들어, 기본 R의 `factor()` 함수를 이용해서 팩터형 변수로 변환한다.

`lessR` 함수 `pivot()`을 이용해서 원시 데이터 프레임 *d*로부터 5개 부서의 모든 수준 (이 예에서, 두 가지 유형의 성별)의 조합에 대한 평균 연봉 *Salary*, 요약 테이블을 계산한다. `pivot()`도 각 셀에 대해 같은 표본 크기 `n`뿐 아니라 결측 데이터 정보도 제공하지만, 이전 예는 `tidyverse` 함수 `group_by()` 다음에 `summarise()`를 이용해서 같은 결과를 얻었다. 요약 테이블을 데이터 프레임 *d.mean*으로 저장한다.

R 입력 Dept-Gender 조합에 대한 평균 연봉의 요약 데이터 테이블

```
lessR : d <- Read("http://lessRstats.com/data/employee.xlsx")
lessR : l <- Read("http://lessRstats.com/data/employee_lbl.xlsx",
                  var_labels=TRUE)
---
base R : d$Gender <- factor(d$Gender, levels=c("F", "M"),
                            labels=c("Female", "Male"))
lessR : d.mean <- pivot(d, mean, Salary, c(Dept, Gender))
```

그림 6.10은 엑셀에서 읽은 결과 요약 테이블을 보여준다. 데이터 프레임 *d.mean*은 36번의 관찰에 기초한 20개의 행을 포함한다. 원시 측정 데이터 프레임, *d*는 37개 행의 데이터를 포함하지만, 한 사람의 직원에 대한 *Dept* 수준이 결측되어, 해당 관찰은 집계에서 삭제되었다.

Dept	Gender	n	Salary
ACCT	Female	3	$63,237.16
ADMN	Female	4	$81,434.00
FINC	Female	1	$57,139.90
MKTG	Female	5	$64,496.02
SALE	Female	5	$64,188.25
ACCT	Male	2	$59,626.20
ADMN	Male	2	$80,963.35
FINC	Male	3	$72,967.60
MKTG	Male	1	$99,062.66
SALE	Male	10	$86,150.97

그림 6.10: 평균 연봉의 요약 테이블.

데이터 프레임 *d.mean*을 엑셀 파일 *meanSalary.xlsx*로 내보내려면, `format` 매개변수를 `"Excel"`로 지정한 `lessR` 함수 `Write()`, 약어 `wrt_x()`를 사용한다. 이 데이터 프레임의 행 이름은 행 번호를 나타내는 정수만으로 구성된다. 파일에 행 이름을 쓰지 않기 때문에, 기본적으로 `Write()` 함수는 기본 R 매개변수 `row.names`를

FALSE로 지정한다. 나중에, Read() 함수를 이용해서 엑셀 데이터 테이블을 같은 이름의 R 데이터 프레임으로 다시 읽을 수 있다.

R 입력 데이터 프레임을 엑셀 화일로 쓰고 엑셀 화일에서 읽어오기

```
Write("meanSalaries", data=d.mean, format="Excel")
...
d.mean <- Read("meanSalaries.xlsx")
d.mean <- na.omit(d.mean)
d.mean$Salary <- d.mean$mean
```

그림 6.10의 요약 테이블, 또는 좌표 테이블에서 계산하였으며, **그림 6.11**은 5개 부서와 2가지 성별에 대한 평균 연봉 *Salary*의 누적 막대 그래프를 나타낸다.

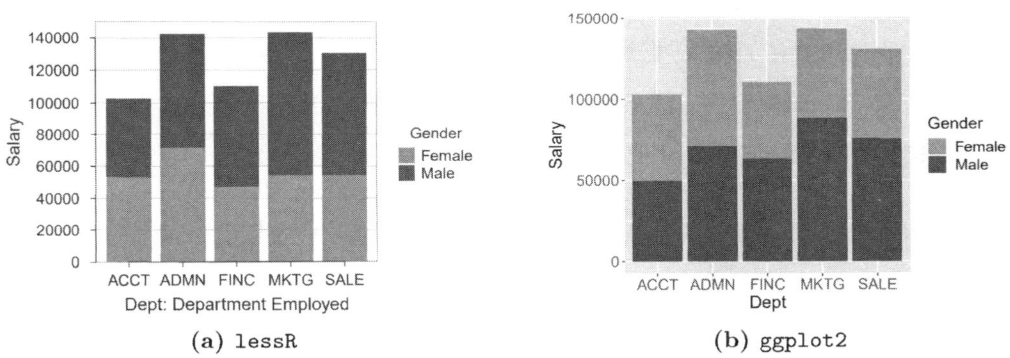

그림 6.11: 좌표 데이터 테이블에서 직접 얻은 2-변수 막대 그래프.

R 입력 데이터에서 직접 얻은 막대 그래프

데이터 : 데이터 프레임 d.mean을 얻을 때 사용된 데이터

lessR : `BarChart(Dept, Salary, by=Gender, data=d.mean)`

ggplot2 : `ggplot(d.mean, aes(Dept, Salary, fill=Gender)) + geom_col()`

대부분의 시각화에서처럼, lessR은 R 콘솔에도 출력을 표시한다. 이 예에 대한 BarChart() 출력이 **리스트 6.4**에 보인다. 출력을 조사해서 데이터 값이 올바르게 읽혔는지 확인한다.

```
Data Table of Salary
--------------------

       Dept
Gender         ACCT    ADMN          FINC       MKTG       SALE
  F       53237.163  71434.003  47139.900  54496.022  54188.254
  M       49626.195  70963.345  62967.600  89062.660  76150.970
```

리스트 6.4: BarChart() 좌표 데이터 테이블에서 직접 얻은 2-변수 콘솔 출력.

6.2.6 2-변수 클리브랜드 점 도표

2-범주형 변수 막대 그래프의 주요 분석 중 하나는 *x*-축 변수 수준에 따라 by 변수를 비교하는 것이다. 예를 들어, *Dept*와 *Gender* 수준의 조합에 따른 평균 연봉 *Salary*의 **그림 6.11**에서, 마켓팅 부서(MKTG)에 대한 *Gender* 막대의 비율이 여성보다 남성에 대해 크며, 회계 부서(ACCT)에 대한 비율은 대등하게 보인다. 이 막대 그래프는 회사의 여러 부서에 대한 성별 *Gender* 분포를 설명하는데 도움을 준다. 그러나, 그런 비교가 일차적인 관심사라면, 그 차이를 직접 시각화하는 것이 더 나을지도 모른다.

2-변수 클리브랜드 점 도표는 또 다른 변수, 여기서는 남성과 여성에 대한 부서별 평균 연봉 *Salary*의 수준에 대한 서로 다른 두 분포의 산점도를 보여준다. **그림 6.12**는 평균 연봉의 비교를 강조하기 위하여 각 부서별로 해당하는 점들을 연결하는 선분으로, 이런 산점도를 나타낸다. lessR 시각화는 기본적으로 최대 양의 편차부터 최대 음의 편차까지의 차이를 달리해서 분류한다.

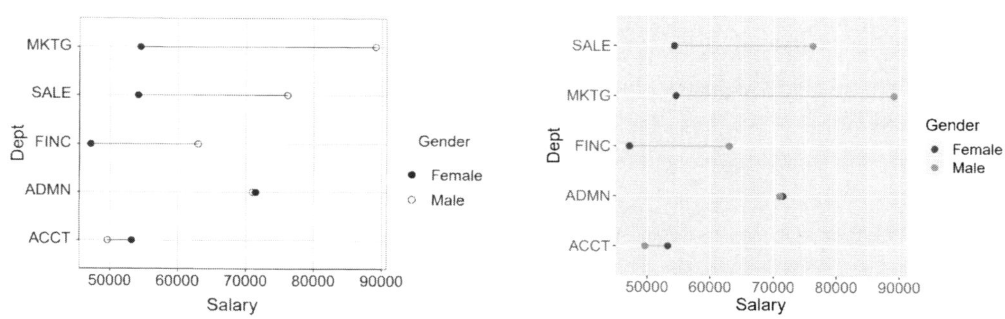

(a) lessR (b) ggplot2

그림 6.12: 데이터로부터 직접 얻은 2-변수 클리브랜드 점 도표.

그림 6.10에 보이는 그룹 평균의 좌표 데이터 프레임은 *Dept*와 *Gender* 수준의 각 조합에 대해 평균 연봉이 하나의 값으로 표기되며, 가끔 긴 형식의 데이터 테이블이라고 하는, 깔끔한 형식으로 구성되었다. `Plot()`을 이용해서 2-변수 클리브랜드 점 도표를 생성하려면, 데이터 테이블은 같은 선상에 있는 각 부서에 대한 남성과 여성의 평균 연봉 *Salary*을 포함하는 넓은 형식이어야 한다.

긴 형식의 데이터 테이블을 짧은 형식으로 변환하려면, 여기서는 `tidyverse` 패키지의 `tidyr` 함수 `spread()`를 사용한다. **그림 6.10**에서 보듯이, 깔끔한 버전은 3개의 변수를 가진다: *Dept*, *Gender*, 그리고 *Salary*. 모든 `tidyverse` 함수와 일관되게, `spread()`의 첫 번째 매개변수는 데이터 소스, 여기서는 데이터 프레임이다. 두 번째 변수, `key` 매개변수는 별도의 열로 "확산(spread)"시킬 변수를 나타내며, 여기서는 *Gender* 값을 Male 열과 Female 열로 퍼뜨린다. 세 번째 매개변수는 새로 생성된 열의 본문에 넣을 인수, 여기서는 *Salary*, 값을 지정하는, `value`이다. 결과는 **그림 6.13**에 보인다.

> 긴 (깔끔한) 형식의 데이터 테이블을 넓은 형식으로 변환
>
> *tidyr* : `d.wide <- spread(d.mean, key=Gender, value=Salary)`

그림 6.13는 넓은 형식의 데이터 테이블을 보여준다. 변수 *Gender*는 더 이상 존재하지 않는다. 대신, 이 데이터 집합의 *Gender* 값, Female과 Male을 위한 별도의 열이 나타난다. 넓은 형식의 데이터 테이블, *d.wide*를 `lessR` 분석을 위한 데이터로 입력한다. 긴 형식의 데이터 버전, *d.mean*를 `ggplot2`를 위한 데이터로 입력한다.

Dept	Female	Male
ACCT	$53,237.16	$49,626.19
ADMN	$71,434.00	$70,963.35
FINC	$47,139.90	$62,967.60
MKTG	$54,496.02	$89,062.66
SALE	$54,188.25	$76,150.97

그림 6.13: 평균 연봉 Salary의 넓은 형식의 데이터 테이블.

> **R 입력** 직접 데이터에서 얻은 2-변수 클리브랜드 점 도표
> *데이터* : `lessR`을 위한 데이터 프레임 `d.wide`와 `ggplot2`를 위한 데이터 프레임 `d.mean`을 얻을 때 사용된 데이터

```
lessR : Plot(c(Female, Male), Dept, data=d.wide,
             ylab="Dept", xlab="Salary", legend.title="Gender")
ggplot2 : ggplot(d.mean, aes(Salary, Dept)) +
           geom_line(aes(group = Dept), color="gray") +
           geom_point(aes(color = Gender))
```

6.2.7 대응표본 *t*-검정 시각화

대응표본 *t*-검정(paired *t*-test), 또는 종속 그룹 *t*-검정(dependent group *t*-test)은 일치하는 쌍의 데이터 값 사이의 차이를 분석한다. 예를 들어, `lessR`의 기본 데이터 프레임 *d*(직원 데이터 세트 employee)는 교육하기 전에 치른 시험 점수 `Pre` 변수, 그리고 교육 세션을 실시한 다음에 치른 시험 점수 `Post` 변수를 포함한다. 분석은 각 수험자의 `Pre` 값과 해당 `Post` 값을 비교한다. 교육 세션을 실시한 이후의 점수 `Post`가 향상되었습니까? 그렇다면, 얼마나 향상되었나요? 대응표본 *t*-검정은 평균 모집단 차이가 0인 귀무가설에 대한 추론 검정(inferential test)을 제공한다.

이 분석에 유용한 시각화는 원본 측정 데이터 테이블로부터 직접 얻은 각 세트의 짝을 이룬 점수를 표시하는, 클리블랜드 2-변수 점 도표이다. 설명을 위하여, 직원 데이터 세트 employee에서 교육 이전과 이후의 시험 점수, `Pre`와 `Post` 변수를 생각해 보자. **그림 6.14**는 공간을 절약하기 위하여, 처음 10명의 직원에 대한 해당 클리블랜드 2-변수 점 도표를 보여준다.

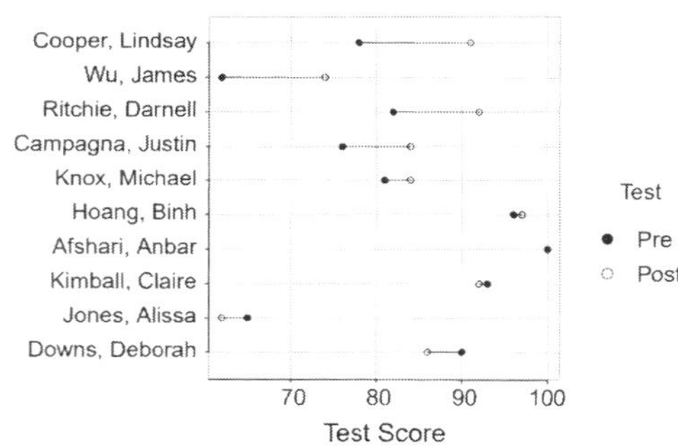

그림 6.14: 대응표본 *t*-검정을 위한 쌍을 이룬 차이를 보이는 데이터의 클리블랜드 2-변수 점 도표.

`lessR`의 경우, 다음 두 가지 방법 중 하나를 이용해서 이 시각화를 구현한다: 이전 예에서처럼 직접 `Plot()`를 이용하는 방법, 또는 암묵적으로 `Plot()` 함수를 호출하는 `ttest()` 함수를 이용하는 방법. `Plot()`를 이용해서 구현한 시각화는, **그림 6.14**에 보이듯이, 차이에 따라 분류하고 축 및 범례의 레이블을 지정하는 능력처럼 향상된 사용자 제어 기능을 제공한다. 그러나, `ttest()` 함수를 이용하면, 완전 쌍체 종속 그룹 분석(full paired dependent group analysis)과 함께, 시각화가 자동으로 수행된다.

R 입력 2-변수 클리브랜드 점 도표를 생성하는 두 가지 lessR 방법

데이터 :
```
d <- Read("http://lessRstats.com/data/employee.csv", row.names=1)
d <- d[1:10,]
```

lessR :
```
Plot(c(Pre, Post), row_names,
        xlab="Test Score", legend_title="Test")
```
lessR :
```
ttest(Pre, Post, paired=TRUE)
```

기본 R 매개변수 paired를 호출해서 대응표본 또는 종속-그룹 *t*-검정을 선택한다. ttest() 함수를 이용했을 때, 교육을 실시한 이후의 시험 점수 Post가 평균 3.90점이 증가했음을 보여주는 요약 통계 이외에, **리스트 6.5**에 보이는 것처럼, 콘솔 출력은 추론 분석을 포함한다.

```
t-cutoff: tcut =  2.262
Standard Error of Mean: SE =  2.00

Hypothesized Value H0: mu = 0
Hypothesis Test of Mean:  t-value = 1.948,  df = 9,  p-value = 0.083

Margin of Error for 95% Confidence Level:  4.53
95% Confidence Interval for Mean:  -0.63 to 8.43
```

리스트 6.5: 종속-그룹 ttest() 함수의 통계 출력.

리스트 6.6에 보이는 것처럼, 유의성 검정(significance test)를 보완하기 위하여, 코헨의 효과 크기(effect size), Cohen's d도 포함되었다.

```
Distance of sample mean from hypothesized:  3.90
Standardized Distance, Cohen's d:  0.62
```

리스트 6.6: 종속-그룹 ttest() 함수의 통계 출력.

그림 6.14는 대응표본 *t*-검정의 결과에 대한 이해를 높인다. 예를 들어, *Pre* 및 *Post* 점수 분석에서, 효과 크기, $d=0.62$가 상당히 크더라도, 0.083의 *p*-값은 $\alpha=0.05$의 유의점에 도달하지 못하였다. 두 가지 유형의 시험 점수 차이에 대한 클리블랜드 점 도표를 조사하면, 대부분 직원의 교육 실시 이후의 시험 점수가 교육 실시 이전 시험 점수보다 높지만, Alisa Jones와 Deborah Downs 직원은 교육 실시 이전 시험에서 더 높은 점수를 획득하여 유의성 결여(lack of significance)를 초래할 가능성이 있는 것을 파악할 수 있다. 더욱이, 10명의 직원 중 5명은 교육 실시 이후의 시험에서 더 높은 점수를 받았으며, 3명은 거의 비슷한 점수를 받았다.

일부 직원의 점수는 향상되고, 다른 직원은 그렇지 못한 이유는 더 조사해 볼 가치가 있을 것이다. 아마도, 0이 아닌 점수들 사이에 평균 차이가 없는 귀무가설이 정확해서, 관찰된 모든 차이는 표본화 잡음(sampling noise)이다. 그러나, 작은 표본 크기, 합리적인 효과 크기, 그리고 중요하지는 않지만, 낮은 *p*-값이 주어지면, 적어도 일부 직원은 교육 프로그램을 이수하도록 귀무가설이 거짓이라는 것은 이치에 맞는다.

6.3 모자이크 플롯 및 연관도

6.3.1 모자이크 플롯

모자이크 플롯(mosaic plot)[9]은 두 개 이상의 범주형 변수로 일반화되는 추가적 이점을 이용해서, 막대 그래프보다 좀 더 정교한 범주형 데이터의 시각화를 제공한다(Hartigan & Kleiner, 1984; Friendly, 1994). 표시되는 범주형 변수의 수에 따라서 점점 더 구성 요소 직사각형으로 분할되는, 정사각형에서 모자이크 플롯을 구축한다. 각 직사각형, 또는 타일의 면적은 해당하는 결합 도수의 크기에 비례한다.

<u>예: 부서(Department)와 성별(Gender).</u> 모자이크 플롯의 구성을 설명하기 위하여, **그림 6.15a**는 직원(employee) 데이터 세트의 단일 범주형 변수, *Dept*에 대한 시각화를 보여준다. 그래프는 정사각형을 각 단면이 *Dept*의 수준에 해당하며, 그 크기는 해당 도수에 비례하는, 수평 단면으로 나눈다. **그림 6.15b**에 두 가지 범주형 변수의 모자이크 플롯은 두 번째 범주형 변수 *Gender*의 두 수준(F와 M)에 해당하는, 정사각형을 통과하는 수직 조각을 보여준다.

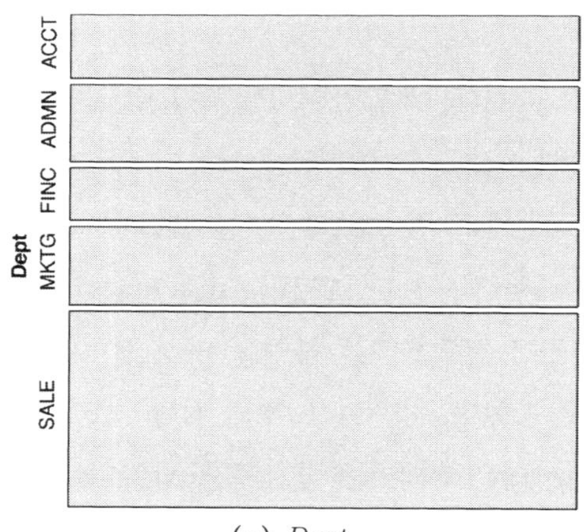

(a) *Dept*

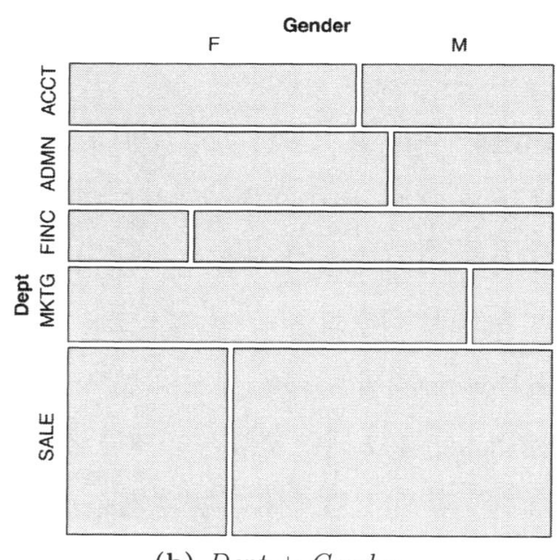

(b) *Dept* + *Gender*

그림 6.15: 단일 범주형 변수와 2-범주형 변수의 모자이크 플롯.

리스트 6.3에 보이듯이, 각 열 내에 비율로 조정된, 변수 *Dept*와 Gender에 대해 **리스트 6.1**의 양

[9] 각 타일의 면적이 해당 그룹의 결합 도수에 비례하는, 인접한 직사각형 타일로 세분된 정사각형 그래프.

방향 교차표로부터 계산된, 100% 누적 2-범주형 변수의 막대 그래프가 **그림 6.8**에 소개되었다. 이 예에서, **그림 6.15**는 **그림 6.8**의 수평 버전의 100% 누적 막대 그래프에 대한 대체 표현을 제시한다. 행으로 표시된 5개의 부서와 열로 표시된 2개의 성별이 존재한다. **그림 6.15**에 예시된 *Gender*를 갖는 *Dept*의 예에 대하여, Sales 부서에 남성 Men의 수는 가장 큰 결합 도수, 10를 가지며, 모자이크 플롯의 오른쪽 아래 구석에 보이는 가장 큰 직사각형에 해당한다.

예를 들어, 이 데이터에 대하여, Sales 영업부서에 10명의 남성이 있고 5명의 여성이 있다. 그래서, **그림 6.15**의 오른쪽 아래 구석에 있는 크기가 가장 큰, Sales 부서의 남성 Men의 결합 빈도를 나타내는 타일은 Sales 부서의 여성 Women의 타일보다 두 배 길이를 갖는다. 면적을 비교할 수 있는 파이 차트처럼, 파이 차트에 대해서는 둘레를 따라 그리고 모자이크 플롯에 대해서는 직사각형 타일의 가장자리를 따라, 길이를 비교하는 것이 더 효과적이다.

범주형 데이터 시각화(Visualize Categorical Data)의 약어, `vcd` 패키지의 `mosaic()` 함수를 이용해서 모자이크 플롯을 생성한다.

R 입력

데이터 : `d <- Read("http://lessRstats.com/data/employee.csv")`

vcd : `mosaic( ~ Dept, data=d)`
vcd : `mosaic( ~ Dept + Gender, data=d)`

예: 타이타닉호의 생존율. 이전 예는 두 개의 범주형 변수에 대한 것이었다. 모자이크 플롯의 이번 예, 타이타닉호 침몰 후의 생존은 세 가지 유형의 범주형 변수, 승객의 등급 *Class*에 따른 생존 여부, *Survival*, 그리고 성별 *Sex*로 일반화하였다.

`mosaic` 함수의 다음 예는 변수 간의 함수 관계, 즉 모델을 지정하기 위한 수단을 제공하는 R 공식(formula)**[10]**을 개발하였다. 모델의 표현식에는 응답 변수(response variable)**[11]**라는 관심 변수, 또는 출력 변수(output variable), 또는 종속 변수(dependent variable)가 포함된다. 모델은 응답 변수를 설명 변수(explanatory variable), 또는 예측 변수(predictor variable)**[12]**라는 하나 이상의 변수와 연관시킨다.

[10] 모델을 명시하는 R 표현식.

[11] 나머지 변수로 설명되는 모델의 변수.

[12] 응답 변수를 예측하거나 설명하는 변수.

*Dept*와 *Gender*의 이전 예는 앞에 나열된 변수가 없는 물결표로 시작하는 함수 호출로 표시되어, 응답 변수를 갖지 않는다. 이처럼 응답 변수가 없다는 것은 분석이 하나의 변수 값을 다른 변수에 관하여 설명하도록 설계되지 않았다는 것을 의미한다. 대신, 동일한 상태의 모든 변수를 이용해서 결합 도수를 분석한다. 응답 변수를 정의하기 위하여 물결표 앞에 변수를 배치한다. 모자이크 플롯의 직사각형은 각 조합의 설명 변수에서 이 응답 변수에 해당하는 도수를 반영한다.

이 예는 1914년 4월 14일 처녀 항해에서 빙산에 부딪혀 북대서양에 가라앉은 대형 여객선, RMS 타이타닉호의 생존자 *Survived*와 승객 등급 *Class* 사이의 관계성에 대한 것이다. 4-방향 교차표 형식의 데이터를, R 세션이 시작될 때 자동으로 메모리로 로드되는, R `datasets` 패키지의 Titanic이라는 데이터 세트로 사용할 수 있다. **표 6.1**은 4가지 범주형 변수 및 관련 수준을 나타낸다.

표 6.1: Titanic 데이터에 대한 범주형 변수와 관련 수준.

번호	**변수 이름**	**수준**
1	Class	1st, 2nd, 3rd, Crew
2	Sex	Male, Female
3	Age	Child, Adult
4	Survived	No, Yes

승객 등급 *Class*가 생존 가능성과 관련이 있는가? 각 승객의 성 *Sex*(예: Gender)와 *Class*와의 관계는 생존율과 관련이 있는가? *Titanic* 교차표 분석으로부터, Titanic 호에 탑승한 470명의 여성 중에서 344명 또는 73.2%가 생존하였다. Titanic 호에 탑승한 1731명의 남성 중에서 367명 또는 21.2%가 생존하였다. 배 밑바닥에 있던 3등석 승객 706명 중에서 178명 또는 25.2%, 그리고 1등석 승객 325명 중에서 203명 또는 62.5%가 생존하였다. **그림 6.16**에 해당 모자이크 플롯은 이런 관계를 시각화한다. 짙은 회색은 생존을 나타내며, 밝은 회색은 그 반대를 표현한다.

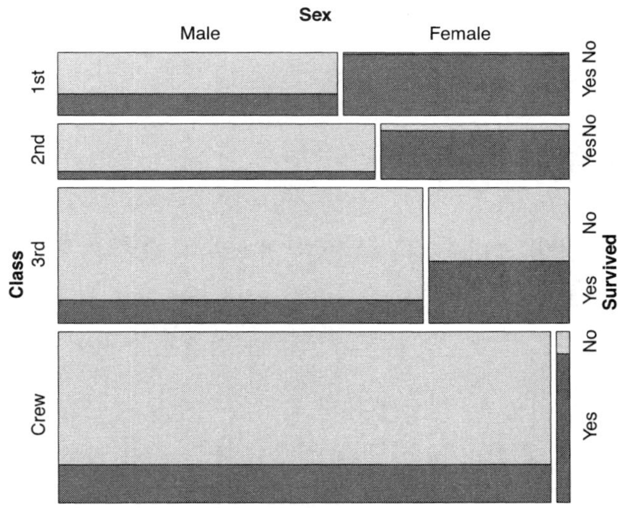

그림 6.16: 두 범주형 변수에 대한 그레이스케일 모자이크 플롯.

시각화를 통해 드러나는 데이터의 한 가지 특성은 3가지 승객 등급에 걸쳐 남성과 여성에 대한 상자의 상단 가장자리의 길이에 따라 달라진다. 비례적으로, 2등석보다 일등석에 있던 더 많은 여성이, 그리고 3등석보다 2등석에 있던 더 많은 여성이 생존하였다. 이런 패턴은 남성에 대하여 마땅이 역전된다. 처음 두 승객 등급, 일등석과 2등석에 있던 거의 모든 여성이 생존했지만, 겨우 절반 이상만 생존한, 3등석으로 여행하는 여성들에게는 그렇지 않다. 여행 등급에 상관없이, 생존한 남성보다 그렇지 못한 남성이 더 많다. 일등석에서 생존하지 못한 남성의 비율이 다른 등급에서보다 적었기 때문에, 1등석을 타고 여행하는 것은 장점이었다. 승무원 중 극히 일부만이 여성이었지만, 훨씬 더 많은 남성 승무원들과 달리 대부분의 여성 승무원은 생존하였다.

다시 한번, `vcd` 패키지의 `mosaic()` 함수를 사용한다. 데이터는 교차-등급표의 형식, 여기서는 *Titanic*이다. *Survived* 변수를 `Class`와 `Sex`에 관해 설명된 응답 변수로 표현한다. 기본적으로, 여기서 색상은 `highlighting_fill` 매개변수를 이용해서 좀 더 어두운 밝은 색과 다소 연한 어두운 색으로 약간 선택적으로 조정된, 아주 짙은 회색과 아주 밝은 회색이다.

R 입력 모자이크 플롯을 이용한 Titanic 생존 분석
데이터 : `Titanic` 4-방향 교차표

```
vcd : mosaic(Survived ~ Class + Sex,
             highlighting_fill=c("gray85","gray45"), data=Titanic)
```

모자이크 플롯은 두 개의 범주형 변수를 초과하는 막대 차트를 일반화하지만, 변수의 수에 상관없이 더 많은 정보를 전달하며, 그 내용은 다음에 설명할 것이다.

6.3.2 독립성과 피어슨 잔차

모자이크 플롯은 해당 막대 그래프보다 더 많은 정보를 제공한다: 구축된 타일에서 얻은 도수와 범주형 변수가 독립적, 즉 관련이 없는 경우에 예상되는 값 사이의 불일치에 대한 시각화. 두 변수가 독립적인 경우, 범주형 변수의 한 수준에서 응답 확률은 다른 변수의 모든 수준에서 동일하다. 달리 말하면, 한 변수에 대한 응답을 알아도 다른 변수의 응답에 대한 정보를 얻지 못한다는 점에서 두 독립 변수[13]는 관련이 없다. 지금 상황에서, 해당 조건부 확률(conditional probability)은 0이다.

예를 들어, 어떤 사람의 키를 안다고 해서 그 사람의 최근 통계 기말고사 점수에 대한 정보를 알 수 없다. 그러나, 어떤 대학생의 키가 크면, 그 사람이 대학 농구를 할 가능성이 증가한다. 여기서 분석된 데이터에 대하여, *Dept*와 *Gender* 사이에 어떤 관계가 존재하는가? 성별 *Gender*이 모든 부서 *Dept*에 균등하게 분포되어 있는가? 또는, 어떤 부서들이 더 높은 남성과 여성의 비율을 가지는 경향이 있는가?

독립성 검정(test of independence)의 귀무가설은 변수들이 독립적, 즉 관련이 없다는 것이다. 모든 추론 검정과 마찬가지로, 검정은 관측 변수, 여기서는 각 셀 또는 무효로 예상되는 값을 가진 교차-등급(cross-classification)의 도수, 즉 관측 값을 비교하는 것에 기반을 두고 있다. 관심 변수 사이의 관계가 주어지지 않은, 셀 i, j에 대한 교차표의 각 셀에 대한 기대 도수(expected frequency)는 얼마인가? 행 i의 합을 n_{+i}으로, j열의 합을 n_{j+}으로, 그리고 모든 관측치의 총합을 n으로 나타내면, 셀에 대한 기대 도수는 다음과 같이 나타낼 수 있다.

$$\text{기대 셀 도수(Expected Cell Frequency)}: e_{i,j} = \frac{(n_{+i})\,(n_{j+})}{n}$$

발생한 도수와 예상되는 도수의 비교는 기대치의 제곱근으로 조정된 두 값의 차이, 피어슨 잔차 (Pearson residual)에 기반을 두고 있다.

[13] 한 변수 값을 알고 있을 때 다른 변수 값과 관련된 정보를 얻지 못한다.

$$\text{피어슨 잔차(Pearson Residual)}: r_{i,j} = \frac{o_{i,j} - e_{i,j}}{\sqrt{e_{i,j}}}$$

피어슨 잔차의 제곱합은 추론 분석이 뒤따르는 카이-제곱 통계량 χ^2이기 때문에, 피어슨 잔차는 조정된다.

그림 6.17의 모자이크 플롯은 관련된 100% 누적 막대 그래프보다 더 많은 정보를 제공한다. 첫 번째로, 그레이스케일 모자이크 플롯의 경우, 예상보다 많은 도수, 즉 양의 잔차를 갖는 타일은 실선으로 둘러싸여 있으며, 예상보다 적은 도수, 즉 음의 잔차를 갖는 타일은 점선으로 둘러싸인다. 그레이스케일로 제한되지 않는다면, 양과 음의 잔차가 충분히 크다면 다른 색으로 표시된다. 또한, 이 잔차의 크기는 해당 범례에 의해 조정된다.

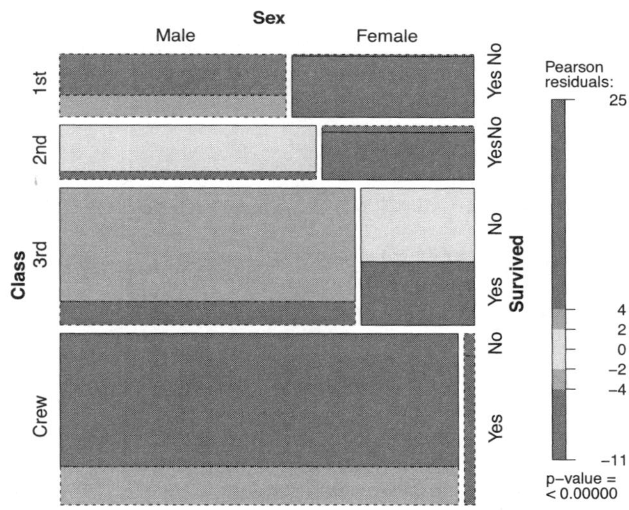

그림 6.17: 잔차-기반 음영 처리된, 타이타닉호의 생존율에 대한 그레이스케일 모자이크 플롯.

그림 6.17에 보이듯이, 모두 1.2∼−1.2 범위에 포함된, 피어슨 잔차는 크지 않다. 이 특별한 2-범주형 변수의 예에는, 짙은 회색빛, 보통 어두운 색조로 표시되는 해당 타일을 보증할 수 있을 만큼 큰 잔차가 없다. 이렇게 큰 잔차가 부족한 것은 0.1879에서 $\alpha=0.05$보다 큰 p-값을 갖는, 해당 카이-제곱 검정의 유의성 결여와 관련된다. 이 데이터의 경우, *Dept*와 *Gender*는 서로 관련된다는 증거는 없기 때문에, 잔차는 무작위 잡음(random noise) 이상으로 해석할 수 없다. 그러나, 이 작은 시연 데이터 세트, $n=36$에 대한 표본 사이즈는 매우 작을 뿐만 아니라,

일부 개별 결합 도수 또한 귀무가설을 검증하기 위한 근거로서 카이-제곱 통계량을 무효화하는, 5 미만이다.

이 분석에 대한 공식을 구현하려면, 물결표 왼쪽에 변수 *Survived*를 배치한다. *Class*와 *Sex*는 설명 변수이다. 생존한 사람 또는 그렇지 못한 사람의 비율에 따라, 결과 모자이크 플롯은 각 셀을 음영 처리한다. 생존한 사람을 표시하기 위해 선택된 중간 정도의 어두운 회색 값의 `"gray40"`과 생존하지 못한 사람을 위해 선택된 옅은 회색의 `"gray85"`를 사용한다. 변수 *Survived*의 값, No와 Yes는 알파벳순으로 배열되었기 때문에, 나열된 첫 번째 색깔은 생존하지 못한 사람에 대한 것이다.

R 입력 피어슨 잔차에 대한 음영이 있는 모자이크 플롯
데이터 : Titanic 4-방향 교차표

```
vcd : mosaic(Survived ~ Class + Sex, data=Titanic,
             gp=shading_hcl(Titanic, c=0, lty=1:2))
```

이전의 피어슨 잔차 분석은 각 셀에 대한 기대 도수가 계산되는, 독립성 모델에서 나온다. 그러나, 분석자가, `expected` 매개변수를 포함하는 `mosaic()` 함수 호출로 입력되는 데이터 구조와 같은 차원과 유형의 특정 모델에 의해 예상되는 도수의 데이터 구조를 제공하는 경우, 어떤 모델도 검정될 수 있다.

6.3.3 연관도

또한 직사각형 집합(타일)으로 구성되는, 연관도는 모자이크 플롯과 관련된다(A. Cohen, 1980; Meyer, Zeileis, & Hornik, 2003). 교차표의 각 셀은 기대 및 관찰 셀 도수에 관해 많은 정보를 전달하는 직사각형으로 표시된다. 직사각형의 높이는 셀의 잔차에 비례한다. 직사각형의 너비는 셀의 기댓값에 비례한다. 그 결과, 상자의 면적은 셀에 대한 기대 및 관찰 도수의 차이에 비례한다.

그림 6.15의 모자이크 플롯에 해당하는 **그림 6.18**에서 연관도(association chart)를 찾는다. 각 행의 타일은 수평선을 중심으로 방향을 잡는다. 선 위의 타일은 양의 잔차를 나타내며, 선 아래 타일은 음의 잔차를 나타낸다. 유의한 카이-제곱 통계량(significant chi-square statistic)이 주어지면, *Survived*와 함께 *Class*와 *Sex* 사이의 관계에 관하여 잔차를 해석한다.

다시, 그레이스케일에 의지하지 않고, 색조가 다르면, 기본적으로 각각 청색과 적색으로, 충분히 큰 양 및 음의 잔차를 구별한다. **그림 6.18**의 수평 기준선은 양의 잔차와 음의 잔차를 구분하지만, 기준선 아래 타일 주변에 점선은 강조하기 위해 남겨 두었다.

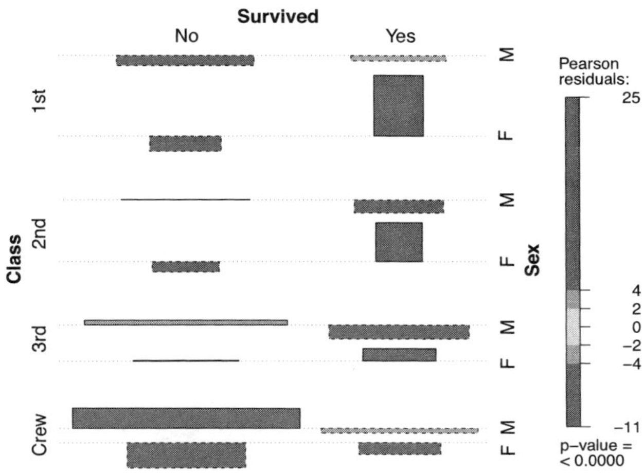

그림 6.18: *Class* 및 *Sex*의 관점에서 생존율에 대한 그레이스케일 연관도.

그림 6.18의 연관도에서 가장 높은 타일은 생존한 1등석의 여성에 대한 것이다. 타일은 양의 잔차를 나타내는 수평 기준선 위에 있으므로, 아무런 관계없는 독립성 모델에 의해 기대되는 것보다 비례적으로 1등석에 있는 여성들이 더 많이 생존하였다. 다음으로 높은 타일은 생존한 2등석의 여성에 대한 큰 양의 피어슨 잔차를 나타낸다.

vcd 패키지의 `assoc()` 함수를 이용해서 연관도를 생성할 때, 그 함수 형식은 같은 패키지에 포함된 `mosaic()` 함수와 동일하므로, 함수 이름만 변경하면 된다.

R 입력 피어슨 잔차에 대해 음영 처리된 모자이크 플롯
데이터 : *Titanic* 4-방향 교차표

```
vcd : assoc(Survived ~ Class + Sex, data=Titanic,
          gp=shading_hcl(Titanic, c=0, lty=1:2))
```

카이-제곱 검정에 따른 범주형 변수들 간의 유의한 관계로부터, 모자이크 플롯과 연관도 모두 전반적인 유의성에 기여할 것 같은, 관계의 구체적인 측면에 관하여 유용한 시각적 정보를 요약한다.

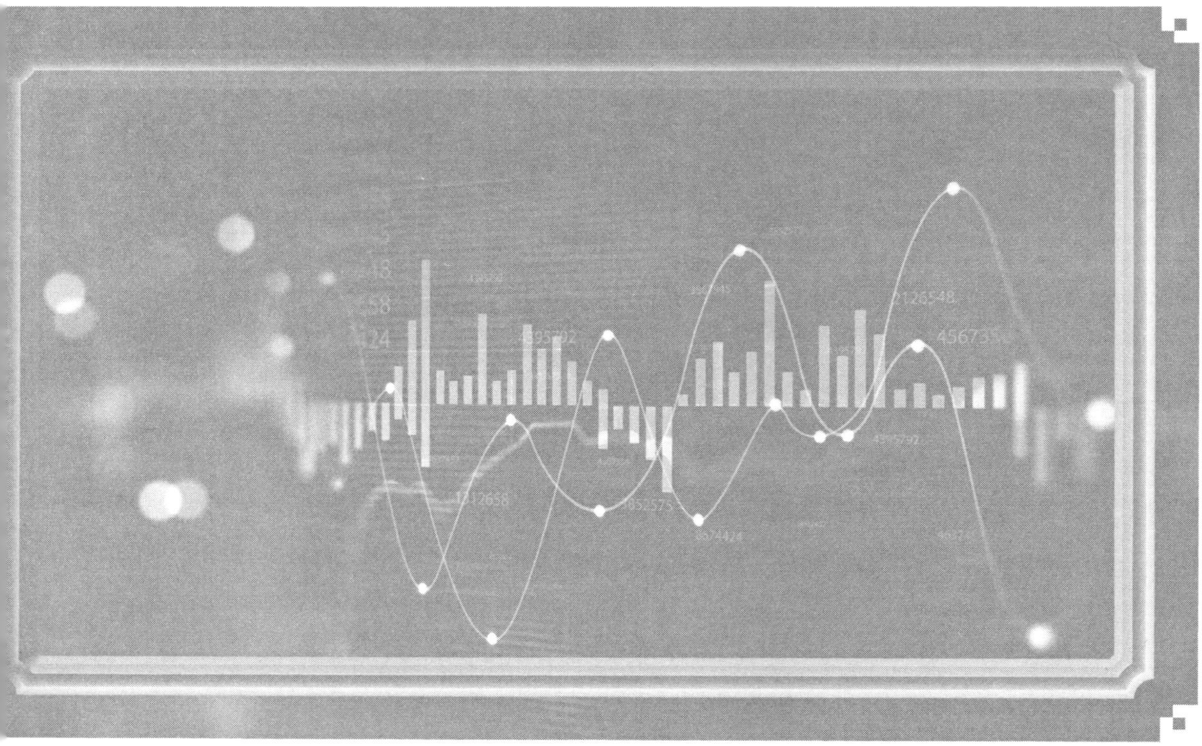

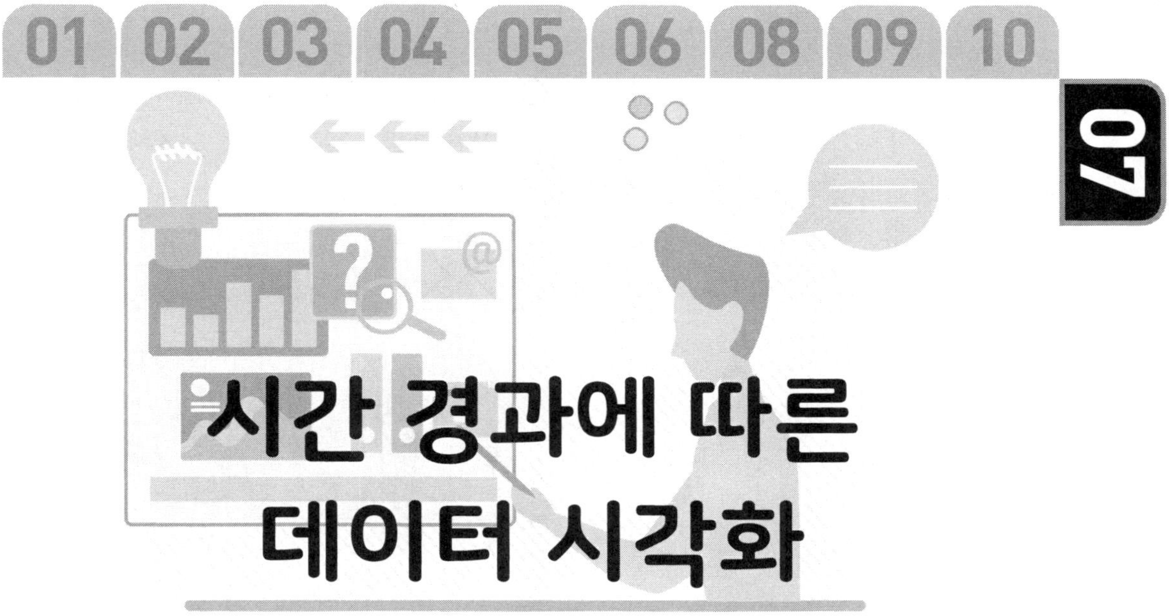

07

시간 경과에 따른 데이터 시각화

공정(process)[1]은 시간이 지남에 따라 출력을 생성한다. 생산 라인에서 각 시리얼 상자를 채우는 단계같이 구체적이고 잘 구성된 공정을 예로 들 수 있다. 보다 일반적이고 복잡한 공정은 신장같은 변수를 포함한 출력을 갖는 태어날 때부터 성인기까지 성장하는 사람을 들 수 있다. 시간 경과에 따른 공정 출력을 시각화하면 공정 출력을 이해하는 데 크게 도움이 될 것이다.

시간-지향 시각화는 변수로서 시간을 포함한다. 하나의 가능성은 달력 날짜 또는 초와 같은, 시간 단위로 시간을 표현한다. 그렇지 않으면, 구체적인 날짜나 시간은 언급하지 않고, 순서대로, 첫 번째, 두 번째 등으로, 시간을 나타낸다. 우선, 공정 출력 분석을 순서대로 고려해보자.

7.1 런 차트와 관리도

7.1.1 런 차트

런 차트(run chart)[2]는 보통 y-축에 수치형 변수를 나타낸다. 주어진 데이터 값에 대하여, x-축의 시간에 따라 해당 서수 위치(ordinal position)를 표시한다. 서수 위치 변수에 대한 전형적인 이름은 *Index*이다.

[1] 주어진 입력으로부터 시간이 지남에 따라 출력을 생성하는 일련의 상호-관련 활동.

[2] 선분으로 연결된 각 쌍의 인접하는 점들이 포함된 순서화 데이터 값의 산점도.

런 차트를 생성하기 위하여, 관심 변수 값을 순차적으로 표시한다. 시리얼 상자를 채우는 조립 라인 공정의 예가 **그림 7.1**에 보인다. 시리얼을 상자 안으로 넣는 기계를 보정하려면, 연속적인 50개의 시리얼 상자의 무게를 그램으로 기록한다. 목표치, 시리얼 상자에 기재된 충전 중량(그램)은 350 그램이다.

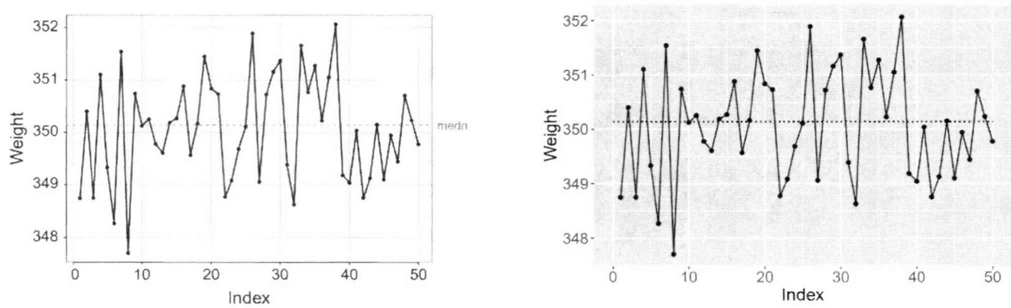

(a) lessR (b) ggplot2

그림 7.1: 런 차트.

모든 데이터가 동일한 모집단에서 표본 추출되었다면, **그림 7.1**에 나와 있는 것과 같이, 데이터 값은 안정적인 공정(stable process)[3]를 나타낸다. 안정적인 공정의 모든 데이터 값은 동일한 기저 평균(underlying mean), 표준 편차, 그리고 다른 통계량을 공유한다. 무작위 표본 추출 변동(random sampling variation) 때문에만 그 값들이 다르다.

품질 관리 문헌에서, 안정적인 공정을 통제되고 있는 계(system in control)라고 한다. 공정 안정성 평가의 주요 의미 중 하나는 정확성을 개선하거나 변동성을 줄이기 위하여 안정적 공정만을 조정해야 한다는 것이다. 그런 이유에서, 안정성 분석은 품질 분야의 중심이다.

런 차트는 진행 중인 공정의 역학에 대한 통찰력을 제공한다. 무작위 표본 추출 변동은 모든 공정 출력에 내재하기 때문에, 런 차트는 안정적인 공정을 나타내는 그런 데이터 값을 포함하는, 이런 무작위적인 변동을 표시한다. 안정적인 공정 출력의 시각화는 중심선 주위에서 편차가 너무 크지 않은 값이 무작위로 변동하는, 수평선에 중심을 둔다.

데이터 값이 안정적인 공정을 나타내지 않는 때는 언제인가? 한 예로서, 기계 가공 공정을 생

[3] 동일한 모집단으로부터 만들어진 모든 공정 출력.

각해 보자.

- 예를 들어, 잘못 정렬된 공구에서 생산된 하나의 가공된 부품과 같이, 또 다른 공정으로부터 단일 값이 표본 추출될 수 있다.
- 어느 순간에, 평균의 급격한 변화가 있을 수 있다. 기계 절단기를 다른 곳으로 이동시킨 다음에 작업을 반복하는 경우, 모든 후속 값들은 처음 일련의 값들을 생성한 공정과 다른 공정에서 표본 추출된 것이다.
- 예를 들어 공작기계가 점진적으로 위치를 변경하는 경우, 평균은 시간이 지남에 따라 끊임없이 변경될 수 있다. 계속 이동하는 공정에서 얻은 모든 데이터 값들은 다른 공정들에서 표본 추출된 것이다.

기저를 이루는 공정의 안정성을 평가하기 위하여, 두 개의 서로 다른 무작위 변동성의 출처를 구별한다. 평균값이 안정된 일련의 모집단 값에 대하여 모든 표본 추출 공정의 고유 표본 추출 오차에서 한 가지 원인이 나온다. 이 변동성 원인은 평균 근처에서 무작위 변동을 초래한다.

의도하지 않게 다른 공정으로부터 표본을 추출하면 또 다른 변동성의 원인이 생겨난다. 다른 공정은 관심 공정과 다른 평균과 표준편차를 갖기 때문에, 런 차트의 해당하는 점들은 일반적으로 관심 공정의 평균 근처에서 무작위로 변동하는 표시된 점들의 패턴을 깨트린다.

다음 일련의 lessR과 ggplot2 코드는 **그림 17.1**의 런 차트를 생성한다.

R 입력 런 차트

데이터 : d <- Read("http://lessRstats.com/data/Cereal.xlsx")

---

lessR : Plot(Weight, run=TRUE, segments=TRUE)

ggplot2 :
```
Index <- 1:length(d$Weight)
md <- median(d$Weight, na.rm=TRUE)
ggplot(d, aes(Index, Weight)) + geom_point() + geom_line() +
   geom_segment(aes(x=0, y=md, xend=length(Weight), yend=md),
                linetype="dotted")
```

lessR 산점도 함수 Plot()는 (수치형 변수에 대한 기본 그래프, VBS 대신) 매개변수 run을 TRUE로 지정해서 런 차트를 표시한다. 기본적으로, Plot()은 중간값 수평 중심선을 추가한다. Plot()은 순차적으로 정렬된 정수 값으로 수평 축 *Index*에 레이블을 붙인다.

ggplot2의 경우, 별도로 *Index* 변수, 1부터 값까지의 정수열을 생성한 다음, 중심선을 위한 중간값을 계산한다. geom_point() 함수를 지정해서 점들을 표시한 다음, geom_line()을 이용해서 연결 선분들을 표시한다. 특정된 시작 및 끝 좌표에서 중심선을 선분으로 표시하는, geom_segment()으로 중심선을 표시한다.

다른 lessR 분석과 마찬가지로, 출력은 시각화를 보완하는 통계 분석을 포함한다. "런 차트(run chart)"라는 이름은 Plot() 함수가 제공하는 런[4] 분석(analysis of run)에서 나온 것이다. **리스트 7.1**은 lessR 런 차트의 기본 출력을 보여준다.

```
n: 50
missing: 0
median: 0.1388874

Total number of runs: 25
Total number of values that do not equal the median: 50
Total number of values ignored that equal the median: 0
```

리스트 7.1: BarChart() 통계 분석 출력.

매개변수 show_runs를 TRUE로 지정해서 전체 버전의 런 분석을 얻는다. **리스트 7.2**에 보이듯이, 1보다 큰 사이즈(size)의 모든 런을 출력한다. 예를 들어, 처음 보고된 런은 Run 5이다. 처음 4개의 데이터 값은 각각 크기가 1인, 런을 의미한다. 즉, 처음 4개 값은 중간값의 한쪽에서 다른 쪽으로 교대로 나타난다.

```
------------
Run Analysis
------------

size=2  Run  5:    5    6
size=2  Run 11:   12   13
size=3  Run 12:   14   15   16
size=4  Run 14:   18   19   20   21
size=4  Run 15:   22   23   24   25
size=3  Run 18:   28   29   30
size=2  Run 19:   31   32
size=6  Run 20:   33   34   35   36   37   38
size=5  Run 21:   39   40   41   42   43
size=3  Run 23:   45   46   47
size=2  Run 24:   48   49
```

리스트 7.2: 사이즈가 2 이상인 모든 런의, 선택적 BarChart() 통계 분석 출력.

[4] 모두 중앙선의 같은 쪽에 놓여 있는 연속 점의 배열.

lessR 런 차트의 몇 가지 기본값을 변경할 수 있다. 기본 값 "median" 대신, center_line 매개변수를 "mean", "zero" 또는 "off"로 지정한다. Plot()를 이용해서 구현된 모든 산점도에서 그랬듯이, 선분만 남겨두는 경우, size를 0으로 지정하면 점들은 표시되지 않는다.

7.1.2 관리도

관리도(control chart)는 런 차트보다 내재된 공정의 불안정성을 탐지하기 위한 더 많은 지침을 제공한다. 개별 데이터 값에 대한 관리도는 런 차트와 같은 시각화로 시작한다. 비정상적인 데이터 값 식별에 도움이 될뿐 아니라, 비정상적인 패턴을 나타내는 런을 탐지하기 위하여, 관리도는 관리 한계선(control limits)이라는 상한 및 하한값을 추가한다.

다양한 유형의 관리도가 존재한다. 이상적으로, 관리도는 각 시점에서 여러 데이터 값, 전형적으로 최소한 5개 또는 6개 값을 표본 추출한다. 관리도는 각 시점에서 데이터 값의 평균, 또는 각 그룹의 표준 편차를 표시한다. 관리도는 예를 들어 비율을 표시하기 위하여, 정성 데이터에도 사용할 수 있다.

여기서는 기본적으로 향상된 런 차트인, 간단한 개별 데이터 값의 관리도를 고려해 보자. **그림 7.2**는 관리도 이전에 파레토 차트(Pareto chart)를 생성하기 위해 사용했던 qcc 패키지, 그리고 ggQC 패키지를 이용해서 구현한 관리도를 나타낸다.

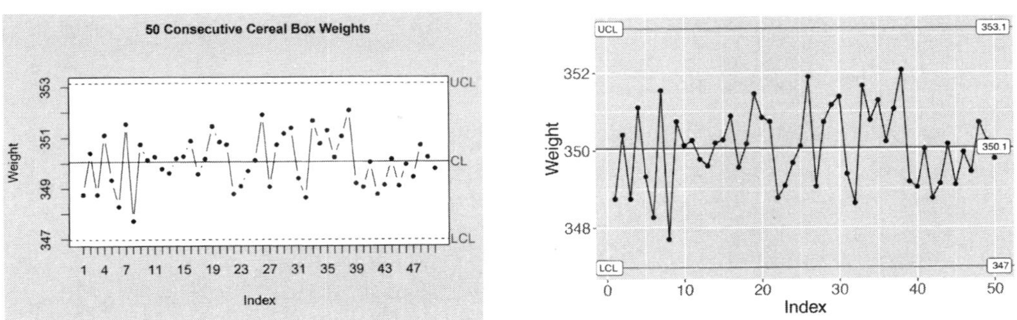

(a) qcc (b) ggQC

그림 7.2: 겉보기에 안정적인 공정의 관리도.

qcc 패키지에서 관리도를 구현할 때 사용하는 함수는, 같은 이름의 qcc이다. 관심 변수, 여기서는 *d* 데이터 프레임 내에 있는, *Weight*를 직접 참조하여 호출한다. 개별 데이터 값을 표시하도록 "xbar.one" 값을 갖는, 매개변수 type는 관리도의 유형을 나타낸다. 기본적으로, 그래프 창은 매개변수 add.stats를 FALSE로 설정하여 비활성화된, 데이터에 관한 다양한 통계를 포함한다. 기본 R 매개변수 xlab을 이용해서 수평 축 레이블을 *Index*로 정의한다.

ggQC 패키지는 ggplot2의 기능성을 확장한다. 이 패키지의 개별 함수들은 ggplot2와 매우 잘 통합되어 있기 때문에, 시각화를 구현하는 첫 단계에서 표준 ggplot()와 aes() 함수를 참조하면 된다. *Index* 변수 값을 명시적으로 생성한다. 그리고, 앞의 예에서 표시한 바와 같이, ggplot2 런 차트를 생성한 다음, 매개변수 method를 "XmR"으로 지정한 stat_QC() 함수를 이용해서 관리 상한 및 하한선을 추가한다. 이 설정은 개별 데이터 값(X)의 그래프를 구별한다. 변동성은 이동 범위(mr)로부터 추정된다. stat_QC_labels() 함수를 이용해서 한계 관리선 및 중심선에 레이블을 붙인다.

R 입력 안정된 공정의 관리도

데이터 : d <- Read("http://lessRstats.com/data/Cereal.xlsx")

```
qcc : qcc(d$Weight, type="xbar.one", add.stats=FALSE, xlab="Index",
    ylab="Weight", title="50 Consecutive Cereal Box Weights")
ggQC : Index <- 1:length(d$Weight)
       ggplot(d, aes(Index, Weight)) + geom_point() + geom_line() +
         stat_QC(method="XmR") + stat_QC_labels(method="XmR")
```

불안정한 공정을 탐지하는 두 가지 유형의 진단 테스트는 중심으로부터의 큰 편차, 그리고 보통 길이가 7 이상의 런 같은, 비정상적인 패턴에 기반한다. **그림 7.3**의 불안정성 패턴은 5번째 값에 대해 상한 한계선을 넘어선, 큰 편차에 기반한 것이다. qcc() 함수는 표시된 편차 점의 크기를 확대하며, 여기서는 회색빛을 띠고 있지만, 기본적으로 점을 빨간색으로 표시한다. 편차 점을 나머지 점들과 같은 크기로 표시하는 것을 제외하고, ggQC에도 동일하게 적용된다.

부적합 데이터 값의 탐지를 예시하기 위하여, Cereal.xlsx 파일의 Weights 데이터에서 5번째 값을 임의로 증가시켰다. 결과는 지금 수정된 데이터 집합에서 구현된 관리도의 급상승(spike)이다.

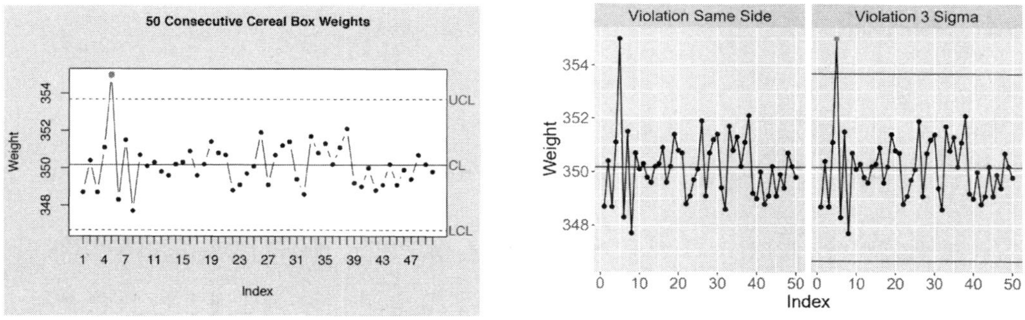

(a) qqc (b) ggQC

그림 7.3: 데이터 값이 다른 모집단으로부터 표본 추출된, 겉보기에 불안정적인 공정의 관리도.

qcc() 함수는 앞선 예에서 변경되지 않은, 기저를 이루는 안정적인 공정의 잠재적 위반을 표시한다. ggQC 패키지는 stat_qc_violations() 함수로 불안정성을 탐지한다. 기본적으로, 각 패널이 잠재적인 불안정성 원인을 분리하는, 4개의 개별 패널이 표시된다. 그러한 가장 중요한 2개의 패널은 qcc()로 인한 동일한 불안정성의 원인, 즉 큰 편차와 일정하지 않은 패턴의 런이다. 이런 테스트만 하려면, 이 두 테스트 결과가 첫 번째 패널과 네 번째 패널에 나타내도록, show.facets 매개변수를 벡터 c(1,4)으로 설정한다. 이 함수는 또한 rule.color 매개변수를 이용해서 관리 한계선 및 중심선의 색상을, 그리고 violation_point.color 매개변수를 이용해서 모든 편차 점의 색상을 사용자 지정한다.

R 입력 불안정한 공정의 관리도

```
데이터 : d <- Read("http://lessRstats.com/data/Cereal.xlsx")
         d[5, "Weight"] <- 355
---
qcc : qcc(d$Weight, type="xbar.one", add.stats=FALSE, xlab="Index",
        ylab="Weight", title="50 Consecutive Cereal Box Weights")
ggQC : Index <- 1:nrow(d)
       d <- data.frame(Index, d$Weight)
       names(d) <- c("Index", "Weight")
       ggplot(d, aes(Index, Weight)) +
         stat_qc_violations(method="XmR", show.facets=c(1,4),
         rule.color="gray20", violation_point.color="gray50")
```

지적한 바와 같이, 다양한 유형의 관리도가 존재한다. qcc()와 매개변수 stat_qc_violations()를 갖는 stat_QC() 모두 이렇게 다양한 응용을 분석할 수 있다.

7.2 시계열

순서에 따라 레이블이 붙고, 발생 순서에 따라 표시된 데이터 값은 런 차트를 낳는다. 시계열의 경우, 각 데이터 값이 생성된 실제 날짜 그리고/또는 시간을 표시한다.

2장(빠르게 데이터 시각화하기)에서 세 가지 다른 형태의 시계열 시각화를 다루었다: 단일 패널에 있는 단일 플롯, 단일 패널에 있는 다중 플롯, 그리고 다중 패널에 있는 다중 플롯. 그런 예에 사용되는 데이터는 깔끔한 데이터, 즉 긴 형식의 데이터로 구성된다. 각 행은 3가지 값을 정의한다: 해당 구간(달), 회사, 그리고 주가. 데이터는 엑셀 데이터 유형으로 포맷된 날짜 변수를 갖는 엑셀 파일에서 읽히기 때문에, R은 자동으로 변수를 R 데이터 유형으로 변환한다.

7.2.1 채워진 영역 시계열

그림 7.4는 곡선 아랫부분을 채우고 주석을 추가해서 **그림 2.10**의 시계열 차트를 확장한다.

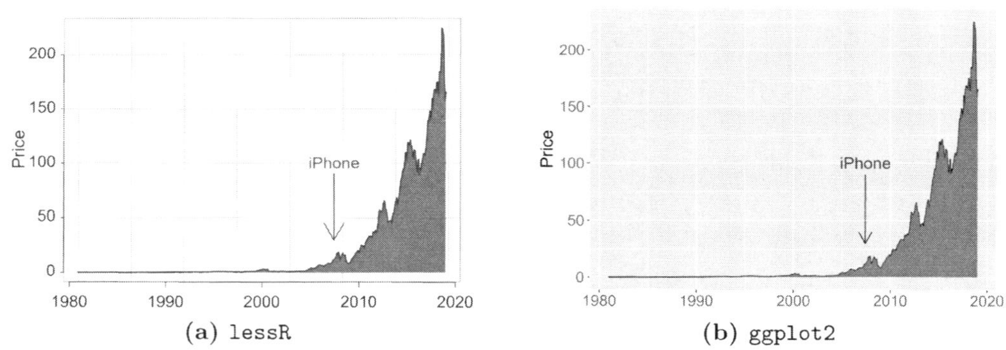

그림 7.4: Apple 주가의 채워진 시계열 차트.

lessR을 이용해서, Date 객체 유형을 산점도에 x-변수로 표시하면, 자동으로 시계열 시각화가 생성된다. Plot()는 각 기간에서 점이 없는 (size=0), 연결 선분을 그린다. lessR의 경우, 영역 채우기를 추가하려면, 현재 색상 테마의 기본 색상을 위해 area 매개변수를 TRUE로 설정한다. 또는 특정 색상으로 설정한다. Apple 데이터만 분석하도록 rows 매개변수를 설정한다.

ggplot2의 경우, geom_line()으로 선 도표(line chart)를 생성한다. 곡선 아래 면적을 채우도록 geom_area() 함수를 추가한다. 선택적으로 fill 매개변수를 "gray50"으로 설정했을 때, **그림 7.4**에 표시되는 약간 밝고 어두운 색이 기본적으로 채워지는 색이다. 이 예에서 Apple에 대해서만 시계열을 표시하였으며, 즉 tidyverse 패키지의 filter() 함수를 이용해서 원본 데이터 프레임 *d*의 행 부분 집합으로 분석을 제한하였다.

R 입력 월별 Apple 주가의 주석이 달린 채워진 시계열

```
데이터 : d <- Read("http://lessRstats.com/data/PPStechLong.xlsx")
       d$date <- as.Date(d$date, format="%Y-%m-%d")
       x <- as.Date("2007-06-01")
```

```
lessR : Plot(date, Price, rows=(Company == "Apple"), fill="on",
          add=c("iPhone", "arrow"), x1=c(x,x), y1=c(100,90), x2=x, y2=30)
ggplot2 : d %>% filter(Company == "Apple") %>%
   ggplot(aes(date, Price)) + geom_line()+ geom_area(fill="gray50") +
     annotate("text", x=x, y=100, label="iPhone", color="gray20") +
     annotate("segment", x=x, xend=x, y=90, yend=30, color="gray20") +
     annotate("segment", x=x, xend=as.Date("2006-10-01"),
        y=30, yend=40, color="gray20") +
     annotate("segment", x=x, xend=as.Date("2008-02-01"),
        y=30, yend=40, color="gray20") +
     theme(axis.title.x=element_blank())
```

lessR의 Plot()에 대하여 매개변수 add, 또는 ggplot2에 대하여 annotate() 함수를 이용해서 그래프에 주석을 단다. 이전에 소개된 일반 산점도는, 주석을 위한 *x*-좌표를 Date 객체 유형으로 표현해서 시계열을 나타낸다.

그림 7.4의 주석은 처음 iPhone이 사용할 수 있게 된 시간을 가리키는, 화살표가 있는 "iPhone" 텍스트 필드로 구성된다. lessR의 경우, 매개변수 add를 위한 벡터로 주석의 각 원소를 나열한다. **표 5.1**에 보이는 것처럼, "rect" 또는 "arrow"처럼 키워드가 아닌 나열된 모든 값은 텍스트 필드로 해석된다. 그리고 **표 5.1**에 지정된 것처럼, add로 지정된 벡터의 요소들이 발생한 순서대로, 객체에 필요한 좌표를 나열한다. 텍스트 필드 "iPhone"을 배치하려면, 하나의 좌표 <x1, y1>이 필요하다. "arrow"을 배치하려면, 두 개의 좌표 <x1, y1> 그리고 <x2, y2>이 필요하다. 예를 들어, y1 벡터의 두 번째 요소는 "arrow"에 대한 y1 값이다. 텍스트 필드는 두 번째 좌표가 필요하지 않으므로, 벡터 대신 단일 요소로 x2와 y2를 지정한다.

ggplot2의 경우, annotate()를 이용해서 텍스트 필드, 선분, 그리고 화살의 촉에 해당하는

두 개의 작은 부분 "segment"를 지정한다. lessR이 x1 및 x2으로 참조하는 항목을 ggplot2에서는 x와 xend로, 그리고 y에 대해서 비슷하게 참조한다. 화살표 끝을 선분으로 표시된, iPhone이 처음 출시된 날짜 양쪽에서 8개월이 차이가 나는 날짜로 지정한다.

7.2.2 누적 다중 시계열

3개의 회사에 대하여 시간 경과에 따른 주가를 비교하기 위하여, 이전에 제시된 **그림 2.11**은 같은 패널에 Apple, IBM, 그리고 Intel 주가에 대한 시계열을 표시한다. **그림 7.5**에 예시된 것처럼, 또 다른 비교에서는 세 개의 그래프를 겹쳐 쌓는다. 이 형식은 각 곡선 아래 해당하는 영역의 크기로 주어진 시간에 주가를 직접 비교하며, 또한 모든 세 회사의 주가 총액을 보여준다.

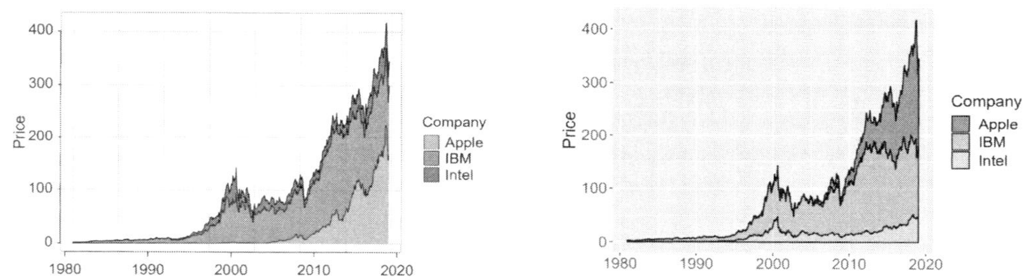

(a) lessR (b) ggplot2

그림 7.5: 누적 시계열 차트.

lessR으로 긴 형식의 데이터 테이블을 분석하는 경우, by 매개변수로 동일한 패널에 다중 시계열을 표시한다. 이 예에서 by 값을 군집 변수, *Company*로 지정한다. 누적 버전의 시각화를 구현하려면, 매개변수 stack를 TRUE로 설정한다. ggplot2의 경우, 동일한 패널에 다중 시계열을 얻기 위하여 매개변수 fill을 aes() 내에 군집 변수로 설정한다. 개별 시계열 도표들을 쌓기 위하여 geom_area()를 동작시킨다.

시간-축, *x*-축에 있는 값의 의미는 따로 설명이 필요 없으므로, lessR은 기본적으로 축 레이블을 생략한다. ggplot2의 경우, theme()의 매개변수 axis.title.x를 재설정한다. scale_fill_grey()으로 그레이스케일로 곡선 아래의 영역을 채운다.

그림 7.5의 두 그래프 모두 선택적 반투명으로 영역을 채웠다. lessR의 경우, trans 매개변

수를 0.4로 지정하였다. ggplot2의 경우, alpha 매개변수를 같은 값으로 지정하였다. lessR에 대하여 모든 후속 분석에 적용되는, style("gray")으로 그레이스케일을 설정하였다. ggplot2의 경우, 매개변수 color을 이용해서 선의 색을 "black"으로 지정하였다. scale_fill_grey()으로 채움 영역을 회색 색조로 설정하였다.

R 입력 누적 시계열 차트

데이터 :
```
d <- Read("http://lessRstats.com/data/PPStechLong.csv")
d$date <- as.Date(d$date, format="%m/%d/%Y")
```

lessR :
```
Plot(date, Price, by=Company, stack=TRUE, trans=0.4)
```

ggplot2 :
```
ggplot(d, aes(date, Price, fill=Company)) +
    geom_area(color="black", alpha=0.4) +
    theme(axis.title.x=element_blank()) +
    scale_fill_grey(start=0.1, end=0.7)
```

레이어를 쌓는 순서는 데이터 프레임에 나열된 회사 순이다: Apple. IBM, 그리고 Intel. lessR과 ggplot2는 임의로 서로 반대 순서로 쌓는다. **그림 7.5a**는 맨 위에 Intel을 나열했으며, **그림 7.5b**는 맨 아래에 Intel을 나열하였다.

그림 7.6은 Intel, Apple, 그리고 IBM의 누적 순서를 보여준다. 순서를 사용자 지정하려면, character 유형을 factor 유형으로 변환한다. factor 유형으로 변수를 변환하는 경우, 원하는 순서로 수준을 명시한다. 기본 R order() 함수로 새로운 순서의 데이터 행을 지정해서 재배열한다. 이 함수를 대괄호로 표시된, 기본 R의 부분 집합 함수(subsetting function) 내에 포함시킨다.

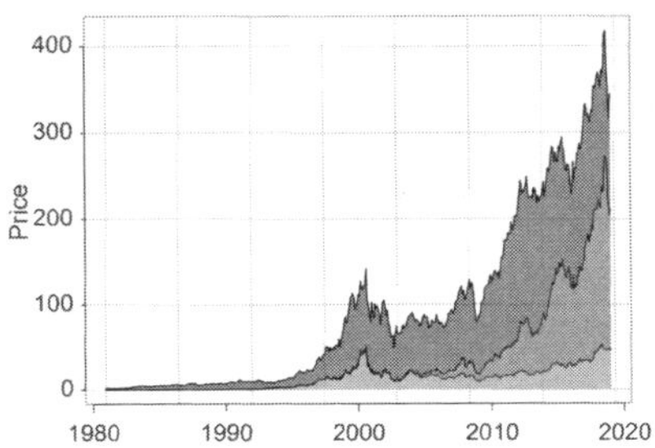

(a) lessR

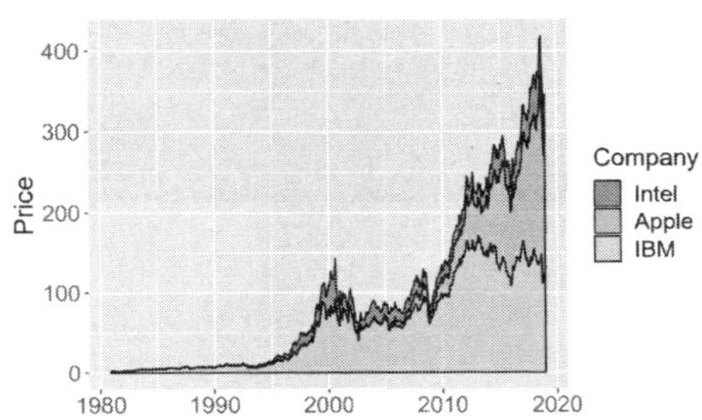

(b) ggplot2

그림 7.6: 누적 시계열 차트.

R 입력 긴-형식 데이터 프레임 d를 재배열해서 누적 순서를 재배열

데이터 :
```
d <- Read("http://lessRstats.com/data/PPStechWide.csv")
d$Company <- factor(d$Company, levels=c("Intel", "Apple", "IBM"))
d <- d[order(d$Company), ]
```

앞선 예와 동일한 lessR과 ggplot2 코드를 이용해서 누적 시계열 시각화를 구현하였다.

7.2.3 포맷된 다중 패널 시계열

ggplot2에서 지적한 대로, **그림 2.12**는 다중-패널 시계열 차트, 트렐리스 플롯, 또는 부분도를 보여준다. **그림 7.7**은 같은 데이터를 표현하지만, 검은색 배경으로 포맷되었다.

이런 포맷을 구현하기 위해, lessR는 style() 함수 호출의 일부분으로 매개변수 sub_theme()을 사용하였다. 또 다른 버전의 그레이스케일을 얻기 위하여, "gray"로 설정된 theme과 함께, sub_theme를 "black"으로 설정한다. sub_theme은 다양한 텍스트 레이블에 대한 밝은 회색 글꼴 색처럼, 검은 배경과 일치하는 시각화의 많은 속성을 재설정한다. 표시된 각 시계열 그래프 선 아래의 영역을 투명하게 채우는 옵션도 추가된다. n_col을 1로 설정하면, 기본 행 방향 대신 단일 열에 패널을 쌓는다.

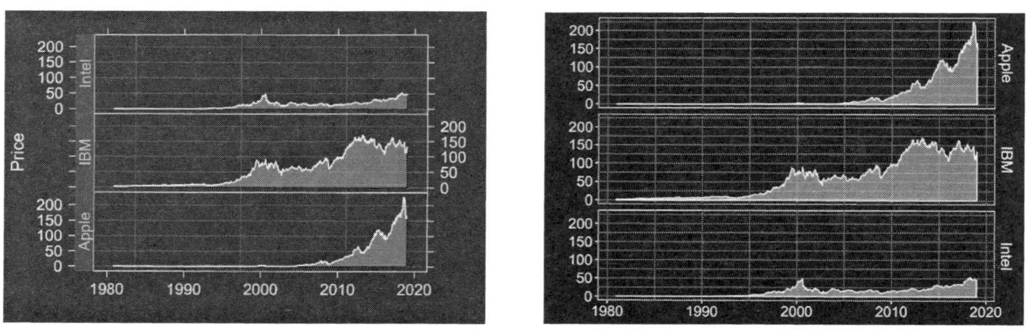

(a) lessR (b) ggplot2

그림 7.7: 포맷된 트렐리스(부분도) 시계열 차트.

ggplot2의 theme() 함수는 시각화의 개별 속성을 사용자 지정한다. get_theme()를 이용해서 전체 목록을 얻으며, 이 중 일부는 다음 코드에서 설정된다.

R 입력 포맷된 트렐리스(부분도) 시계열

데이터 :
```
d <- Read("http://lessRstats.com/data/PPStechLong.csv")
d$date <- as.Date(d$date, format="%m/%d/%Y")
```

lessR :
```
style("gray", sub_theme="black", trans=.4)
Plot(date, Price, by1=Company, fill="on")
```
ggplot2 :
```
ggplot(d, aes(date, Price)) +
  geom_area(fill="gray60", color="gray90", alpha=0.7) +
  facet_grid(rows=vars(Company)) +
  theme(plot.background = element_rect(fill="black"),
    panel.background = element_rect(fill="black", color="gray90"),
    panel.grid.minor = element_line(size=.5, color="gray25"),
    panel.grid.major = element_line(size=.5, color="gray25"),
    axis.text = element_text(color="gray90"),
    axis.ticks = element_line(color="gray90"),
    strip.background = element_rect(fill="black"),
    strip.text = element_text(color="gray90"),
    axis.title.x = element_blank())
```

`style()` 함수를 이용할 때, 매개변수 `sub_theme`는 포맷을 단순화하지만, 개별 속성은 사용자 지정할 수 있는 상태로 유지된다. 매개변수 `show`를 `TRUE`로 설정한 `style()` 함수를 이용해서 전체 `lessR` 속성 목록을 얻는다. 여기서 시각화는 그레이스케일에 제한되지만, 다른 맥락에서, 채우기 영역 색상, 반투명, 선 색상, 그리고 배경과 격자 색상의 어떤 조합이든 선택한다.

위 코드를 다음과 같이 수정하면, *Wall Street Journal* 시각화 스타일과 매우 유사한, 트렐리스 시계열 플롯을 생성할 수 있다. 스타일은 흰 글씨가 새겨져 있는 검은 바탕에 밝은 파란색 선 색상을 갖는 반투명한 파란색 영역 채우기로 구성된다.

시계열에서 반투명한 파란색으로 영역을 채우기 위해 수정된 코드

lessR :
```
style(...  color="steelblue2", area.fill="steelblue3")
```
ggplot2 :
```
...  geom_area(color="steelblue2", fill="steelblue3", alpha=0.7)
```

회색 대신 파란색으로 음영 처리된 **그림 7.7**을 얻으려면, `lessR`에 대하여, `style()` 함수 호출 시 `sub_theme`와 `trans` 매개변수로 명시된 것처럼, `color`와 `area.fill` 매개변수를 추가한다. 또한, `style()` 함수로 색상 테마를 변경하면, 선택된 색상 테마에 따라 시계열 차트의 선과 채움색이 변경된다. `ggplot2`의 경우, `geom_area()` 함수의 `color`와 `fill` 매개변수 값을 변경

한다.

7.2.4 날짜 변수를 위한 데이터 준비

텍스트 또는 엑셀 데이터 파일에 저장된 바와 같이 문자열에서 날짜를 읽은 다음, Date 유형의 변수로 변환시킬 수 있다. 엑셀 데이터 유형으로 날짜를 나타내는 엑셀 파일에서 날짜를 읽을 수도 있다. 다음에 이 두 가지 가능성을 논의할 것이다.

문자열을 날짜 변수로 변환

날짜로 시계열을 생성하려면, 날짜를 Date 유형의 변수로 지정한다. 엑셀과 R은 날짜 값의 의미에 따라 입력된 변수를 제공한다. lessR과 tidyverse 패키지가 각각 Read()와 read_csv() 함수를 이용해서 날짜 필드를 갖는 엑셀 파일을 데이터 프레임으로 읽으면, 자동으로 R 날짜 변수로 변환된다.

그러나, 텍스트 파일은 모든 정보를 문자열로 저장한다. 읽기 함수는 자동으로 텍스트 파일에 저장된 문자열로부터 얻은 수치형 데이터 값을 데이터 프레임 내로 저장되는 수치형 변수로 변환한다. 그러나, R은 날짜를 문자열로 읽을 때 Date 유형처럼, 자동으로 날짜 변수의 유형으로 변환하지 않는다. 대신, 기본적으로. R은 character 유형의 객체로서 문자열을 데이터 프레임으로 읽는다.

데이터 프레임으로 문자열로 읽은 날짜를 어떻게 Date 같은 R 날짜 유형의 객체로 변환하는가? 기본 R 함수 as.Date()[5]를 구동시킨다. 날짜는 다양한 형식으로 표현되어 복잡하다. 예를 들어, 2015년 9월 1일을 "September, 1, 2015", "9/1/2015", 또는 "1-9-15"으로 나타낸다. as.Date() 함수 사용의 비결은 포맷 코드를 이용해서 각 부분의 날짜 문자열(연, 월, 그리고 일)을 정의하는, format 매개변수이다.

각 코드는 % 기호로 시작한다. 코드 %Y는 네 자리 연도를 구별한다. 두 자릿수로 표현된 연도는 %y으로 구별한다. 1에서 12까지의 숫자로 나열된 월을 구별하려면, %m을 사용한다. 알파벳으로 철자를 모두 붙인 월은 %B으로, 알파벳으로 철자를 줄여 쓴 월은 %b으로 구별한다. 월의

[5] R에게 읽을 변수의 클래스를 알려주는, 읽기 명령문에서 colClasses 매개변수로 읽힐 때 데이터 값을 변환시키는 또 다른 방법.

일은 %d으로 구별한다. 하이픈, 슬래시, 공백 또는 쉼표같은, 문자열에 포함된 모든 분리 기호를 데이터 값에서 발견된 동일한 위치의 format 매개변수 표현에 포함시킨다.

R은 기본 날짜 포맷, ISO 8601 국제 표준을 갖는다: 네 자리 연도, 하이픈, 두 자리 월, 하이픈, 그리고 두 자리 일. 예를 들어, 이 표준으로 2015년 9월 1일을 "2015-09-01"으로 표현한다. 이 포맷으로 문자열로, 또는 하이픈 대신 슬래시로 표현된 날짜는 as.Date() 함수 호출시 명시적 형식 매개변수가 필요하지 않다. 문자열에 삽입된 기타 모든 날짜 표시를 R 날짜 유형으로 변환하려면 R의 format 매개변수가 필요하다.

리스트 7.3은 다양한 문자열로 표현된 날짜를 나타내며, 모든 표현은 같은 날짜, "2015-09-01"을 출력한다.

R 입력 다른 문자열을 같은 날짜 "2015-09-01"로 변환시키는 as.Date() 함수 호출

```
as.Date("2015-09-01")
as.Date("2015-09-01", format="%Y-%m-%d")
as.Date("2015/9/1")
as.Date("2015.09.01", format="%Y.%m.%d")
as.Date("09/01/2015", format="%m/%d/%Y")
as.Date("9/1/15", format="%m/%d/%y")
as.Date("September 1, 2015", format="%B %d, %Y")
as.Date("Sep 1, 2015", format="%b %d, %Y")
as.Date("20150901", format="%Y%m%d")
```

리스트 7.3: 적절한 format 매개변수가 주어진 as.Date() 함수 호출로 "2015-09-01"으로 해독된 문자열의 대체 날짜 표현식.

Read() 함수를 이용해서 웹 파일 PPStechLong.csv의 데이터를 **리스트 7.4**의 출력을 보여주는, 데이터 프레임 *d*로 읽는다.

```
> d <- Read(http://lessRstats.com/data/PPStechLong.csv)

   Variable                   Missing  Unique
       Name      Type  Values  Values  Values   First and last values
------------------------------------------------------------------------
 1      date character   1374       0     458   12/1/1980  1/1/1981 ...
 2   Company character   1374       0       3   Apple  Apple ... Intel
 3     Price    double   1374       0    1259   0.027  0.023 ... 46.634
------------------------------------------------------------------------
```

리스트 7.4: Read() 함수 출력.

리스트 7.4의 Read() 함수 출력은 날짜를 character 유형으로 읽었다는 것을 나타낸다. 12/1/1980처럼, Read() 함수가 제공하는 표본 값은 슬래시로 구분된 월의 수, 일의 수, 그리고 네 자리 연도로 지정된 형식의 날짜를 보여준다. 이 정보로부터, **리스트 7.5**에 보이는 것처럼, Date 유형으로 변환시킨다. 기본 데이터 프레임 *d*, 그리고 데이터 프레임을 문서화하기 위하여 Read()가 의존하는 동일한 함수, 요약 버전의 약어 db() 함수를 이용해서 lessR 함수 details()를 동작시킨다.

```
> d$date <- as.Date(d$date, format="%m/%d/%Y")
> db()

   Variable                   Missing  Unique
       Name      Type  Values  Values  Values   First and last values
---------------------------------------------------------------------------
 1     date      Date    1374       0     458   1980-12-01 ... 2019-01-01
 2  Company character    1374       0       3   Apple  Apple ... Intel
 3    Price    double    1374       0    1259   0.027  0.023 ... 46.634
---------------------------------------------------------------------------
```

리스트 7.5: 올바르게 Date 유형으로 변환된 날짜 변수.

리스트 7.5에 보이는 것처럼, 일단 as.Date()를 이용해서 변환되면, 날짜는 각각 하이픈으로 구분된 네 자리 연도, 두 자리 월, 그리고 두 자리 일의 R 기본 ISO 표준을 따른다.

엑셀 날짜 유형을 직접 Date 객체로 읽기

R과 엑셀 모두 임의로 정한 기원(origin)으로부터 순차적으로 번호가 매겨진, 일련번호(serial numbers)[6]로 부르는, 정수처럼 내부적으로 날짜 유형으로 데이터 값을 저장한다. R은 일변 번호 1에 해당하는, **"1970-01-01"**을 기원으로 사용한다. 2011년 이후 Windows 엑셀과 Macintosh 엑셀은 기원을 **"1900-01-01"**으로 통일하였다. Macintosh 엑셀 2011과 그 이전 버전은 **"1904-01-01"**을 기원으로 사용한다.

2011년 이전의 Macintosh 엑셀에서 파일을 읽을 때, 날짜가 올바르게 읽혔는지 확인하는 것이 가장 좋다. 또는 엑셀 날짜 필드를 텍스트 필드로 변환한 다음, as.Date()를 이용해서 명확하게 날짜로 변환한다. 엑셀에서 텍스트 필드로 변환하려면, 날짜 필드 열을 선택하고, "Data" 메뉴에서 "Text to Columns"을 선택한 다음, 이어서 나타나는 세 번째 윈도우 창에서

[6] 기원, 시작일로부터의 일수로 날짜를 표현하는 정수.

Text를 선택한다.

R의 as.Date()도 일련 번호를 Date 유형으로 변환한다. 변환하려면, 일변 번호를 정수로 제공한 다음, 해당하는 기원을 지정한다. **리스트 7.6**은 엑셀 기원과 R 기원에 대한 이런 전환을 보여준다.

R 입력 각각 "2015-09-01"를 출력하는 다른 정수(일련 번호)
```
as.Date(42246, origin="1900-01-01")
as.Date(16676, origin="1970-01-01")
```

리스트 7.6: as.Date() 함수 호출로 적절한 기원을 갖는 "2015-09-01"으로 해독된 날짜를 정수로 나타내는 대체 표현식.

넓은-형식과 긴-형식 데이터 테이블

데이터 분석은 잘 구성된 직사각형 데이터 테이블로 시작한다. 시계열에 적용된 것처럼, 2장, **그림 2.9**의 데이터 테이블 예는 Apple, IBM, 그리고 Intel의 월별 주가를 보여준다. 그런 데이터 테이블에서 데이터의 각 행은 주어진 날짜에 특정 회사의 주당 단가에 해당한다. 결과 데이터 테이블은 너비가 세 개의 열뿐이며, 길이는 1374개의 행을 가지며, 각 세 회사의 458개 월별 주가를 나타낸다. 데이터 테이블의 이 구성을 설명하는 이름은 정돈된 데이터(tidy data)라고도 하는 긴-형식(long-form)이다(Wickham, 2014).

넓은-형식의 데이터 테이블. **리스트 7.7**에 보이는 것처럼, 상호 보완적 데이터 테이블 구성, 넓은-형식(wide-form)은 각 행의 데이터를 날짜 다음에 세 회사 각각의 주가를 나타낸다.

```
> d[1:4,]
        date Apple   IBM Intel
1 1980-12-01 0.027 2.051 0.212
2 1981-01-01 0.023 1.945 0.196
3 1981-02-01 0.021 1.941 0.185
4 1981-03-01 0.020 1.910 0.191
```

리스트 7.7: **그림 2.9**의 긴-형식에 해당하는 대체 넓은-형식 데이터 테이블 d의 처음 4개 행.

긴-형식으로 명시적인, 변수 Company는 각 회사(Apple, IBM, 그리고 Intel)의 주가마다 하나씩, 세 개의 개별 벡터로 표시된다. 세 가지 측정 각각은 다른 관측을 나타내기 때문에, 넓은-형식 데이터는 정돈된 데이터가 아니다.

모든 ggplot2 함수는 긴-형식 데이터 테이블만 허용한다. 시계열 분석에 대해 특별히 설계된 R 데이터 객체, ts 함수뿐 아니라, lessR은 시계열 분석에 대한 긴-형식 그리고 넓은-형식 데이터 구조 모두에 적합하다.

다중 시계열을 표시하려면, 넓은-형식 데이터의 lessR 분석은 각 열의 데이터마다 하나씩, 열 이름 벡터가 필요하다. 다음 코드는 **그림 2.9**의 긴-형식에서와 같은 다중 시계열 그래프를 생성한다.

> **R 입력** 넓은-형식 데이터 테이블에서 얻은 **그림 2.9**의 시계열 시각화
> *데이터* : d <- Read("http://lessRstats.com/data/PPStechWide.xlsx")
>
> *lessR* : Plot(date, c(Apple, IBM, Intel))

<u>**넓은-형식 데이터 테이블을 긴-형식 데이터 테이블로 변환**</u>. ggplot2에서 데이터가 긴-형식으로 수신되면, 긴-형식으로 변환이 필요하다. **리스트 7.7**을 **그림 2.9**의 긴-형식 버전으로 변환한다.

데이터 테이블을 긴-형식에서 넓은-형식으로 변환하는 가장 간단한 방법은 tidyr 패키지의 pivot_longer() 함수를 이용하는 것이다(Wickham & Henry, 2019). 넓은-형식의 데이터에서 열들을 정의해서 단일 열로 모은다. 여기서는 회사 Apple, IBM, 그리고 Intel를 *Company* 라는 이름의 단일 변수로 모은다. 매개변수 names_to를 이용해서 생성된 긴-형식 테이블에 새 변수의 이름을 지정하며, values_to()를 이용해서 날짜 마다 각 회사와 관련된 해당 값을 지정한다. 변수 앞에 마이너스 부호를 붙여 수집되는 단일 열에 포함되지 않도록 하거나, 수집할 변수들을 나열한다. 이 예는 *-date*를 지정했지만, 그 표현(-data)은 데이터를 수집할 열, 나머지 변수 목록 *Apple:Intel*으로 대체될 수 있다.

> **R 입력** 데이터 테이블을 긴-형식에서 넓은-형식으로 변환
> *데이터* : d <- Read("http://lessRstats.com/data/PPStechWide.xlsx")
>
> *tidyr* : dl <- pivot_longer(d, -date, names_to="Company",
> values_to="Price")

넓은-형식 데이터 테이블에 pivot_longer()를 이용해서 새로 생성된 군집 변수 Company는 3가지 값을 갖는다: Apple, IBM, 그리고 Intel. 결과 데이터 프레임은 tidyverse 티블(tibble) 형식이다. 결과적으로, 데이터 프레임 유형은 변수가 팩터형 유형이 될 수 있다는 단점이 있

어서, as.tibble을 적용하면 입력의 유형이 변경되지 않아서 문자형 변수를 다루기 수월하다.

```
> dl[1:4,]
# A tibble: 4 x 3
  date       Company Price
  <date>     <chr>   <dbl>
1 1980-12-01 Apple   0.027
2 1980-12-01 IBM     2.05
3 1980-12-01 Intel   0.212
4 1981-01-01 Apple   0.023
```

리스트 7.8: **리스트** 7.7의 넓은-형식에 해당하는 긴-형식 데이터 프레임 버전 d의 처음 4개 행.

얻은 긴-형식의 데이터 프레임, *dl*이 있으면, 데이터는 시각화를 위해 ggplot2 함수로 입력될 준비가 된 것이다. 표준 R 데이터 프레임이 선호되는 경우, data.frame() 함수를 pivot_longer()에서 얻은 티블 출력에 적용한다.

7.3 예측

널리 알려진 R 예측 패키지는 시계열 분석을 위한 forecast 패키지[7]이다(Hyndman & Khandakar, 2008). 온라인 교과서(Hyndman & Athanasopoulos, 2018)에서 더 많은 정보를 찾아본다. forecast 패키지를 이용한 예측은 시계열 데이터를 위해 특별히 생성된 데이터 저장소, 시계열 또는 ts라는 R 객체 유형으로부터 시작한다.

7.3.1 시계열 객체

클래스 ts의 시계열 데이터 객체는 일련의 수치 측정과 해당 날짜를 짝짓는다. 데이터 테이블에서 읽은 변수 값에서 날짜를 지정하는 대신, ts 함수를 이용해서 시계열 데이터 객체를 생성할 때 날짜를 지정한다. 가장 오래된 날짜에서 가장 최근 날짜로 정렬된 데이터를 이용해서 시계열 데이터 객체를 생성한다. 일변량 시계열 데이터 객체를 생성하려면, 즉, 단일 변수에 대하여, **리스트** 7.7의 열에 표시된 주가 데이터에서처럼, ts() 함수를 넓은-형식 데이터

[7] forecast 패키지는 계속 유지되지만, 궁극적으로 그 후계자, tidyverse에 기초한 fable로 대체되도록 설계되었다 (O'Hara-Wild, 2019).

테이블의 단일 열에서 얻은 시간 순서 값에 적용한다. 또는, **그림 2.9**에 표시된 것처럼, 긴-형식 데이터 테이블의 경우, `ts()` 함수를 원하는 수준의 군집 변수, 여기서는 *Company*에 적용한다.

R 입력 일변수 시계열 데이터 객체, Apple.ts, 생성 및 **그림 2.10** 구현

데이터 : `d <- Read("http://lessRstats.com/data/PPStechWide.xlsx")`
`Apple.ts <- ts(d$Apple, frequency=12, start=c(1980, 12))`

lessR : `Plot(Apple.ts)`
forecast : `autoplot(Apple.ts)`

이 예에서, `ts()` 함수는 넓은-형식의 *d* 데이터 프레임에서 Apple 이름의 열로부터 Apple 주가에 대한 시계열 데이터 객체를 생성한다. `frequency` 매개변수는 계절 패턴이 반복되기 전에 시점 수(number of time points)를 나타낸다. 이 예에서, 데이터는 월별이다. 월별 데이터는 1부터 12까지 다양하고 반복되므로, `frequency`는 12가 된다. 1년에 한 번만 수집된 데이터의 `frequency`는 기본값 1이 된다. 분기별 데이터는 4의 `frequency`를 가지며, 주별 데이터는 52의 `frequency`를 갖는다. 시간별로 수집된 데이터의 `frequency`는 패턴이 반복되는 시기에 따라 다르다. 시간이 일별로 반복되면, `frequency`는 24이다.

`start` 매개변수를 이용해서 첫 번째 관측이 시작되는 시간 값을 2개의 값으로 구성된 벡터로 나타낸다. 시점 수(frequency)가 평가되는 시한, 여기서는 시작 연도, 그리고 해당 년도 내 간격 번호, 여기서는 12번째 달을 지정한다. 데이터 세트의 첫 번째 관측은 1980년 12월이다. 이 정보를 고려하면, 데이터 파일의 실제 날짜는 필요하지 않으며, 시계열 객체와 관련된 작업에서 참조되지 않는다.

`lessR`의 경우, `Plot()`으로 직접 시계열 데이터 객체 `ts`를 표시한다. ggplot2는 긴-형식 데이터 테이블만 받아들이지만, 대신 `ts` 객체와 같은 데이터 구조에 적응하는, `autoplot()` 함수를 제공하며, 그 결과를 **그림 2.10**에서 확인할 수 있다.

일변량 시계열 데이터 객체는 다변량 시계열로 일반화되었다. 여기서는, 넓은-형식 데이터 테이블로 시작해서, 3개의 주가 열을 선택한 다음, 기본 R의 `as.matrix()` 함수를 이용해서 R의 행렬 객체로 변환한다. `ts()` 함수를 결과 행렬에 적용한다.

R 입력 다변수 시계열 데이터 객체, a.ts, 생성 및 **그림 2.11** 구현

데이터 :
```
d <- Read("http://lessRstats.com/data/PPStechWide.xlsx")
a <- as.matrix(d[,c("Apple","IBM","Intel")], nrow=nrow(d), ncol=3)
a.ts <- ts(a, frequency=12, start=c(1980, 12))
```

lessR : `Plot(a.ts)`
forecast : `autoplot(a.ts)`

결과는 lessR과 ggplot2에 대하여 같은 패널에 3개의 시계열을 나타낸, **그림 2.11**의 시각화와 동일하다.

7.3.2 계절/추세/순환 패턴 분해

데이터 분석의 대부분은 어디서나 볼 수 있는 표본 추출의 불안정성으로 인해 흐려진 패턴을 찾는 과정이다. 동전을 열 번 뒤집으면 앞면이 여섯 번 나온다. 똑같은 동전을 열 번 더 뒤집으면 앞면이 네 번 나올 수도 있다. 기저를 이루는 안정성과 패턴이 있다. 동전은 공정하기 때문에 앞면이 나올 확률은 0.5이다. 그러나, 동전이 공정하더라도, 많은 표본이 없다면, 정확하게 이런 확률을 알기는 어렵다.

이러한 기본 개념은 또한 시계열 데이터 예측에도 적용된다. 기저를 이루는 구조를 파악한 다음, 이 패턴을 미래로 확장해서 예측을 수행한다. 시계열의 기저를 이루는 구조는 무엇인가? **표 7.1**에 보이는 3가지 패턴의 구조적 성분을 고려해 보자.

표 7.1: 변수 Y의 시계열에 대한 3가지 패턴의 구조적 성분.

패턴	설명
추세(trend)	Y의 장기간에 걸쳐, 일반적이며 점진적인 증가 또는 감소
계절(season)	Y의 규칙적이며, 비교적 단기간에 반복적으로 상승 및 하강하는 변동
순환(cycle)	Y의 장기간에 걸쳐, 점진적인 상승 및 하강할 가능성이 있는 불규칙한 변동

보통 약간의 사소한 변동에도 불구하고, 표본 추출 오차 때문에 반대 방향으로 일시적으로 하강하더라도, 시계열의 길이에 따라 지속적인 증가 또는 감소를 특징으로 하는, 추세 패턴은 선형 또는 비선형일 수 있다. 많은 비즈니스 및 경제 데이터의 경우, 봄, 여름, 가을, 그리고

겨울의 사계절과 같이 계절 성분을 분기별로 측정한다. 보통 10년의 다년간 주기로 순환 성분을 측정하며, 따라서 단기간에 걸친 시계열 분석에는 나타나지 않는다. 이런 성분은 추세선 양쪽에서 광범위한 변동을 보이지만, 반드시 대칭일 필요는 없다.

2013년부터 2018년까지 분기별로 어떤 제품의 소매점에서 판매 단위의 시계열을 생각해 보자. **그림 7.8**은 `ts()` 객체 형식으로 시계열 데이터를 보여준다. **그림 7.9**에서 시계열은 증가하는 추세와 계절성을 보여준다.

```
> Sales.ts
       Qtr1   Qtr2   Qtr3   Qtr4
2013  63.82  94.52 134.09 120.54
2014 131.28 229.26 132.79 162.22
2015 202.98 165.03 193.73 213.43
2016 169.66 285.10 252.59 215.01
2017 229.13 240.96 342.32 284.07
2018 217.50 265.03 338.93 343.11
```

그림 7.8: `ts()` 객체 형식의 판매 데이터.

`ts()` 함수를 이용해서 시계열을 생성하고, 이전에 나타낸 것처럼 `Plot()` 또는 `autoplot()`으로 그래프를 그린다. 분기별 데이터이므로, `frequency`는 4가 된다. 시계열의 시작 날짜는 2013년 1분기이다.

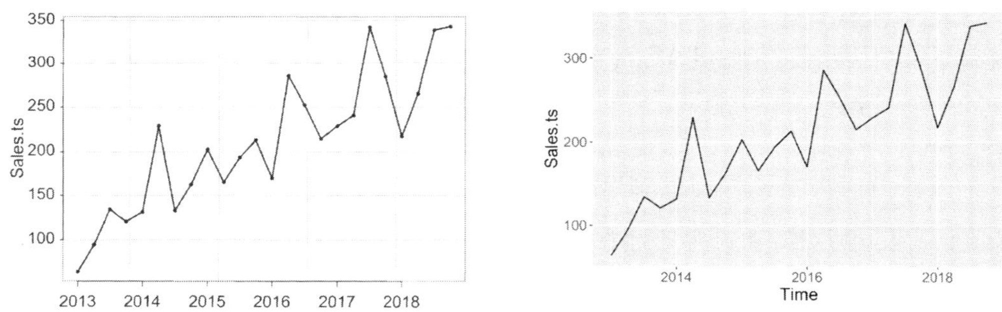

(a) lessR (b) forecast/ggplot2

그림 7.9: 계절 시계열.

R 입력 계절 시계열

데이터 : `d <- Read("http://lessRstats.com/data/Sales.xlsx")`
`Sales.ts <- ts(d$Sales, start=c(2013,1), frequency=4)`

---

lessR : `Plot(Sales.ts)`
forecast : `autoplot(Sales.ts)`

기저를 이루는 시계열의 패턴을 정의하는 특정 조합의 추세, 순환 및 계절 성분은 무작위 오차에 의해 밝혀지고 가려질 수 있다. 패턴이 이렇게 분해되면, 예측하기 위하여 패턴의 성분

값을 미래 시간 값에 적용할 수 있다. 이런 패턴을 흐리게 하는 무작위 오차 또는 노이즈로 설명되는, 기본 시계열 패턴에 근거해서 예측해야 한다.

시계열의 안정적이고 예측 가능한 구성 성분은 특정 시계열을 특징짓는 특정 조합의 추세, 순환 및 계절 성분이다. 이 성분들을 어떻게 결합하면, 시간 Time, t에 Y 값, Y_t를 얻을 수 있는가? 가산 모델(additive model)은 Y_t를 추세, 순환, 계절, 및 무작위 오차 합으로 표현한다.

순환, 계절, 그리고 오차 성분은 각각 기본 추세보다 높거나 낮은 고정된 단위 수이다. 예를 들어, 시간 Time, t에 계절 성분 $S_t = -12.89$이고 순환 성분이 없다면, 계절 효과는 Y_t 값을 추세 성분의 영향보다 12.89 낮게 낮추는 것이다. **그림 7.10**에 보이듯이, 시간 Time, t에서 오차 성분이 4.23이면, Y_t에 대한 오차 효과는 추세와 계절의 영향을 합친 것보다 4.23 증가한 것이다.

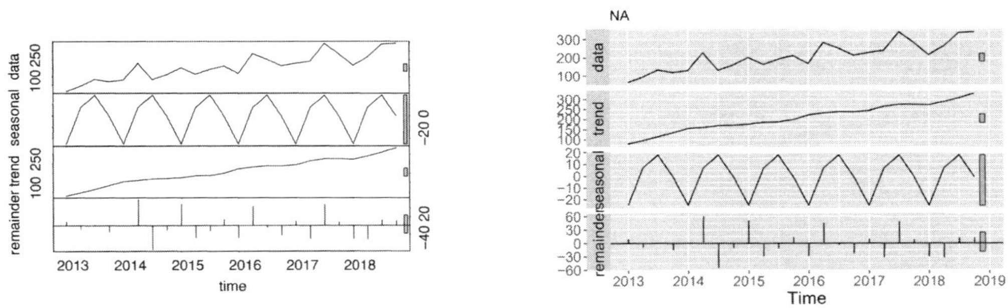

(a) base R (b) forecast/ggplot2

그림 7.10: 시계열 분해.

시계열의 구성 성분을 어떻게 추정하는가? 비선형 추정 절차, Loess가 포함된 계절성 Seasonality과 추세 Trend(STL)에 대하여, R은 `stl()` 함수를 제공한다. 첫 번째 인수로서 시계열 객체를 사용해서 `stl()` 함수를 호출하면, 패턴의 추세, 계절 및 오차 성분이 계산된다. 기본 R `plot()`을 사용하거나, `autoplot()`을 통해 `ggplot2`를 사용해서 시계열의 성분들을 표시한다.

R 입력 계절 시계열 분해

데이터 : `d <- Read("http://lessRstats.com/data/Sales.xlsx")`
`Sales.ts <- ts(d$Sales, start=c(2013,1), frequency=4)`
`decomp <- stl(Sales.ts, s.window="periodic")`

base R : `plot(decomp)`
forecast : `autoplot(decomp)`

객체의 이름을 입력해서 성분의 정확한 수치값을 콘솔에 보여주려면, 출력을 R 객체로 저장한다. `s.window` 매개변수를 `"periodic"`으로 지정해서 계절적 변동이 있음을 표시한다. 여기서 저장된 객체 *decomp*는 시각화를 구성하는 수치 정보를 포함한다. **리스트 7.9**는 처음 4분기의 정보만 보여준다. 남은 연도에 대한 계절 성분은 각 분기마다 동일하게 유지되지만, 추세 성분 값은 지속적으로 증가함을 보여준다.

```
> decomp
Call:
stl(x = Sales.ts, s.window = "periodic")

Components
            seasonal     trend    remainder
2013 Q1  -24.7730012  79.34620    9.2468021
2013 Q2    7.0882904  96.49518   -9.0634701
2013 Q3   17.9510934 114.78091    1.3579997
2013 Q4   -0.2660457 135.44925  -14.6432073
...
```

리스트 7.9: `stl()` 함수의 수치 출력.

관측된 데이터 값은 이런 분해에 관하여 표현될 수 있다. 예를 들어, 2013년 1분기 Q1에 대해 처음 보고된 판매액, 배열의 첫 번째 데이터 값, 63.82를 고려해 보자. **리스트 7.9**로부터, 2013년 1분기 Q1에 대한 추세 성분의 기여는 79.346이지만, 그 효과는 계절성의 음의 가산 성분에 의해 24.773 감소되었다.

$$Y_1 = T_1 + S_1 + e_1 \tag{7.1}$$

$$63.82 = 79.356 - 24.773 + 9.246 \tag{7.2}$$

예측된 가산 성분으로부터 이런 데이터 값의 재구성은 증가하는 추세와 계절성에 기반하여 미래 연도에 대한 예측의 기초를 제공한다.

7.3.3 예측 생성

`forecast` 패키지(Hyndman & Khandakar, 2008)는 시계열 데이터에서 예측을 생성하는 명쾌하고 간단한 함수를 제공한다. 여기서 널리 사용되는 두 가지 예측 방법이 소개된다: 이전 절에서 설명한 시계열 분해 방법(Seasonality and Trend with Loess; STL)뿐만 아니라, `forecast` 패키지를 동반하는 온라인 교과서를 포함하여 많은 문헌에서 설명된, Holt-Winters 계절 지수 평활 방법(Holt-Winters seasonal exponential smoothing method)도 예시된다(Hyndman & Athanasopoulos, 2018). `forecast` 패키지 함수들도 기본적으로 표준 오차 대역, 0.95와 0.80를 포함하는, 예측의 시각화를 용이하게 한다.

STL과 Holt-Winters 예측 결과가 **그림 7.11**에 보인다. 예측을 수행하려면, `ts()` 함수를 이용해서 생성된 `R` 시계열 객체로 시작한다. 해당 `forecast` 함수, 여기서는 각각 기본 `R` 함수 `stl()`와 `HoltWinters()`에 의존하는, `stlf()` 또는 `hw()`를 참조한다. 그리고 함수 호출에서 매개변수 `h`, 예측 기간 수를 지정한다. 2년 후를 예측하려면, 매년 4분기가 있기 때문에 `h`를 `8`로 지정한다. 그리고, 그래프를 나타내고, 해당 시각화의 기초가 되는 구체적인 추정치를 조사하기 위하여, 결과를 각각 *fit1*과 *fit2*으로 저장한다. `autoplot()` 함수로 그래프를 구현한다.

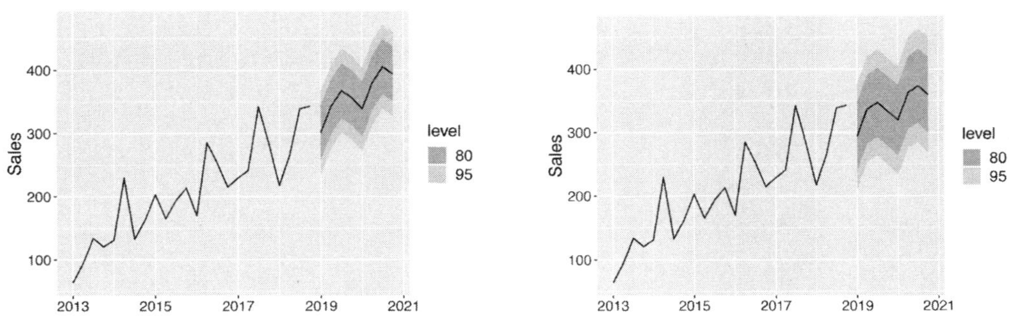

(a) STL (b) Holt-Winters

그림 7.11: 시계열 예측.

R 입력 시계열 예측

데이터 :
```
d <- Read("http://lessRstats.com/data/Sales.xlsx")
Sales.ts <- ts(d$Sales, start=c(2013,1), frequency=4)
```

stlf :
```
fit1 <- stlf(Sales.ts, h=8)
autoplot(fit1, xlab=NULL, ylab="Sales", main=NULL)
```
hw :
```
fit2 <- hw(Sales.ts, h=8)
autoplot(fit2, xlab=NULL, ylab="Sales", main=NULL)
```

수치적인 추정치뿐 아니라 각 분기에 대한 80% 및 95% 신뢰 구간을 얻기 위해, 콘솔에서 *fit1* 또는 *fit2*를 입력한다. **그림 7.12**는 예측 값 자체를 표시한다. 데이터는 2018년 4분기에 끝나므로, 2019년 1분기부터 2020년 4분기까지 2년간의 예측이 시작된다.

Forecast	2019 Q1	2019 Q2	2019 Q3	2019 Q4	2020 Q1	2020 Q2	2020 Q3	2020 Q4
STL	301.07	341.98	367.73	356.72	339.07	379.98	405.72	394.71
HW	293.23	337.03	347.37	333.59	319.62	363.41	373.76	359.98

그림 7.12: 2년간의 예측.

그림 7.12에서 볼 수 있듯이, 두 가지 예측 방법으로부터 얻은 예상치는 비슷하지만, 일치하지는 않는다.

지도 및 네트워크 시각화

8.1 지도 시각화

R 시스템을 이용해서, 세계, 국가, 카운티, 도시, 또는 더 작은 지역의 지도를 생성한다고 하자. 인구 밀도 또는 다양한 경제 지표 중 하나와 같은 추가 정보를 지도에 추가한다.

8.1.1 세계 지도

투영법

지구는 더 정확히 말하면 거의 구에 가깝지만, 여전히 정확하지는 않지만 타원체이다. 그러나 우리는 일반적으로 종이나 컴퓨터 화면과 같은, 평평한 표면에서 지도를 본다. 투영법(projection)[1]은 구형 표면의 특정 위치를 설명하는 구(면) 좌표를, 평면의 *x*, *y*(직각, 또는 Cartesian) 좌표로 변환한다. 투영법은 지구의 3-차원 표면의 위도와 경도 좌표를 2-차원으로 평평하게 한다.

지구의 모든 부분의 지도는 투영도이다. 불행하게도, 평면은 왜곡 없이 구형 물체를 나타낼 수 없다. 이러한 변환은 면적, 방향, 거리 그리고 형태의 정확성을 동시에 유지할 수 없다. 각

[1] 구면 좌표를 평면에 나타내는 변환 방법.

각의 가능한 투영법은 이같은 속성 중 하나 이상을 손상시킨다.

그림 8.1은 두 개의 다른 투영법에서 파생된, 두 가지 세계 지도를 나타낸다.

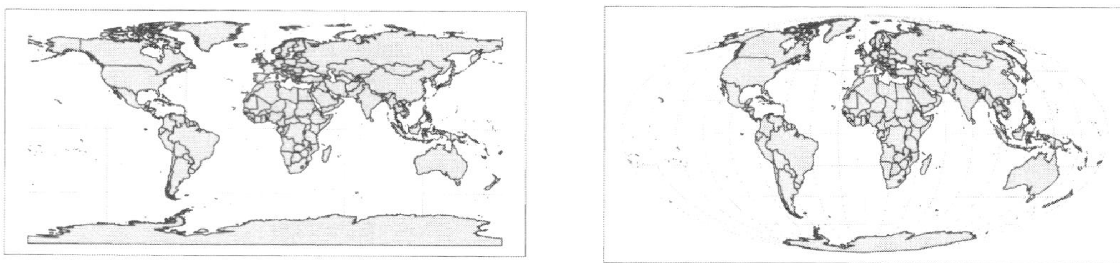

(a) Lat/long Projection (b) Mollweide Projection

그림 8.1: 같은 데이터지만 두 가지 다른 투영법으로 생성된 세계 지도.

그림 8.1a는 가장 만들기 쉬운 투영법 중 하나를 보여준다. 여기서 지도의 위도와 경도는 *x-y* 평면의 좌표에 직접 표시되었으며, 이는 프랑스어로 "정사각형 평면(square plane)"을 의미하는, 플레이트 캐리 투영법(Plate Carrée projection)으로 부르는 버전이다. 플레이트 캐리 투영법은 필연적으로 많은 왜곡을 초래하면서, 지구를 평평한 직사각형으로 제작한다.

그림 8.1b의 몰바이데 투영법(Mollweide projection)은 대륙의 크기에 대한 왜곡은 훨씬 덜하면서, 훨씬 더 정교한 지구의 지도를 제작한다. 그러나, 대륙과 그 모양 사이에 각도의 정확도가 다소 떨어진다. 몰바이데 투영법은 경도와 위도의 구면 좌표를 *x-y* 평면 좌표로의 비선형 변환에서 나온다.

다양한 투영도를 온라인으로 볼 수 있다.

> 다른 투영법에서 가져온 대화형 세계 지도
>
> *URL* : `https://www.jasondavies.com/maps/transition/`
> *URL* : `http://projections.mgis.psu.edu`
> *URL* : `http://flexprojector.com`

또는, 추가로 탐색하고, `flexprojector.com`에서 내려받기가 가능한 무료 크로스-플랫폼 Java 소프트웨어를 사용해서 사용자 지정 투영도를 생성한다.

공간 데이터

지도를 구축하려면, 지구물리학적 지형지물과 위치를 설명하는 해당 공간 데이터(spartial data)[2]를 내려받는다. 그 예로 국가, 고도, 그리고 해안선 간의 경계를 들 수 있다. *shapefile*[3]이라는 파일에 공간 데이터를 저장한다. 세 가지 다른 수준의 세부 사항이 제공되며 자주 업데이트되는, 포괄적, 무료, 퍼블릭 도메인 공간 데이터 세트에는, 웹에서 찾을 수 있는 Natural Earth가 있다.

```
http://www.naturalearthdata.com
```

R 패키지 `rnaturalearthdata`를 이용하면, 직접 공간 데이터에 접근할 수 있다. `rnaturalearth` 패키지의 `ne_download()` 함수는 Natural Earth 웹사이트에서 공간 데이터를 직접 R 데이터 프레임으로 내려받는다. 또는, `ne_country()`으로 이미 내려받은 데이터에 접근하거나, 보다 자세한 데이터는 `ne_states()`으로 접근한다. 매개변수 `scale`의 기본 설정 값, `"small"`은 최소한의 세부 정보를 제공하지만, 가장 빠른 계산 속도를 제공한다.

그림 8.1은 `scale`을 `"medium"`으로 지정해서 얻은 결과이다. 보다 포괄적인 데이터 세트에 접근할 수 있는 `rnaturalearthhires` 패키지도 설치하고, 매개변수 `scale`을 `"large"`로 설정해야 하는 등의 자세한 설정은 훨씬 더 많은 처리 시간이 필요하다.

Natural Earth 공간 데이터에 접근하기 위한 두 가지 rnaturalearth 함수

```
rnaturalearth : world <- ne_countries(scale="medium", returnclass="sf")
rnaturalearth : world <- ne_download(scale="medium", type="countries",
                                      returnclass="sf")
```

특정한 국가나 대륙이 특정되지 않았기 때문에, 이 예는 전 세계의 공간 데이터 정보를 제공한다.

이 예에서 공간 데이터 프레임, *world*는 데이터를 두 가지 형상 파일(shapefile) 포맷 중 하나로 구성된다: `"sp"`, 또는 `"sf"`. SpatialPolygonsDataFrame에 대한 `"sp"` 포맷은 지리학자들

[2] 지구상의 지형지물과 경계의 지리적 위치를 식별하는 데이터.

[3] 지리적 지형지물의 위치, 모양 및 속성을 저장하는 벡터 데이터 저장 포맷.

이 새로운 포맷, 단순 표준, "sf", 또는 개방형 GIS 인터페이스 표준인 "단순 지형지물(simple features)"을 선호하기 이전에 사용되던 오래된 표준이다. 벡터(그림) 속성에 따라, 지형지물(features)은 점, 선, 또는 다각형과 같은 기하학으로 묘사되는 객체들이 지형지물이다. sf 데이터의 각 행은 선과 같은 단일 공간 객체, 길이와 같은 모든 관련 데이터, 그리고 객체의 좌표를 포함하는 변수를 나타낸다.

함수 ne_download(), ne_country(), 그리고 ne_states()는 기본적으로 sp 공간 데이터 프레임을 반환한다. 새로운 표준을 얻으려면, returnclass 매개변수를 "sf"로 설정한다. 예를 들어 ggplot2가 제공하는 많은 플롯 함수는 자동으로 공간 데이터를 "sf" 포맷으로 변환하지만, "sf" 데이터 구조로 분석을 시작하면 더욱 간단하고 빠르다.

세계 지도 생성

ggplot2 지도의 경우, 단순 지형지물 객체를 geom_sf()으로 시각화한다. 이 함수와 *world* 데이터 세트가 있으면, 간단하게 기본적인 세계 지도를 만들 수 있다.

기본 버전의 **그림 8.1a** 생성

ggplot2 : ggplot() + geom_sf(data=world)

그림 8.1a의 기본 투영법은 지도 제작자들이 일반적으로 지구를 표현할 때 선택한 것이 아니다. **그림 8.1b**에 표현된 몰바이데 투영법은 더 많은 대안을 선택할 수 있는, 정교한 투영법들을 이용해서 더욱 정확하게 지구의 표면을 묘사한다. 이러한 옵션을 실현하는 방법은 무엇인가? ggplot2를 통한 대답은 Coordinate Reference System(CRS)를 위한 crs 매개변수를 포함하는, coord_sf() 함수이다. CRS 변환은 지리공간 좌표를 하나의 좌표 참조 시스템에서 투영도를 포함하는, 또 다른 시스템으로 변환한다.

다음 코드는 이전에 생성된 *world* 데이터 프레임으로부터 **그림 8.1a**와 **8.1b** 모두를 구현한다. 다른 투영법으로 지도를 작성하는 유연성을 제공하려면, ggplot2 함수 호출의 출력을 ggplot2 객체 *p*로 저장한다. 이어서, *p*를 참조해서 각 지도에 특정 투영법을 추가한다.

그림 8.1의 세계 지도 작성

ggplot2 : `p <- ggplot() + geom_sf(data=world) +`
`theme_set(theme_bw()) +`
`theme(panel.grid.major = element_line(color="gray75", size=.5))`
Lat/long : `p + coord_sf(crs="+proj=longlat")`
Mollweide : `p + coord_sf(crs="+proj=moll")`

세계의 일부만을 지도로 작성하려면, `coord_sf()` 함수에 대해 `xlim`과 `ylim` 매개변수를 사용해서 시작하고 및 끝나는 경도와 위도의 벡터를 각각 지정한다.

CRS 변환은 `PROJ.4`로 쓰여진, 공공 도메인 `PROJ` 라이브러리(PROJ contributors, 2018), 버전 4로부터 유래한 것이다. `sf` 패키지의 `sf_proj_info()` 함수는 R에서 사용할 수 있는 투영법을 보여준다. 다음 웹사이트는 PROJ의 일부 공식 문서를 참조하고, 시각적으로 각 투영법을 보여주고, 그리고 해당 매개변수를 설명한다.

R에서 사용할 수 있는 투영법

sf : `sf_proj_info(type="proj")`
URL : `https://proj4.org/operations/projections/index.html`

`PROJ` 시스템 내부에서, `ggplot2`의 `coord_sf()` 함수의 `crs` 매개변수 값으로 사용하는, 프로젝트 문자열 *proj-strings*[4]을 이용해서 좌표 변환을 설명한다. 플러스 + 기호를 사용하여 proj-string의 각 매개변수를 처리한다. 투영법 매개변수, `proj`에 초점을 맞춘다. 기본 값은 이전의 `ggplot2` 함수 호출에서 구체적으로 제공된, `longlat`이다. 몰바이데 투영법에 대한 매개변수 `proj` 값은 moll이다.

기준점(datum)이라는, 지구권 좌표 경도 및 위도에 대해 기준점 역할을 하는, 특정 구면 모델도 필요하다. 지도 제작자들의 가장 일반적인 선택은 GPS(Global Positioning System)의 기준 표준으로도 기능하는, WGS84 기준점, 1984 World Geodetic System 표준이다. 또한, 대체 지구 표면 모델뿐만 아니라, 지역별로 특별히 설계된 모델도 사용할 수 있다.

리스트 8.1의 *world* 데이터 프레임에 대해 묘사된, `sf` 데이터 프레임의 기초가 되는 좌표 참조

[4] 지도를 제작하는 좌표계에 대한 설명.

시스템을 검색하는, sf 패키지의 st_crs() 함수를 이용하면, WGS84에 대한 의존은 명시적일 수 있다.

```
> st_crs(world)
Coordinate Reference System:
  EPSG: 4326
  proj4string: "+proj=longlat +datum=WGS84 +no_defs"
```

리스트 8.1: st_crs() 함수를 *world* sf 데이터 프레임에 적용.

EPSG 번호는 얻은 proj-string을 대체 지정한 것이다. 각 공간 데이터 세트는 기준점(datum)과, 데이터를 표기하는 지도를 정의하는 투영법의 맥락 내에서만 해석된다. 다른 기준점을 선택해서 특정 위치의 정확도를 높인다. 기준점에 따라 위치가 크게 다를 수 있기 때문에, 공간 데이터의 기초가 되는 정확한 기준점을 사용하는 것이 꼭 필요하다.

8.1.2 래스터 이미지

이미지를 두 가지 기본 형식 중 하나로 저장한다: 벡터 또는 래스터. 래스터 이미지(raster image)[5]는 (컴퓨터 화면에) 많은 픽셀 또는 (인쇄된 이미지에) 점들로 구성된다. 그에 반해서, 벡터 이미지(vector image)[6]는 점, 선, 및 다각형, 그리고 그들의 상대적 위치 및 크기 같은 기하학적 객체의 수학적 서술들로 구성된다. 사진은 전형적으로 많은 수의 아주 작은 픽셀 또는 점들로 구성된, 래스터 이미지이다. 포맷에 많은 저장 공간이 필요할 수 있으며, 더 큰 이미지로 확대가 잘되지 않지만, 래스터 이미지는 색채의 다양한 세밀함과 농담을 표현할 수 있다. 벡터 이미지는 완벽하게 큰 이미지로 확대되지만, 래스터 이미지가 제공하는 세밀한 수준의 세밀함과 농담을 표현할 수 없다.

sf 포맷의 공간 데이터 파일의 앞선 예는 벡터 이미지이다. **그림 8.2**처럼, ne_download() 함수도 Natural Earth 데이터 세트의 일부분으로 사용할 수 있는, 매우 상세한 래스터 이미지를 제공한다.

[5] 각각이 색깔을 전달하는, 아주 작은 픽셀 또는 점들의 집합.

[6] 기하학적인 물체와 위치의 수학적 서술들의 집합.

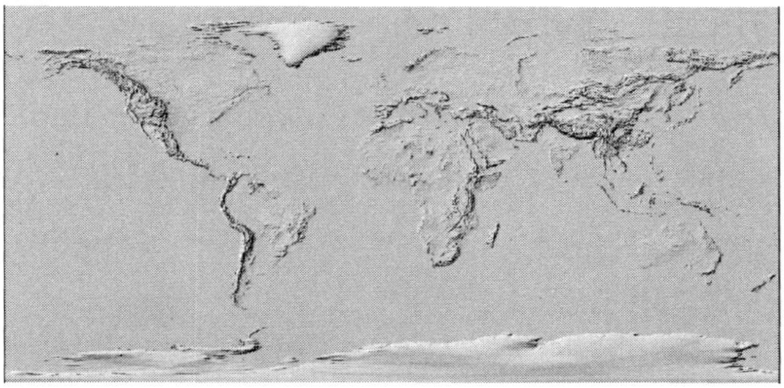

그림 8.2: Natural Earth에서 얻은 그레이스케일 래스터 이미지 완화 세계 지도.

래스터 지도를 생성하려면, 우선 `terra` 패키지를 설치한 다음에 앞에서 소개한 `ne_download()`으로 데이터를 내려받으며, `category` 매개변수를 `"raster"`으로 설정한다. 그리고 중형 래스터에 대한 수동 축척 완화(Manual Scale Relief) 지도를 표시하기 위하여 `type` 매개변수를 `"MSR_50M"`로 설정한다. 여기서는 클래스 `raster` 객체에 적용된, 기본 R 함수 `plot()`를 이용해서 지도를 제작한다. 엄밀한 의미에서, 플롯 함수의 전체 이름은 `plot()`으로 동작되는 `plot.raster()`이다.

R 입력

naturalearth :
```
r.world <- ne_download(scale="medium", type="MSR_50M",
                       category="raster")
```

base R :
```
plot(r.world, col=getColors("black", "white", n=48))
```

매개변수 `col`을 이용해서 그레이스케일 이미지를 생성하였다. 이 예에서, `lessR` 함수 `getColors()`는 검정색에서 흰색까지 48가지 회색 색조의 순차적 척도를 생성한다. `plot.raster()` 함수에 대한 기본 색상 팔레트는 기본 R 지형색(terrain colors)을 발생시킨다. 다음 `getColors()` 함수 호출은 지형 팔레트를 나타낸다.

기본 R 지형 팔레트

lessR :
```
getColors("terrain", n=100, border="off")
```

물론, 유효한 색상의 순차 척도를 이용해서 래스터 이미지 지도를 생성하게 된다.

8.1.3 온라인 지오코드 데이터베이스

지오코딩(geocoding)[7]은 특정 위치의 지리학적 좌표, 위도와 경도, 지오코드(geocode)[8]를 제공한다. 지구 표면의 원하는 장소를 찾은 다음, 해당 위치를 지도에 표시한다.

미국 인구 조사국의 지리 코드

다중 상용 옵션은 지오코딩을 제공하지만, 품질이 좋은 무료 대안들도 지오코딩을 제공한다. 미국 위치의 경우, 미국 인구 조사국(US Census Bureau)은 권위 있는 무료 지오코드 소스, 광범위한 주소 데이터베이스, 그리고 해당하는 위도와 경도를 제공한다.

> 미국 인구 조사국 지오코드 웹사이트
>
> *URL* : `https://geocoding.geo.census.gov`

개별 지오코드를 가져오려면, Find Locations 메뉴에서 Processing 유형을 선택한 다음에 나타나는 프롬프트에서 주소를 입력한다. One Line Address Processing 버튼의 경우, 구분 기호로 쉼표를 사용해서 한 줄로 입력한다. 또는 Batch Address Processing 버튼을 클릭해서 csv 또는 엑셀로 포맷된 최대 10,000개 주소의 배치 파일(batch file)을 제출한다. 그러면, 지오코드는 제출된 것과 같은 포맷의 파일로 반환된다. 입력 파일의 첫 번째 열은 행 번호이다. csv 입력 파일은 빈 줄로 끝낼 수 없다.

Google 지도 서비스

Google 지도 서비스는 무료로 제한적으로 국제 지오코드를 제공한다. 지오코드를 조회하는데 코드당 0.005 센트, 또는 1000 코드당 5.00달러의 비용이 들지만, 매달 200달러의 크레딧이 자동으로 적용된다. 다른 지도 제작 서비스 사용하지 않는다면, 매달 처음 40,000개의 지오코드는 실용적으로 무료이다. 앞에서 설명한 지오코딩 소스와는 달리, 지오코드를 얻는데 돈이 든다는 것이 단점이며, 환불이 가능하더라도, 오직 Google 신용카드 번호를 제공해야만 접근할 수 있다.

---

[7] 지정된 위치에 대한 지리적 좌표를 가져오는 코드.

[8] 지정된 위치의 지리적 좌표.

R 환경에서 서비스에 접근하려면, Google 지도 서비스에 등록한 다음, 등록 증명을 받아야 한다. cloud.google.com 웹사이트에서 등록해서 특정 유형의 정보, 여기서는 지오코드 API뿐만 아니라 기본적으로 5가지 다른 지도 제작 API에 접근하는 애플리케이션 프로그래밍 인터페이스(Application Programming Interface: API) 키를 얻는다. 두 번째로 등재된 웹사이트는 계정 유지에 필요한 정보를 제공한다.

> Google 지도 서비스 지오코드 등록
>
> *URL* : `https://cloud.google.com/maps-platform/`
> *URL* : `https://console.cloud.google.com`

웹사이트에서 등록하려면, Get Started 버튼을 클릭한 다음, Places를 선택한다. 그리고 기존 프로젝트 또는 새 프로젝트 이름을 선택한다. 청구할 신용카드 정보를 입력한다. 개인 API 키라고 부르는 제공된 긴 문자열은 R 환경에서 Google 지도 서비스에 접근하게 해준다.

R에게 개인 키를 알려주려면, `library()` 함수를 이용해서 설치된 ggmap 패키지를 로드한 다음, key 매개변수와 함께 `register_google()` 함수를 실행한다. 관련 `has_google_key()` 함수는 현재 R 세션에서 사용할 수 있는 키가 성공적으로 등록되었는지를 보여준다.

> R에게 개인 키를 알려줌
>
> *ggmap* : `register_google(key="personal_key")`
> *ggmap* : `has_google_key()`

`register_google()` 함수의 매개변수 `write`의 기본 설정 값은 FALSE이다. TRUE로 설정된 경우, 자동으로 나중에 사용할 수 있도록 함수는 입력된 개인 키를 R 파일 시스템에 쓴다. 불행하게도, R은 기밀 정보를 저장하지 않으므로, 불량 패키지가 이 키를 찾은 후에 다른 곳으로 정보를 전송하는 것이 가능할 수도 있다. 그렇지 않으면, 위에서 언급한 URL의 구글 콘솔에서 개인 키를 얻는다.

등록된 API 키가 주어진 경우, **리스트 8.2**는 경도와 위도가 있는 세 곳의 데이터 프레임을 구축하기 위한, ggmap 패키지의 geocode() 사용법을 보여준다. 우선, 위치의 문자 벡터를 만든다. 그러면 geocode()는 위치를 위도와 경도를 반환하는 지도 제작 서비스로 제출한다. 기본 R "열 결합" `cbind()` 같은 함수를 이용해서, 위치의 데이터 프레임과 해당 좌표를 병합한다.

```
location <- c(
"615 SW Harrison St, Portland, OR",
"Disneyland",
"Rio de Janerio, Brazil"
)
d <- geocode(location)
d <- cbind(location, d)
d
                          location       lon       lat
1 615 SW Harrison St, Portland, OR -122.6832  45.51156
2                       Disneyland -117.9190  33.81209
3           Rio de Janerio, Brazil  -43.1729 -22.90685
```

리스트 8.2: ggmap 패키지의 geocode()를 위한 입력, 함수 호출 그리고 출력.

리스트 8.2의 예는 다양한 참조에 따라 위치를 식별하는, **geocode**의 인상적인 유연성을 보여준다. 출력의 첫 번째 열은 표준 주소, 두 번째는 유명한 명소, 그리고 세 번째는 도시 이름만으로 위치를 나타내었다.

지오네임스 지오코드

무료, 공용 도메인 데이터베이스, 지오네임스(GeoNames)는 전 세계 도시를 포함하는, 도시 지오코드를 제공한다. 데이터베이스는 불과 500명 이상의 주민이 거주하는 도시들뿐 아니라, 1,000명 이상, 5,000명 이상, 그리고 15,000명 이상이 거주하는 도시들을 포함한다.

> 지오네임스 데이터베이스의 readme 화일
>
> *URL* : "`http://download.geonames.org/export/dump/readme.txt`

Creative Commons Attribution 4.0 License에 따라, 데이터와 관련 정보는 어떤 형태의 미디어나 포맷으로도 재분배될 수 있으며, 어떤 목적이든 필요에 따라, 심지어 데이터 출처를 인용하는 조건에서, 상업적으로도 변형하고 수정할 수 있다.

기본 R의 `download.file()` 함수를 이용해서 *geonames.org*에서 압축 파일을 내려받기 위하여, URL과 대상 파일을 제공한다. 이 예에서 파일 이름 앞에 경로 이름이 없기 때문에, R은 `getwd()` 함수를 실행하면 얻어지는, 현재 작업 디렉토리로 파일을 쓴다. 기본 R `unzip()` 함수는 압축 파일을 R로 읽기 위하여, `.txt` 형식으로 압축을 해제한다. 그러나, 내려받은 데이터 파일은 변수 이름을 포함하지 않는다. 기본 R의 `Read()` 함수 호출에서 매개변수 `col.`

names의 값을 명시해서 변수 이름을 지정한다. R에서 .txt 화일을 올바르게 읽지 못하는 경우, 엑셀에서 읽어온 .txt 파일을 다른 이름의 .csv 파일로 저장해서 사용할 수도 있다.

cities15000.zip 같은 지오네임스 데이터베이스 내려받고 읽기

```
base R : download.file("http://download.geonames.org/export/dump/
                  cities15000.zip", "cities15000.zip")
base R : unzip("cities15000.zip", files="cities15000.txt")
lessR : d <- Read("cities15000.txt", col.names = c("id","name",
       "ascii_name","alt_names","latitude","longitude","feature_class",
       "feature","country.code","cc2","admin1","admin2","admin3",
       "admin4","population","elevation","dem","timezone","mod_date"))
```

일단 데이터 파일을 읽으면, 관심이 있는 특정 도시의 지오코드에 대한 데이터 프레임을 질의(query)한다. 예를 들어, 특정 변수가 주어진 25만 명 이상의 주민이 거주하는 모든 이탈리아 도시들로 *d* 데이터 프레임을 제한하기 위하여, 기본 R 부분 집합을 적용한다.

R 입력 변수(특정 도시)에 대한 기본 R 쿼리 geocities 데이터 베이스
데이터 : 이전 코드와 동일

```
cols <- c("name", "longitude", "latitude", "population", "elevation")
rows <- d$country.code=="IT" & d$population > 250000
d <- d[rows, cols]
d
```

리스트 8.3은 질의 결과를 보여준다.

```
          name longitude latitude population elevation
11990  Palermo  13.33561 38.13205     648260        14
12020  Catania  15.07041 37.49223     290927         7
12084    Turin   7.68682 45.07049     870456       239
12162     Rome  12.51133 41.89193    2318895        20
12231   Naples  14.26811 40.85216     959470        17
12258    Milan   9.18951 45.46427    1236837       122
12330    Genoa   8.94439 44.40478     580223        19
12354 Florence  11.24626 43.77925     349296        50
12458  Bologna  11.33875 44.49381     366133        54
12470     Bari  16.86982 41.12066     277387         5
```

리스트 8.3: 무료로 내려받을 수 있는 지오네임스 데이터 베이스에서 추출한 지오코드 정보.

하나의 벡터, *cols*를 정의해서 유지할 변수를 지정하고, 또 다른 벡터, *rows*를 정의해서 유지할 데이터 프레임을 지정한다. 그리고 기본 R 추출 연산자 [ ]를 이용해서, 데이터의 부분 집합을 취한다. *rows* 정의문에서 *country.code*를 교체해서 다른 국가의 도시를 선택한다.

8.1.4 도시가 표시된 국가 지도

가장 인구가 많은 10개 도시가 표시된 이탈리아 지도, **그림 8.3**을 생성한다. 해당 ggplot2 코드는 다른 레이어에서 다른 데이터 세트를 참조한다. 첫 번째 데이터 세트는 이탈리아 지도를 구성하는 다각형들을 정의한다. 두 번째 데이터 세트는 10개 도시의 지리적 좌표와 인구를 제공한다.

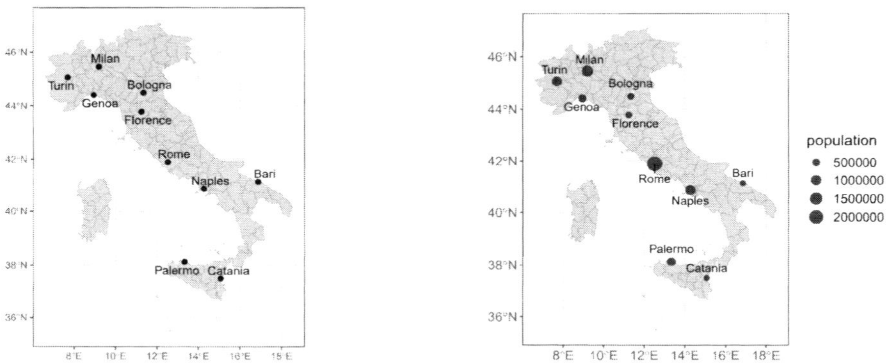

(a) cities as points (b) cities as bubbles

그림 8.3: 가장 인구가 많은 10개 도시가 표시된 이탈리아 지도.

rnaturalearth 패키지의 ne_states() 함수를 이용해서 이탈리아 및 그 지방에 대한 다각형 데이터 프레임을 생성한다.

ne_states() 함수를 이용하려면, rnaturalearthhires 패키지가 필요하며, 다음 코드를 이용해서 패키지를 설치할 수 있다.

```
install.packages("rnaturalearthhires", repos = "http://packages.ropensci.
org", type = "source")
```

매개변수 country를 "italy"로 설정한다. 이미 얻은 가장 인구가 많은 10개의 도시 및 그 지리적 좌표의 *d* 데이터 프레임에서 도시 좌표를 얻는다.

R 입력 **리스트 8.3의 데이터 프레임 *d*로 주어진 이탈리아 지도를 위한 두 가지 데이터 세트**

```
rnaturalearth : italy <- ne_states(country="italy", returnclass="sf")
sf : cities <- st_as_sf(d, coords = c("longitude", "latitude"),
                    crs=st_crs(italy), remove=FALSE)
```

같은 패널에 표시된 다중 공간 데이터 세트는 모두 동일한 좌표 기준 시스템과 투영법을 공유해야 한다. coord_sf()으로 명시적으로 지정되지 않은 경우, ggplot2의 geom_sf() 함수는 첫 번째 데이터 세트의 좌표 기준 시스템을 가정한 다음, 공통 기준 시스템을 보장하기 위하여 후속 레이어에서 필요에 따라 변환한다. geom_sf() 함수도 레이블이 붙은 경도선과 위도선을 추가한다.

그러나, 여기서는 sf 패키지의 st_as_sf()를 사용해서 *italy* CRS를 도시 데이터 프레임 d로 할당한다. 매개변수 crs의 경우, st_crs()를 동작시켜 CRS를 검색한다. st_as_sf() 함수의 매개변수 remove를 FALSE로 설정해서, 결과 sf 데이터 프레임의 별개의 변수로 도시 위도와 경도를 유지한다.

이탈리아 지도에 대한 다각형을 표시하고, geom_sf()으로 지도상에 나타난 도시에 대한 점들을 표시한다. 그레이스케일에 제한되지만, 다각형 내부를 위해 fill 매개변수를, 그리고 경계를 위해 color 매개변수를 설정한다. size를 0.2로 지정해서 기본값의 경계선 크기를 감소시킨다. 도시에 대한 기본 표시 크기 size를 2로 증가시킨다.

ggrepel 패키지에 포함된 geom_text_repel() 함수는 지도 제작에 편리한 기능을 제공한다. 기본적으로, geom_text_repel()는 해당하는 지점 위 또는 아래에 텍스트, 여기서는 도시 이름을 쓴다. 늘 그렇듯이, 제일 먼저 library()를 이용해서 R 패키지 라이브러리에서 패키지를 검색한다.

R 입력 가장 인구가 많은 10개 도시가 점으로 표시된 이탈리아 지도

```
ggplot2 : ggplot() +
        geom_sf(data=italy, fill="gray85", color="gray65", size=0.2) +
        geom_sf(data=cities, size=2) +
        theme_set(theme_bw()) + labs(x=NULL, y=NULL) +
ggrepel : geom_text_repel(data=cities, aes(longitude,latitude, label=name),
                        size=3.25, col="black")
```

그림 8.3b는 각 도시에 대한 좌표를, 크기가 해당 도시의 인구에 따라 변하는, 버블로 표시한다. scale_size_area() 함수는 도시 인구를 기본 반지름 대신, 각 버블의 면적으로 조정한다. *population* 인수를 size 매개변수에 매핑해서 버블 플롯 표시를 활성화한다.

geom_text_repel() 함수의 매개변수 nudge_y와 nudge_x는 해당 텍스트 성분을 명시된 양만큼 이동시킨다. 텍스트 성분이 해당 좌표에서 너무 멀리 떨어져 있는 경우, geom_text_repel()는 텍스트에서 좌표까지 자동으로 선분을 그린다. nudge 매개변수를 표시하려는 텍스트 성분의 수와 같은 길이의 배열에 적용한다. 각 성분은 데이터 프레임을 정의하는 해당 좌표에 상응한다. 여기서는 기본 크기에서 텍스트 크기를 증가시키기 위하여 size 매개변수도 동작시켰다.

R 입력 가장 인구가 많은 10개 도시가 버블로 표시된 이탈리아 지도

```
ggplot2 : ggplot() +
        geom_sf(data=italy, fill="gray85", color="gray65", size=.2) +
        geom_sf(aes(size=population), data=cities, alpha=.7) +
        scale_size_area() +
        theme_set(theme_bw()) + labs(x=NULL, y=NULL) +
ggrepel : geom_text_repel(data=cities, aes(longitude,latitude, label=name),
                          size=3.75, col="black",
                          nudge_y=c(.5,.4,.5,-.6,-.4,.4,-.2,0,.5,.4))
```

rnaturalearth 패키지의 ne_states() 함수를 호출할 때, 국가들로 이루어진 벡터를 명시해서, 지구상의 다른 나라들, 또는 여러 나라들을 시각화한다.

8.1.5 등치 지역도

등치 지역도(Choropleth Map)[9]는 변수 값에 따라 지역을 음영 처리한다. 그러한 변수 중 하나로 사회 계층간 소득 불평등을 나타내는 지수, 지니계수(Gini coefficient)를 들 수 있다(Gini, 1921). **그림 8.4**는 미국 인구조사국(US Census Bureau)에서 발표한 미국의 인접한 48개 주의 2017년 지니계수 데이터에 대한 등치 지역도를 보여준다. 지도를 살펴보면, New York 주는 소득 평등이 가장 크며, 남동부의 여러 주와 California 주가 그 뒤를 따른다. 북서부와 중서부 주들은 소득 불평등이 가장 낮다.

[9] 해당 변수의 값에 비례하여 색칠되거나 음영 처리된 특정 지역.

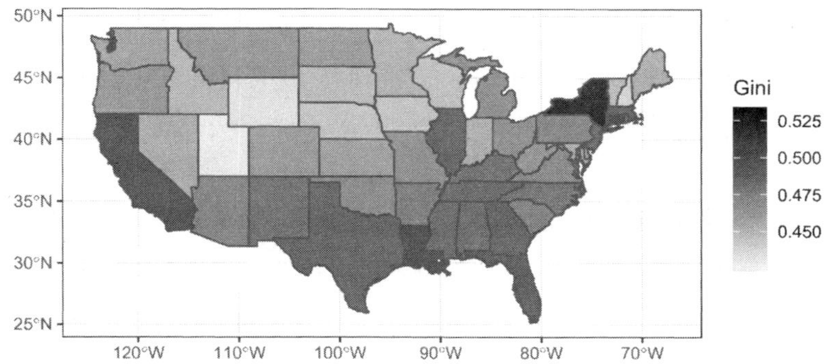

그림 8.4: 미국 주별 소득 불평등도, 2017 지니계수.

이 지도는 널리 쓰이는 또 다른 지도 제작 데이터 출처, `maps` 패키지에 의존한다. `maps` 패키지에 포함된 `map` 함수가 생성한 지도 데이터 파일은 단순 지형지물(simple features)로 포맷되지 않아서, `st_as_sf()` 함수를 이용해서 `"sf"` 포맷으로 변환한다. 결과를 데이터 프레임 *states*에 저장한다. **리스트 8.4**는 처음 몇 줄의 *states* 내용을 나타낸다. 헤더 정보 다음에, 변환된 데이터 프레임의 *geometry* 변수는 각 주의 경계를 정의하는, 다각형에 대한 정보를 암호화한다. 변수 *ID*는 주 이름을 암호화하며, 모두 소문자로 표시되었다.

```
> head(states, n=3)
Simple feature collection with 3 features and 1 field
geometry type:  MULTIPOLYGON
dimension:      XY
bbox: xmin:     -114.8093 ymin: 30.24071 xmax: -84.90089 ymax: 37.00161
epsg (SRID):    4326
proj4string:    +proj=longlat +datum=WGS84 +no_defs
                      geometry       ID
1 MULTIPOLYGON (((-87.46201 3...  alabama
2 MULTIPOLYGON (((-114.6374 3...  arizona
3 MULTIPOLYGON (((-94.05103 3... arkansas
```

리스트 8.4: 단순 지형지물 포맷의 *states* 데이터 프레임에 대한 헤더 정보와 처음 3개 열의 데이터.

미국 인구조사국 웹사이트(US Census Website)의 데이터 섹션, www.census.gov/data.html에서 *gini* 데이터를 찾는다. 현재 분석과 관련이 없는, 내려받은 파일의 첫 번째 행과 몇 개의 열을 제거한다. *states* 데이터 프레임 정보와 일치시키려면, 주 이름을 소문자로 변환하고, State 열 이름을 *ID*로 바꾼다. Gini 점수 열 이름을 *Gini*로 바꾼다.

그림 8.4를 생성하려면, 정규 데이터 프레임에 있는 Gini 데이터를, 특수 지형지물(special features) 포맷의 *states* 데이터 프레임과 병합한다. *states* 데이터 프레임은 미국의 인접한 48개 주와 콜롬비아 특별구(the District of Columbia)에 대한 49개 행의 데이터로 구성된다. *gini* 데이터 프레임은 50개 주, 콜롬비아 특별구 그리고 푸에르토리코(Puerto Rico)로 구성된다.

공유된 변수 ID 값에 따라 내부 결합(inner join)[10]으로 데이터 프레임을 병합한다. tidyverse `dplyr` 패키지의 `inner_join()` 함수 형식을 따르는, `sf` 패키지 함수 `inner_join.sf()`를 이용한다. 참조 `sf`를 포함할 필요가 없다. 결과는 병합되기 전에 데이터 프레임 모두에 존재하는, 주마다 지니계수를 포함한 단순 지형지물 포맷의 데이터 프레임이다.

R 입력 그림 8.4를 생성하는 분석을 위한 데이터 프레임을 생성하는 데이터 랭글링

```
sf, maps : states <- st_as_sf(map("state", plot=FALSE, fill=TRUE))
lessR :    gini <- Read("http://lessRstats.com/data/Gini2017.xlsx")
base R :   gini$ID <- tolower(gini$ID)
sf :       states <- inner_join(states, gini, by="ID")
```

지도를 생성하려면, *states* 데이터 프레임을 `geom_sf()` 함수의 입력 데이터로 지정한다. 그리고 지니계수를 시각적 미적 선택, 여기서는 `fill` 매개변수의 인수로 전달한다. 선택적 두 번째 줄의 코드, `scale_fill_gradient()`는 지도를 그레이스케일로 표시한다. 기본 설정 값은 파란색 순차 팔레트(sequential blue palette)이다.

R 입력 그림 8.4를 생성하는 매핑 코드

```
ggplot2 : ggplot() + geom_sf(data=states, aes(fill=Gini)) +
          scale_fill_gradient(low="gray95", high="gray5")
```

지니계수처럼, 연속형 변수의 시각화는 지도가 제공하는 내용을 보완하는 정보를 제공한다. 지니계수는 주 전체에 걸쳐 어떻게 분포되어 있는가?

`lessR` 패키지의 `Plot()` 함수를 이용해서 바이올린 플롯, 박스 플롯, 그리고 산점도가 통합된 VBS 플롯(Gerbing, 2020)을 구현한다. **그림 8.5**는 지니계수의 대략적인 정규 분포를 보여준다. New York 주에 대한 제2지니계수(a second Gini coefficient)는 가깝지만, 점을 이상치로 판단하기 위한 경계, 울타리를 넘지 않으면서 이상치 상태(outliner status)에 접근한다.

[10] 데이터 구조 모두에 있는 결합 변수(ID)의 공유값을 이용해서 행의 데이터만 남겨두고 두 데이터 구조를 병합한다.

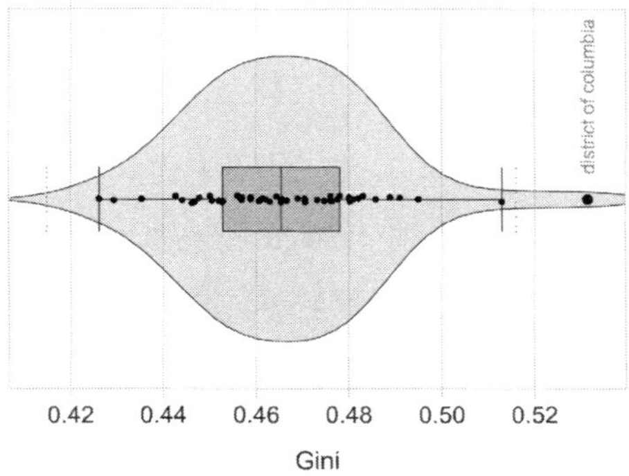

그림 8.5: 미국의 인접한 48개 주와 콜롬비아 특별구(District of Columbia)에 걸친 소득불평등 지니계수의 VBS 플롯.

8.2 네트워크 시각화

네트워크(network)[11]는 노드를 결합하는 노드(nodes)와 에지(edges)로 구성된다. 사회 연결망(Social Network)은 사람들을 노드로 나타낸다. 에지는 사람들 사이의 관계를 나타낸다. 정보 네트워크는 직원 이메일 커뮤니케이션 네트워크같은, 사람들 또는 기관들 사이의 정보 흐름으로 구성된다. 식물에서 포식자까지의 관계의 생물학적 네트워크(biological network), 먹이 사슬(a food web)은 어떤 유기체가 다른 유기체를 먹고 사는지 보여준다. 운송망(transportation networks)은 위치를 연결하는 경로를 나타낸다.

네트워크 시각화는 네트워크의 상호 연결된 노드를 나타낸다. 어떤 노드가 중심인가? 어떤 하위 그룹이 있는가? 운송망의 경우, 네트워크를 통과하는 가장 짧은 경로는 무엇인가?

R은 `igraph`(Csardi & Nepusz, 2006)과 `network`(Butts, 2008)을 포함하는 전통적 고품질 네트워크 시각화 도구를 제공한다. `igraph`와 `network` 모두를 사용한 네트워크의 전통적인 표현은 노드에 따라 이름이 지어진 열과 행을 갖는 정사각형 행렬, 인접 행렬(adjacency matrix)[12]이다. 행렬 내의 각 데이터 값 1은 각 행과 열 노드 사이에 직접적인 연결이 있음을 나타낸다. 0의 노드 값은 연결이 없음을 나타낸다.

---

[11] 관계를 나타내는 에지에 의해 결합된 객체 집합과 노드.

[12] 네트워크 연결을 표현할 때 사용되는, 연결 여부에 따라 1 또는 0의 데이터 값을 갖는, 노드로 구성된 정사각형 행렬.

보다 최근에 개발된 방법은 데이터 프레임 또는 티블(tibbles; `dplyr` 패키지에서 생성되는, 작은 데이터 프레임)에 관하여 네트워크 데이터를 표현하기 때문에, 기존의 데이터 조작 도구는 Thomas Lin Pedersen의 `tidygraph` 패키지(2019)와 같은, 네트워크 데이터에 적용될 수 있다. Pedersen의 보완적 `ggraph` 패키지(2018)는 `ggplot2`와 유사한 구문으로 사용해서 `tidygraph` 데이터 구조로부터 네트워크 그래프를 생성한다. 시각화 소프트웨어도 네트워크 데이터를 정돈된 그래프 구조로 변환시켜서, `tidygraph`에서 더욱 전통적인 네트워크 구조에 접속할 수 있다.

8.2.1 네트워크 데이터

그림 8.6의 City_A부터 City_D까지 일반적으로 명명된 4개의 도시를 고려해 보자. City_C는 중앙에 있고, 다른 세 도시와 직접적으로 연결되어 있다. 네트워크는 아침 통근을 위해 도시로 이동하는 통근 열차를 나타내며, 그 중 일부의 경로는 비대칭적(assymetric)[13]이거나 직통(directed)이다. 그 시간에 양방향 서비스는 City_A와 City_D 그리고 City_B와 City_C에 대해서만 이용할 수 있다.

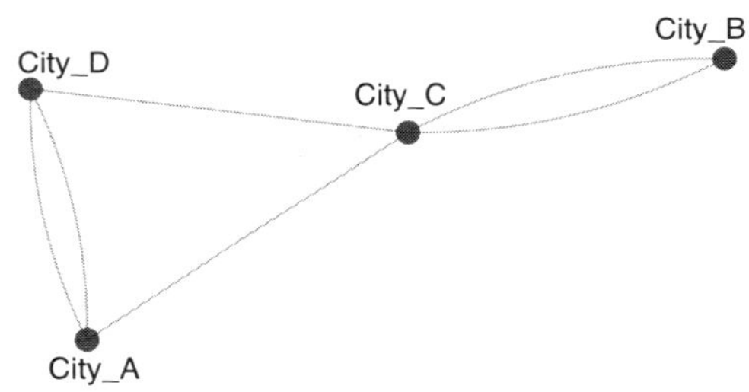

그림 8.6: 시범 네트워크.

<u>**데이터 방법 1**</u>. `ggraph` 패키지를 이용한 네트워크 시각화 데이터 구조는 2개의 티블로 구성된, 복합 티블 데이터 프레임 `tbl_graph`이다: 노드와 에지에 대해 각각 하나씩. 노드 데이터 프레임은 각 노드를 식별하기 위한 하나의 열, 여기서는 *name* 열을 포함한다. 에지 데이터 프레임은 각 에지를 연결하는 노드들을 식별하는 *from*과 *to* 변수가 필요하다.

[13] asymmetric relation: 한 노드(도시)에서 다른 노드(도시)로의 방향(경로)은 돌아오는 방향(경로)은 존재하지 않는 관계.

노드와 에지 데이터 구조 모두 다른 변수를 포함할 수도 있다. 이 예에서, 도시들은 두 개의 다른 교통 구역에 속한다. 구역 번호는 변수 *zone*으로 지정된 노드 이름으로 기록된다. 각 경로를 따라 이동하는 각 여행의 평균 소요 기간은 변수 *time*으로 지정된 에지 데이터 프레임에 기록된다.

리스트 8.5는 노드와 에지 데이터 프레임으로 표현된 4-노드 네트워크의 구조를 나타낸다.

```
> the_nodes                > the_edges
     name zone                 from     to time
 1 City_A    2             1 City_A City_C   22
 2 City_B    1             2 City_B City_C   16
 3 City_C    1             3 City_D City_C   24
 4 City_D    2             4 City_A City_D   44
                           5 City_C City_B   13
                           6 City_D City_A   41
```

리스트 8.5: 노드와 에지 데이터 프레임.

웹에서 워크시트가 2개인 단일 엑셀 화일에 포함된 **리스트 8.5**로부터 이 두 개의 데이터 프레임을 찾는다. 첫 번째 워크시트는 노드를 정의하며, 두 번째 워크시트는 에지를 정의한다. 데이터를 각 데이터 프레임으로 읽은 다음, **tidygraph** 패키지의 **tbl_graph()** 함수를 이용해서 복합 **tbl_graph** 데이터 구조를 생성하기 위하여 두 데이터 프레임을 결합한다.

R 입력 노드와 에지 데이터 프레임에서 얻은 ggraph 데이터 구조 tbl_graph 생성

```
lessR : the_nodes <- Read("http://lessRstats.com/data/gr_NodesEdges.xlsx")
        the_edges <- Read("http://lessRstats.com/data/gr_NodesEdges.xlsx",
                          sheet=2)
```

```
tidygraph : network <- tbl_graph(nodes=the_nodes, edges=the_edges,directed=TRUE)
```

리스트 8.6은 복합 티블 데이터 프레임의 구조, 이 예에서는 *network*로 명명된 **tbl_graph**을 보여준다. 별도의 노드와 에지 데이터 프레임에 포함된 정보는 단일 티블 데이터 프레임으로 결합된다.

```
> network
# A tbl_graph: 4 nodes and 6 edges
#
# A directed simple graph with 1 component
#
# Node Data: 4 x 2 (active)
  name    zone
  <chr>  <int>
1 City_A     2
2 City_B     1
3 City_C     1
4 City_D     2
#
# Edge Data: 6 x 3
   from    to  time
  <int> <int> <int>
1     1     3    22
2     2     3    16
3     4     3    24
# ... with 3 more rows
```

리스트 8.6: tbl_graph 유형의 노드와 에지 데이터 프레임.

데이터 방법 2. tbl_graph 데이터 구조를 형성하는 대체 접근법은 **tidygraph** 포맷의 데이터 구조가 아니라, 필요한 모든 노드 및 에지 정보를 포함하는 데이터 구조로 시작하는 것이다. **tidygraph** 패키지 함수 as_tbl_graph()는 노드 및 에지 정보를 노드와 에지 티블 데이터 프레임으로 변환한다. 그리고 tbl_graph() 함수를 이용해서 복합 티블 데이터 프레임으로 결합한다.

as_tbl_graph() 함수는 tbl_graph() 구조를 추정할 수 있는 에지를 포함하는 표준 데이터 프레임처럼, 다양한 데이터 구조를 강제 변환한다. 이 구조를 조작해서, 이 예에서 zone처럼 노드를 설명하는, 변수를 추가한다. 다른 예로, igraph, network, 또는 R의 계층적 군집 함수 hclust()의[14] 출력을 포함하는 다른 대체 패키지의 구조를 들 수 있다

여기서는 ggraph()을 이용해서 *network*로 명명된, tbl_graph 데이터 구조를 시각화하였다.

8.2.2 시각화

다음 그림은 단순한 4-도시 네트워크의 다른 시각화를 보여준다. (밀도가) 희박한 **그림 8.7a**는 기본 ggraph() 시각화를 나타낸다. **그림 8.7b**는 레이블이 지정된 노드를 사용해서 최소 네

[14] 계층적 클러스터링(hierarchical clustering) 기본 R 함수.

트워크 시각화를 구현하였다. ggraph()는 생성된 각 시각화의 방향을 무작위로 지정하므로, 이 두 시각화는 다른 방향으로 향한다.

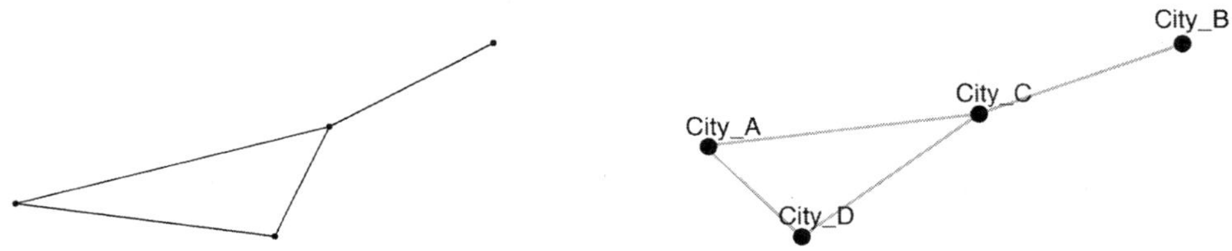

(a) default (b) minimal

그림 8.7: 기본 및 최소화된 ggraph 네트워크 시각화.

그림 8.7a를 생성하려면, 여기서는 *network*로 명명된, tbl_graph 유형의 네트워크 데이터 프레임 객체를 이용해서 ggraph() 함수를 호출한다. geom_edge_link() 함수는 에지를 나타내고, geom_node_point() 함수는 노드를 나타낸다. 에지 위에 노드를 표시하기 위하여 에지 geom 레이어 다음에 노드 geom 레이어를 나열한다. theme_graph() 함수를 호출하면, 기본 그레이스케일 ggplot2 배경이 제거되고, 보편적으로 더욱 적절한 네트워크 시각화가 구현된다.

R 입력 **그림 8.7a** 기본 네트워크 다이어그램 생성

```
ggraph(network) + geom_edge_link() + geom_node_point() + theme_graph()
```

몇 가지 매개변수 값을 추가하면, 더욱 유용한 **그림 8.7b** 시각화로 이어진다. geom_edge_link()의 경우, width를 1로 지정해서 가장자리를 넓히고, color를 "gray70"으로 지정해서 색상을 밝게 하거나, 원하는 색을 선택한다. geom_node_point() 함수의 size 매개변수로 각 노드의 크기를 증가시킨다. geom_node_text() 함수는 노드에 레이블을 붙인다. 변수 name으로부터 각 노드에 대한 label 출처를 표시한다. repl 매개변수는 레이블을 배치하는 ggrepel 패키지에 포함된, geom_text_repel() 함수와 같은 역할을 수행한다. vjust 매개변수는 레이블을 수직으로 이동시킨다.

R 입력 레이어와 레이블이 붙은 노드를 포함한 **그림 8.7b** 네트워크 다이어그램 생성

```
ggraph(network) + geom_edge_link(width=1, color="gray70") +
    geom_node_point(size=4) +
    geom_node_text(aes(label=name), repel=TRUE, vjust=-.75) +
    theme_graph()
```

그림 8.8은 이 단순한 4-도시 네트워크의 보다 정교한 시각화를 나타낸다. 추가 기능으로 방향성을 나타내는 화살표와 경로를 통과하는 데 필요한 시간을 반영하는 에지의 넓이를 들 수 있다. 그림 88b는 에지에 레이블뿐 아니라 통과 시간도 포함한다. 에지들은 직선들로 표시되지 않았다.

ggraph 계열의 에지 함수를 이용해서 보다 정교한 에지를 생성한다. **그림 8.7**의 직선 에지는 geom_edge_link() 함수에 기인한다. **그림 8.8**의 시각화는 각각 geom_edge_diagonal()와 geom_edge_fan()에 의존한다. "diagonal" 용어는 직사각형에서처럼 대각선을 가리키지 않지만, 물결치는 베지어 곡선(bezier curve)의 유형을 가리킨다. geom_edge_fan() 함수는 양방향으로 에지와의 비대칭 관계로 일반화한다.

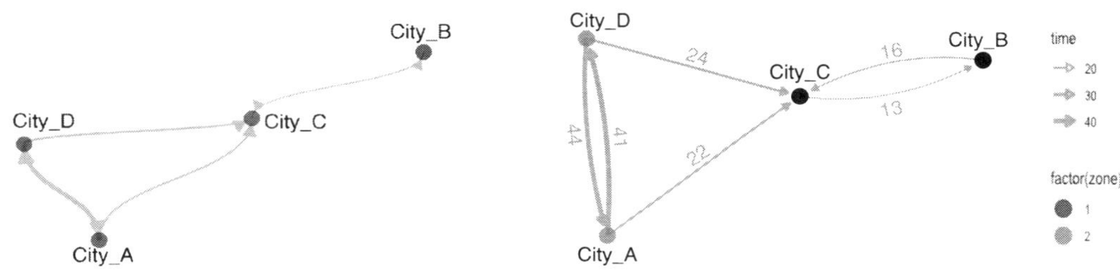

(a) geom_edge_diagonal() (b) geom_edge_fan() with labels

그림 8.8: 비대칭 관계를 포함하는 대체 에지 geom을 사용한 ggraph 네트워크 시각화.

입력된 tbl_graph 데이터 구조, *network*는 노드 변수 *time*, 한 노드에서 이웃하는 노드까지 이동에 소요되는 분으로 나타낸 시간(a number of minutes)을 포함한다. aes 에지 함수를 호출할 때 *time*을 width 매개변수로 매핑한다. arrow() 함수를 호출하는, arrow 매개변수를 이용해서 3mm 닫힌 화살촉을 지정한다. end_cap 매개변수는 화살촉이 노드 위가 아닌, 각 노드의 중심 2mm 이전에 종료되도록 지정한다. scale_edge_width() 함수에 대한 range 매개변수의 시작 및 끝 값은 width 값에 따라 에지의 넓이를 조정한다.

R 입력 곡선 에지, 화살촉, 사용자 지정 에지 넓이가 포함된 **그림 8.8a** 생성

```
ggraph(network, layout="nicely") +
   geom_edge_diagonal(aes(width=time), color="gray65",
      arrow=arrow(length=unit(3,"mm"), type="closed"),
         end_cap=circle(2,"mm")) +
   scale_edge_width(range=c(0.4, 1.75)) +
   geom_node_point(color="gray30", size=5, alpha=.8) +
   geom_node_text(aes(label=name), repel=TRUE) +
   theme_graph()
```

그림 8.8b은 각 에지에 대한 레이블, 여기서는 이동 시간도 표시한다. geom_edge_fan() 함수를 호출할 때 변수 *time*을 시각적 미학 매개변수 label에 매핑한다. 또한, factor 버전의 *zone*을 시각적 미학 매개변수 color에 매핑해서, Zone 1 도시는 Zone 2 도시보다 더 어두운 회색 노드로 표시되도록 조정한다. 세 번째 매핑은 각 노드의 *name*을 geom_node_text() 함수의 시각적 미학 매개변수 label로 처리한다.

노드의 위치를 계산하기 위하여 몇 가지 다른 네트워크 알고리즘 중에서 선택한다. **그림 8.8**에 내재된 ggraph 코드는 여기서는 기본적으로 "nicely"로 지정된, layout 매개변수를 이용해서 시각화를 배치하는 알고리즘을 정의한다. ggraph 패키지와 함께 직접 제공되거나, igraph 패키지를 통해 간접적으로 제공된, 네트워크 알고리즘이 많이 존재한다. 많은 igraph 배치 방법 중 하나의 이름을 layout 인수로 나열하면, 지정된 배치를 구현한다. R 콘솔에서 ?layout_igraph_auto을 입력하면, 사용할 수 있는 igraph 배치 방법들을 파악할 수 있다.

기본적으로, ggraph()는 에지 레이블을 에지 중앙에 배치한다. 에지를 따라서 레이블을 배치하는 경우, 매개변수 angle_calc를 "along"으로 설정한다. 레이블을 에지에서 약간 벗어나게 배치하는 경우, lebel_dodge를 3mm로 설정한다.[15]

[15] 그러나, 양방향에서 에지와 비대칭 관계의 경우, 배치 알고리즘은 작동하지 않기 때문에, Adobe 일러스트레이터로 사후 처리하면 적절하게 레이블이 배치되고, 일부 노드 레이블에 약간의 사소한 조정이 이루어진다.

R 입력 레이블이 붙은 에지, 그리고 사용자 지정 에지 넓이가 포함된 **그림 8.8b** 네트워크 다이어그램 생성

```
ggraph(network, layout="nicely") +
  geom_edge_fan(aes(width=time, label=time), color="gray65",
    arrow=arrow(length=unit(2,"mm"), type="closed"),
    end_cap=circle(3,"mm"), angle_calc="along",
    label_colour="gray60", label_dodge=unit(3,"mm")) +
  scale_edge_width(range=c(0.4, 1.75)) +
  geom_node_point(aes(color=factor(zone)), size=5, alpha=.8) +
  scale_color_manual(values=c("gray20", "gray50")) +
  geom_node_text(aes(label=name), repel=TRUE, vjust=-2) +
  theme_graph()
```

노드, 에지, 그리고 레이블은 사용자 지정 색으로 표시될 수 있다. 앞선 코드에서 예시된 것처럼, 노드와 에지에 대해 `color` 매개변수를 사용한다. 레이블에 대해서 `label_colour` 매개변수를 사용한다.

8.2.3 네트워크 분석

한 노드에서 다른 노드로 가는 최단 경로 찾기 같은 네트워크, 또는 클러스터, 부분 그룹, 노드를 식별하는, 다양한 측면을 분석하기 위한 많은 도구가 존재한다. 여기서 네트워크 중심성(network centrality)을 고려해 보자. 대부분의 경로에 내장된 교통망의 어떤 위치 같은, 네트워크에 어떤 노드는 다른 노드보다 더 중심적일 수 있다. 네트워크 소프트웨어 **igraph**가 제공하는 네트워크 중심성 측정 방법을 **ggraph**를 통해서도 사용할 수 있다. 한가지 측정 방법, 매개 중심성(betweenness centurality)[16]은 각 노드에서 다른 모든 노드까지 최단 경로의 수를 구한다.

복합 티블 데이터 프레임, *network* 내에서 노드 또는 에지 데이터 테이블에 접속하려면, `activate()` 함수, `activate(nodes)` 또는 `activate(edges)`를 호출한다. 그러면, 후속 데이터 조작은 노드 또는 에지에만 적용된다. 여기서는 파이프 연산자 **%>%**를 적용하여 *network*의 노드 세션을 활성화한 다음, `centurality_betweenness()`를 이용해서 매개 중심성을 구하고, tidyverse mutate() 함수를 이용해서 결과를 새롭게 파생된 변수 `central`로 저장한다. 연산자 `->`는 수정된 내용을 데이터 구조에 다시 저장하라는 표시이다.

[16] 노드를 통과하는 최단 경로의 대략적인 수.

R 입력 네트워크 매개 중심성 분석과 데이터 조작

```
network %>%
      activate(nodes) %>%
      mutate(central = centrality_betweenness()) -> network
```

리스트 8.7로부터 새로 생성된 변수 *central*가 *network* 데이터 구조의 노드 섹션으로 추가된 것을 알 수 있다. 수정된 노드 데이터 테이블은 이제 두 개의 변수가 아닌 3개의 변수를 포함한다: *name*, *zone*, 그리고 *central*. 매개 중심성 점수는 City_A에서 City_B까지뿐 아니라 City_D에서 City_B까지의 최단 경로로, 2의 *central* 값을 갖는 City_C를 가장 중심적인 노드로 식별한다.

```
> network
# A tbl_graph: 4 nodes and 6 edges
#
# A directed simple graph with 1 component
#
# Node Data: 4 x 3 (active)
  name    zone    central
  <chr>  <int>      <dbl>
1 City_A     2          0
2 City_B     1          0
3 City_C     1          2
4 City_D     2          0
#
# Edge Data: 6 x 3
   from    to  time
  <int> <int> <int>
1     1     3    22
2     2     3    16
3     4     3    24
# ... with 3 more rows
```

리스트 8.7: 각 노드의 매개 중심성 점수를 포함하는 tbl_graph 데이터 구조.

네트워크 분석에 관한 모든 서적은 여기에 다룬 것보다 더 상세한 내용을 제공한다. 이 절은 간단한 네트워크에 적용된, 많은 핵심 개념의 시각화와 분석을 소개하였다. 이런 개념들은 직설적으로 대규모 네트워크로 일반화된다.

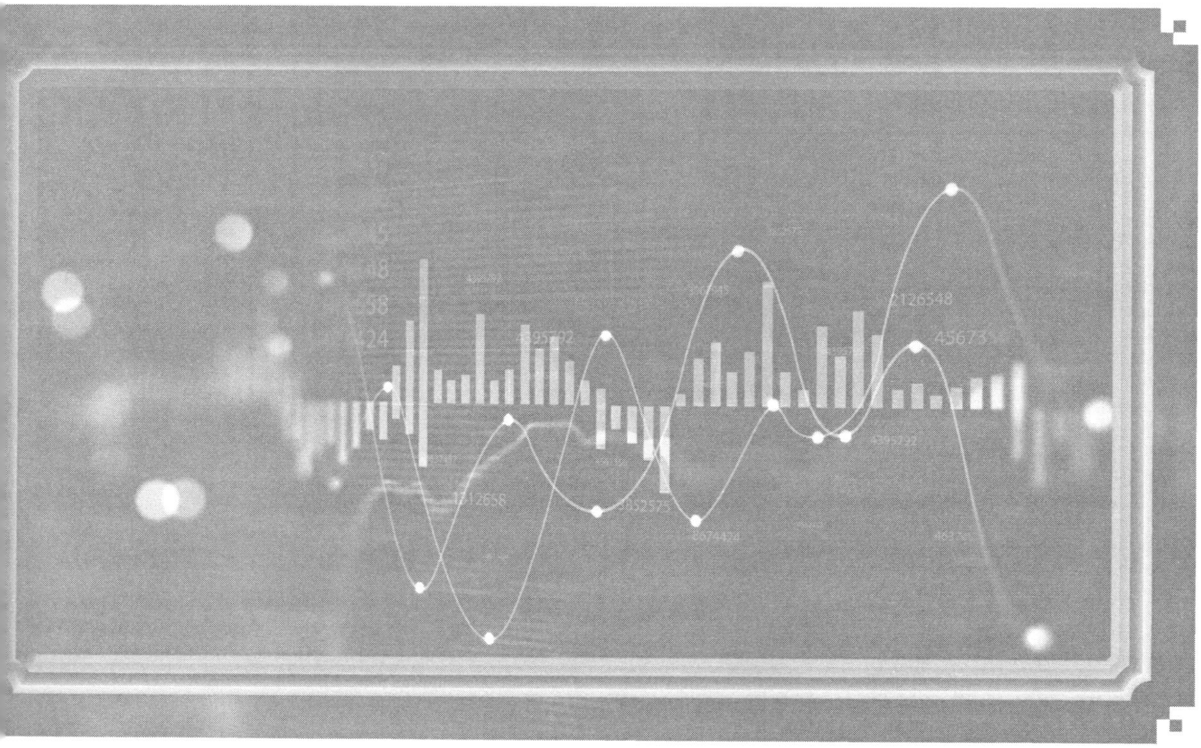

대화형 시각화

9.1 샤이니를 이용한 대화형 시각화

대화형 시각화(interactive visualization)는 정적 시각화(static visualization)[1]를 실시간으로 시각적 분석 내용을 보여주는 포털로 변환시킨다. 대화형 R 시각화는 R 프로그래밍에 대한 지식이 없는 분석자에게 R 시각화를 수행할 수 있는 권한을 준다. 클릭해서 분석에 사용할 변수, 또는 데이터의 하위 그룹을 선택하거나, 분석을 수행한다. 심지어 사용자는 자신의 데이터를 표준 템플릿으로 업로드해서, 회귀선을 포함하는 산점도와 같은, 사전 정의된 분석을 생성할 수도 있다. R 대화형 출력은 익숙한 웹 브라우저로 볼 수 있는, 웹 페이지에 나타난다.

9.1.1 정적 시각화 대 대화형 시각화

대화형 R 시각화를 구현하려면, 해당 정적 시각화로 시작한다. `lessR` 패키지의 `Histogram()` 또는 `ggplot2` 패키지의 `geom_histogram()`와 같은, 특정 함수를 선택한다. 그리고 R의 대화형 응용 프로그램, 샤이니(Shiny)[2] 같은 상호작용성(interactivity)을 추가하고, 사용법 따른다.

예를 들어, `Histogram()` 함수를 이용해서 사용자가 지정한 빈폭(bin width)을 제공하려면,

[1] 수정하는 경우, 수정된 변수 이름과 매개변수 값을 갖는 함수 이름을 수동으로 다시 입력하고, 재실행하는 시각화.

[2] 웹 브라우저 내에서 대화형 R 입력 값에 따라 해당 출력을 시각화하는 웹 프로그램.

`bin_width` 매개변수 값을 지정한다. 정적 시각화의 경우, 빈폭이 다른 히스토그램을 생성하려면, 다른 `bin_width` 값을 갖는 `Histogram()` 함수 호출을 다시 시작해야 한다. 그러나, 대화형 버전의 경우, 대화식으로 매개변수 값을 변경한다. 예를 들어, **그림 9.1**에 보이는 것처럼, 샤이니는 빈폭과 같은 숫자 값을 감소시키거나 증가시키는 포인터를 이동시키는, 슬라이더와 같은 웹 페이지 인터페이스를 제공한다. 이런 입력 값은 반응형(reactive)이다. 수정된 입력 값은 자동으로 수정된 출력으로 이어진다.

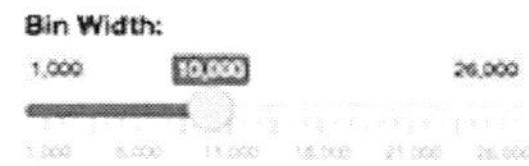

그림 9.1: 히스토그램의 빈폭을 입력하는 슬라이더.

다양한 가능성을 탐구하기 위하여, 차례차례로 입력된 다른 값의 빈폭에 따라 히스토그램의 모양이 다르게 표시된다.

9.1.2 샤이니 개요

RStudio[3]는 대화형 시각화를 위한 R 코드를 개발하였다. 샤이니(Shiny)는 R을 위한 통합개발환경(Integrated Development Environment, IDE) RStudio 플랫폼에서 사용할 수 있는 클라이언트-서버 웹 응용 프로그램이다. 서버는 계산을 수행한다. 서버 컴퓨터는 RStudio를 실행하는 여러분의 컴퓨터, 지역 네트워크상의 컴퓨터, 또는 인터넷에서 액세스할 수 있는 컴퓨터가 될 수 있다. 다른 컴퓨터가 여러분의 샤이니 앱에 접속하려면, 샤이니 서버[4] 소프트웨어를 실행하는 네트워크 또는 웹에 연결된 서버 시스템을 구축한다.

서버 시스템의 지시에 따라, 사용자 컴퓨터는 사용자가 상호작용하는 웹 페이지를 생성한다. **그림 9.1**에 보이는 슬라이더처럼, 사용자의 웹 브라우저, 클라이언트는 계산이 따르는 입력을 제공한다. 클라이언트가 입력된 값을 샤이니 서버로 전달하면, 서버는 출력을 계산한다. 그런 다음에 서버는 출력 값을 사용자-인터페이스(user-interface)로 반환한다. 생성된 웹 페이지는 계산에서 나온 출력물의 자리 표시자(placeholder) 역할도 한다. 샤이니 앱과 상호작용하려면, 웹 브라우저를 앱을 호스팅하는 URL 주소로 이동시킨다.

단일 앱에 대한 샤이니 코드는 두 섹션으로 구성된다. 계산에 필요한 서버 코드는 서버 컴퓨

[3] RStudio Inc.: Shiny와 RStudio 모두 RStudio의 작품이므로, Rstudio에서 Shiny를 편리하게 실행할 수 있다.

[4] Shiny server: https://rstudio.com/products/shiny/shiny-server/

터에서 실행된다. 사용자 인터페이스 코드, *ui*는 입력 및 출력 결과를 표시하는 웹 페이지와 상 호작용하기 위하여 사용자의 컴퓨터에서 실행된다. 각각 `ui.R` 그리고 `server.R`로 명명된, 자체 파일의 각 섹션에 대한 코드를 보다 바람직하게 유지하려면, 소규모 데모 앱을 제외하고, 파일 이름을 `app.R`로 지정한다.

1. 앱을 실행하는 서버 위치로 브라우저를 가리키거나, 로컬 컴퓨터에 있는 경우, RStudio를 통해 앱을 실행한다.
2. 사용자-인터페이스 코드, *ui*는 히스토그램 계산을 위한 빈폭처럼, 어떤 값을 입력할 수 있는 조항이 있는 웹 페이지를 생성한다.
3. *input* 매개변수를 통한 사용자-인터페이스 코드는 이 값을 서버 코드를 호스트하는 모든 컴퓨터의 샤이니 서버로 전달한다.
4. server 함수는 *input* 매개변수로 정의된 하나 이상의 값으로 R 코드를 처리한다.
5. server 함수는 *output* 매개변수를 통하여 사용자-인터페이스로 출력을 반환한다.
6. 사용자-인터페이스는, 일반적으로 입력 장치가 포함된 동일한 웹 페이지에, 예를 들어 선택된 빈폭을 갖는 히스토그램과 같이, 새로 생성된 출력을 표시한다.

샤이니 앱을 개발하려면, 사용자 인페이스 코드와 서버 코드를 개발하는 방법, 그리고 그 두 가지, *ui* 객체와 *server* 함수를 연결하는 방법을 이해해야 한다.

샤이니 서버

서버 컴퓨터는 분석을 수행하기 위하여 R 코드를 처리한다. **리스트 9.1**에 설명된 바와 같이, 계산을 위한 코드는 라인 6-12에서 server라는 이름의 함수 내에서 정의되었다.

```
1   library(shiny)  # access Shiny functions
2   library(lessR)  # access lessR functions
3
4   d <- Read("http://lessRstats.com/data/employee.csv")  # read data
5
6   server <- function(input, output) {  # the server function
7
8     output$myPlot <- renderPlot({  # output is plot myPlot
9       Histogram(Salary, bin_width=input$myWidth)  # my_width is input bin width
10    })
11
12  }
```

리스트 9.1: 히스토그램에 대한 대화형 빈폭을 포함하는 `server.R` 코드의 예.

server 함수는 최소한 2개의 매개변수를 정의한다: *input* 그리고 *output*. 서버 함수는 *input* 매개변수를 통하여 *ui*에서 정보를 받고, 이 정보를 처리한 다음, 생성된 출력을 *output* 매개변수를 통하여 *ui*로 반환한다. 샤이니 앱이 실행되는 동안, 항상 새로운 입력을 "들으면서(listening)" 양방향 통신 프로세스는 계속되며, 입력에 어떤 변화가 있으면 이에 반응하고, 해당하는 새로운 출력을 생성한다.

이 예는 server 함수 내에 라인 9에 있는 *input$myWidth*로 전달되는, 오직 하나의 대화형 입력 값, bin_width 매개변수에 대한 것이다. Histogram() 함수는 입력 값을 매개변수 bin_width의 지정 값으로 받아들인다. 사용자가 이 값을 입력하는, 사용자 인터페이스도 동일한 이름으로 동일한 값을 정의한다. *input* 그리고 *output* 매개변수는 R의 표준 리스트형 객체이기 때문에, 매개변수 이름 다음에 $와 값 이름을 붙여서 목록의 특정한 값을 참조한다.

이 예도 라인 8에 정의된, 전체 이름이 *output$myPlot*인 *myPlot*, 단일 *output* 값만 제공한다. *ui*으로 입력할 준비가 완료된 함수 *output*을 구성하려면, 샤이니가 렌더 함수(render function)[5]를 호출하는 본문에 Histogram() 함수를 표시한다. 시각화 출력을 구성하려면, renderPlot() 함수를 동작시킨다.

R 입력 샤이니의 렌더 함수 형식

```
output$output_name <- rendername ({ R code with input$input_name})
```

*name*은 R 코드가 생성한 객체 유형이다. 예를 들어, **리스트 9.1**의 라인 8-10에서 정의된 renderPlot()은 시각화를 생성할 R 코드를 명시한다. 여기서는 한 줄 코드만으로 함수를 정의했지만, 렌더 함수를 호출할 때, 중괄호, {와 }를 사용하면, 여러 줄의 R 코드를 사용해서 출력을 정의할 수 있게 한다. 이 함수의 출력은 하나 이상의 값을 갖는 output 매개변수를 정의한다.

표 9.1은 시각화를 위한 renderPlot() 이외의 사용할 수 있는 렌더 함수들을 나열하였다. 대화형 출력을 얻기 위하여 대화형 텍스트, 이미지 그리고 테이블도 포함시킬 수 있다.

[5] 생성된 출력의 유형에 따라 output 매개변수를 정의한다.

표 9.1: 대화형 출력을 위해 샤이니 사용자 인터페이스 구성 성분을 생성하는 샤이니 렌더 함수.

렌더 함수	출력 설명
renderPlot	Plot Output
renderText	Text Output
renderPrint	Printable Output
renderDataTable	Table Output with DataTables JavaScript Library
renderImage	Image File Output
renderTable	Table Output
renderUI	UI Output
downloadHandler	File Download

리스트 9.1은 `server.R` 파일에 `server()` 함수 이상이 포함되어 있다는 것을 보여준다. 다른 R 코드와 마찬가지로, `library()` 함수를 동작시키면, 기여 패키지에 포함된 모든 함수에 접속할 수 있다. 여기서는 `shiny` 패키지 그리고 `lessR` 패키지에 포함된 `Read()` 함수와 `Histogram()` 함수에 접속하기 위하여, 라인 1-2에 각각 `library(shiny)`와 `library (lessR)`를 동작시켰다. 서버 코드는 데이터가 처리되는 장소이므로, 데이터를 사용할 수 있어야 한다.

샤이니 사용자-인터페이스

샤이니 사용자-인터페이스는 사용자가 지정한 입력을 받아들이고, 입력 내용을 서버로 보내고, 서버가 생성한 출력을 받아들인 다음에, 서버 출력을 나타내는 웹 페이지를 생성한다. *ui*는 웹 페이지를 구성하기 때문에, HTML, css, 및 JavaScript의 표준 웹 페이지 언어로 코드를 작성한다. 다행스럽게, 샤이니는 모든 기술적 웹 세부 정보를 처리하기 때문에, 웹 페이지 구성에 대한 몇 가지 기본 지식으로 특정 사용자 지정이 추가되더라도, 샤이니 웹 개발자는 샤이니 확장 기능을 포함한 기초적인 R만 알면 된다.

사용자는 R 또는 웹 브라우저 구성에 대한 지식이 필요가 없는, 샤이니 앱과 상호 작용하는 웹 브라우저만 있으면 된다. 샤이니는 R에서 코드화할 필요가 없는 R 분석을 수행한다. 어떤 회사의 직원은 코딩없이, 다양한 측면의, 예를 들어 지역별로, 판매 데이터를 조사할 수 있다. 통계학과 학생들은 프로그래밍 대신 개념에 집중할 수 있다.

샤이니 사용자 인터페이스(user interface)는 생성된 웹 페이지에 입력 및 출력 영역뿐 아니라,

제목과 같은 다른 정보로도 구성된다. 샤이니는 이런 인터페이스를 구성한 코드를 샤이니 함수 *ui*로부터 얻은 출력으로 간주한다. **리스트 9.1**의 `server.R` 코드와 짝을 이루는 해당 `ui.R` 코드가 **리스트 9.2**에 보인다.

```
1   library(shiny)
2
3   ui <- fluidPage(  # Define UI for app that draws a histogram
4
5     titlePanel("Select Bin Width"),  # App title
6
7     sidebarLayout(  # Sidebar layout with input and output definitions
8
9       sidebarPanel(  # Sidebar panel for inputs
10
11        sliderInput(inputId = "myWidth",  # Input: Slider for the number of bins
12                    label = "Bin Width:",
13                    min = 1000, max = 20000, value = 8000)
14      ),
15
16      mainPanel(  # Main panel for displaying outputs
17        plotOutput(outputId = "myPlot")  # Output: Histogram
18      )
19    )
20  )
```

리스트 9.2: 히스토그램 빈폭에 대한 입력을 제공하고, `server.R`이 생성한 결과 히스토그램을 보여주는 *ui* 객체를 정의하는 `ui.R`의 예.

`ui.R`의 코드의 핵심은 **리스트 9.2**의 라인 11-13에서 정의된 `sliderInput()` 함수이다. 이 함수는 빈폭 값을 입력하는 슬라이더 위젯(widget)을 표시하는 웹 코드를 생성한다. 핵심 매개변수는 첫 번째로 나열된 *inputId*이다. 이 예에서 *myWidth*으로 지정된, 입력 객체 이름은 바로 여기서, 전체 이름 *input$myWidth*으로 정의된다. 그리고 이 값은 서버로 전달된다.

두 번째로 나열된 *label* 매개변수는 위젯 위에 설명 레이블을 표시해서 사용자에게 입력을 안내한다. 다른 위젯은 다른 매개변수를 가질 수 있다. 슬라이더의 경우, 설정된 매개변수에는 최소 및 최대 값을 표시하는 *min*과 *max*, 그리고 사용자 지정 값을 입력하는 슬라이더를 이동하기 전에, 초기에 생성된 히스토그램의 빈폭에 대한 기본 설정 값을 표시하는 *value*가 있다.

표 9.2는 `sliderInput()` 함수 이외의 표준 입력 위젯들을 나열하였다. 위젯을 정의하는 모든 샤이니 입력 함수는 동일한 일반 구문을 갖는다. 각 입력 함수의 변수는 *inputId*와 *label*로 시작한다.

표 9.2: 입력할 샤이니 위젯에 입력할 정보.

함수	위젯	inputId, label + 일반적 인수
actionButton	Action Button	
checkboxInput	Single check box	value
checkboxGroupInput	Group of check boxes	choices, selected
dateInput	Calendar to aid date selection	value, min, max, format
dateRangeInput	date range from two calendars	start, end,min, max, format
fileInput	Upload file	multiple
numericInput	Field to enter numbers	value, min, max, step
radioButtons	Set of radio buttons	choices, selected
selectInput	Box with choices to select from	hoices, selected, multiple
sliderInput	Slider bar	min, max, value, step
textInput	Field to enter text	value
submitButton	Submit button	text (no inputId or label)

샤이니는 웹 페이지 사용자 인터페이스의 물리적 영역을 패널(panel)이라고 부른다. 전형적인 샤이니 시각화는 3가지 패널에 대한 코드를 포함한다: 입력 패널을 위한 제목, 입력 패널, 그리고 출력 패널. **리스트 9.2**의 라인 9에서 시작하는 `sidebar()` 함수는 입력 위젯의 배치를 지정하며, 여기서는 공간이 허락하는 웹 페이지 옆에 위젯을 배치하였다.

`mainPanel()` 함수는 출력을 나타내는 패널을 정의한다. 여기서는 `plotOutput()` 함수가 지정한, 단일 패널만 존재한다. 핵심 매개변수는, 이 예에서는 `server.R`에서 전체 이름 *output$myPlot*으로 정의된, 해당 렌더 함수로부터 얻은 출력 이름과 일치하는 이름, *outputId*이다.

입력과 출력 패널의 상대적 위치를 지정하는, `sidebarLayout()` 함수의 범위 내에서 `sidebar()`과 `mainPanel()` 함수 모두를 정의한다. **리스트 9.2**의 라인 5에 있는 `titlePanel()` 함수는 웹 페이지 제목을 정의한다. 소괄호를 이용해서, 이용할 수 있는 너비에 따라 자동으로 페이지 표시를 조정하는, `fluidPage()` 함수 내에 있는 이런 모든 함수를 에워싼다. 웹 브라우저를 실행하는, 스마트폰에서 대형 외부 컴퓨터 모니터까지 모든 장치에서 웹 페이지를 확인한다.

출력 함수는 그래프, 표, 그리고 텍스트와 같은, 다른 유형의 출력을 샤이니 앱에 넣는다. 출력 함수에 대한 첫 번째 인수는 *outputId*이다. **표 9.3**에 보이는 것처럼, `renderPlot()` 및 `plotOutput()` 함수와 같이, 많은 렌더 함수에는 상응하는 출력 함수가 있다.

표 9.3: 정보를 출력하는 샤이니 출력 함수.

함수	출력
dataTableOutput()	interactive table
htmlOutput	raw HTML
imageOutput	image
plotOutput	plot
tableOutput	table
textOutput	text
uiOutput	Shiny UI element
verbatimTextOutput	text

9.2 샤이니 앱 실행

9.2.1 RStudio 내에서 샤이니

`ui.R`과 `shiny.R` 파일 또는 app.R로 구성된, 각 샤이니 앱은 하나의 고유한 RStudio 프로젝트 내에 가장 잘 포함되어 있다. RStudio 프로젝트를 시작하려면, 마우스를 RStudio 윈도우 화면의 오른쪽 상단 모서리로 이동시킨 다음, **그림 9.2**에 보이는 것과 같은 드롭다운 메뉴에서 New Project 옵션을 활성화한다.

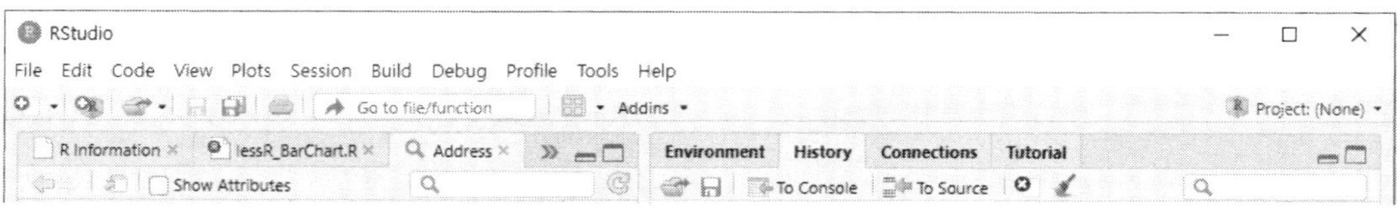

그림 9.2: RStudio 윈도우 화면 오른쪽-상단 모서리에 보이는 드롭-다운 메뉴의 New Project 옵션.

그리고 새 디렉토리를 생성하거나(New Directory) 기존 디렉토리를 사용(Existing Directory)하도록 선택한다. **그림 9.3**에 보이는 것처럼, 디렉토리의 이름은 생성된 프로젝트의 이름이다.

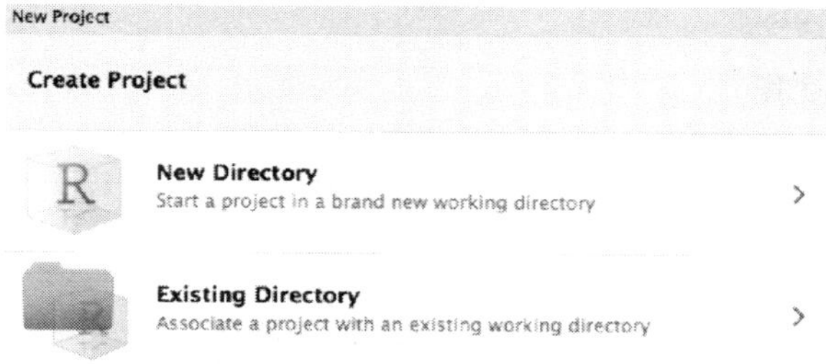

그림 9.3: 기존 디렉토리를 선택하거나 프로젝트 이름으로 새 디렉토리 생성.

RStudio 프로젝트 디렉토리는 `ui.R`과 `server.R`뿐만 아니라 필요한 모든 파일이 저장되는 위치이다. *data* 디렉토리에 데이터 파일을 저장하는 권장된 관행을 따른다. 파일 시스템에서, 또는 **그림 9.4**에 보이는 것처럼, 기본적으로 오른쪽 아래 창(pane)에 있는 RStudio의 Files 탭에서 디렉토리 내용을 확인한다. 디렉토리는 프로젝트를 정의하는 .Rproj 화일도 포함한다. 이 파일을 더블 클릭해서 Rstudio 프로젝트를 연다.

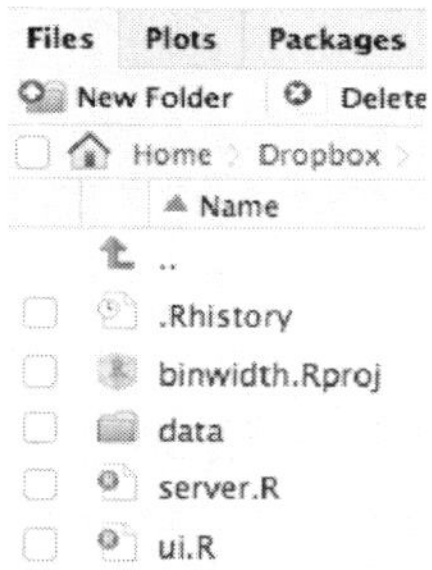

그림 9.4: RStudio 프로젝트 디렉토리 내용.

대화형 시각화를 실행하려면, RStudio의 Files 탭 또는 파일 시스템에서 프로젝트 이름을 더블 클릭해서, ui.R 그리고/또는 server.R 파일을 연다. 각각의 파일 이름들을 인식하면서, RStudio는 샤이니 앱을 인식하기 때문에, **그림 9.5**에서 보이는 것처럼, 기본적으로 RStudio 윈도우 편집 창의 오른쪽 상단에 Run App 버튼이 표시된다.

그림 9.5: 대화형 시각화를 실행.

Run App 버튼을 클릭하면, **그림 9.6**에 보이는 것처럼, 대화형 시각화가 수행되는 화면이 나타난다.

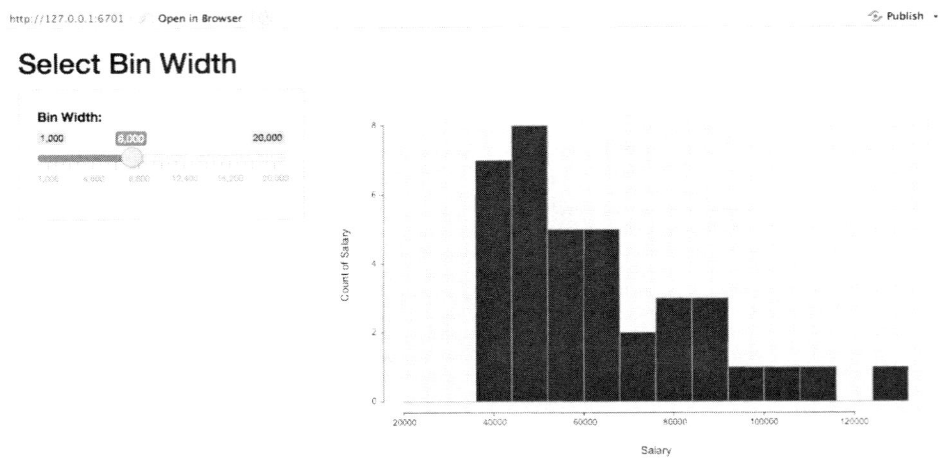

그림 9.6: 입력/출력 웹 페이지.

9.2.2 샤이니 앱 웹에 출판

샤이니 앱이 로컬 컴퓨터에서 작동하면, 앱을 다른 사용자들이 접속할 수 있도록 웹으로 출판한다. 한 가지 가능성은 로컬 네트워크 및 아마도 인터넷에 연결된 서버 컴퓨터에 샤이니 서버 소프트웨어를 설치하는 것이다. 또 다른 가능성은 R Studio, Inc.에서 제공하는 것과 같은, 샤이니 서버 소프트웨어가 설치된 상업적 서버에 접속하는 것이다.

1. 제한적으로만 사용할 수 있는 shinyapps.io 계정에 등록한다.
2. RStudio 설치 프로그램을 shinyapps.io 계정으로 연결하기 위한 계정을 등록할 때 지침을 따른다. 여기서도 지침을 확인할 수 있다.
3. 로컬 컴퓨터에서 샤이니 앱을 실행하고 RStudio가 생성하는 브라우저와 같은 윈도우의 오른쪽 상단에 있는 Publish 버튼을 누른다. 그리고 대화상자에서 앱에 적합한 제목을 제공한 다음, Publish 버튼을 클릭한다.
4. 배포된 앱이 로컬 컴퓨터에서도 동일하게 실행되는지 확인한다. 앱이 올바르게 표시되지 않는 경우, 앱의 로그 파일을 검사한다.
5. 로컬로 개발된 샤이니 앱을 shinyapps.io 계정의 샤이니 서버로 연결하려면, `rsconnect` 패키지에 포함된 `deployApp()` 함수를 사용한다.

shinyapps.io에서 샤이니 앱을 이용한 웹 호스팅을 이용해서 로컬 컴퓨터에서 샤이니 응용 프로그램을 연결하려면 호스팅 계정이 필요하다. 로컬 컴퓨터에서 앱을 샤이니 서버로 연결하려면, `rsconnect` 패키지가 필요하다. `deployApp()` 함수를 호출할 때 경로 이름을 지정하지 않으면, RStudio 프로젝트에서처럼, 현재 작업 디렉토리를 참조한다.

R 입력 로컬 샤이니 앱을 shinyapps.io에 있는 샤이니 서버로 연결

```
libary(rsconnect)
deployApp()
```

일단 본인의 계정과 그 계정으로 업로드된 샤이니 앱을 갖고 있다면, 세상과 공유할 준비가 된 것이다. 다음 형식의 URL을 입력해서 접속한다:

```
https://user_name.shinyapps.io/app_name/
```

다른 사용자가 여러분의 앱에 접속하는 경우, 무료 계정을 위해 할당된 시간이 부족할 수 있다. 시간을 절약하는 한 가지 방법은 앱의 유휴 시간을 기본 15분에서 5분 내외로 줄이는 것이다. 그렇게 하려면, shinyapps.io 대시보드에서 Setting을 선택한 다음, Instance 제목 아래에 있는 Instance Idle Timeout 항목에서 시간을 낮춘다.

R 입력 참조 사이트

functions : `https://shiny.rstudio.com/reference/shiny/latest/`
summary :`https://shiny.rstudio.com/images/shiny-cheatsheet.pdf`
video : `https://vimeo.com/rstudioinc/review/131218530/212d8a5a7a/#t=37m46s`

물론, 여기에서 소개된 샤이니에게는 더 많은 것이 있다. 그러나, 이 간략한 샤이니 소개는 샤이니 앱을 개발하고 호스트를 시작하는 데 필요한 배경을 제공한다. 이러한 기반 위에서 더욱 정교한 애플리케이션이 구축된다. 게다가, 대화형 시각화를 위한 R 패키지들도 존재한다. 그런 패키지 중 하나, `plotly`(Sievert, 2018)는 Python과 MATLAB 언어 버전을 갖고 있으며, `ggplot2`와 샤이니 앱과 잘 통합된다. 위젯의 개념은, 샤이니 앱에 대해 사용자 지정을 확장할 뿐 아니라, R Markdown 문서에 대해 대화형 기능을 향상하는, `htmlwidgets` 패키지(Vaidyanathan, Xie, Allaire, Cheng, & Russell, 2018)에서 공식화되었다. 샤이니 앱과도 통합되는, `visNetwork` 패키지(Almende B.V., Thieurmel, & Robert, 2018)를 통해 대화형 네트워크 시각화가 가능하다.

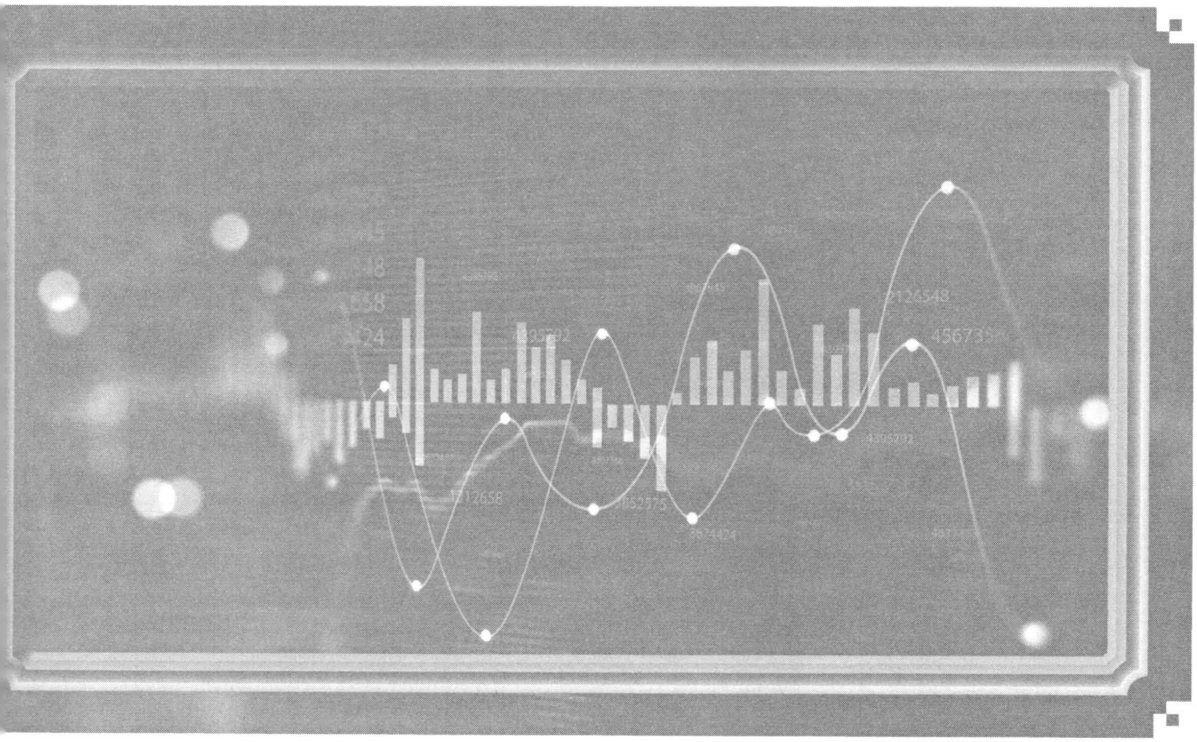

사용자 지정 시각화

데이터 시각화는 각각의 시각적 미학을 위한 많은 가능성 중 하나만 보여준다. 표시된 선의 너비, 글꼴, 그리고 색상과 같은 시각화의 거의 모든 측면을 사용자가 원하는 대로 수정할 수가 있다. 기간(현재 또는 지속적)과 범위(개별 미학 성분 또는 전체 테마) 모두에 따라 이런 사용자 지정 시각화를 체계화한다. **그림 10.1**은 네 가지 가능성을 보여준다.

Scope \ Temporal	*Current Visualization*	*Persistant*
General Theme	Change theme only for current visualization	Change theme indefinitely
Individual Characteristic	Change one or more individual aesthetics only for current visu-alization	Change one or more individual aesthetics indefinitely

그림 10.1: 네 가지 유형의 사용자 지정 시각화.

일시적인 수정(temporary modification)[1]은 단일 시각화에만 적용된다. 나중에 수정되지 않는 경우, 지속적인 수정(persistent modification)[2]은 모든 후속 시각화에 적용된다. 범위(scope)와

[1] 단일 시각화에만 적용.

[2] 구체적으로 수정하지 않는 한, 모든 후속 시각화에 적용.

관련하여, 시각화의 단일 특성을 수정하거나, 테마를 정의하는 시각화의 전체적인 특성을 수정할 수 있다.

사용자 지정 시각화는 가끔 색상 사용을 포함하며, 다음에 설명된다.

10.1 색상 참조

10.1.1 색상 묘사

RGB와 HCL 색 공간을 포함해서, R은 색을 지정하는 여러 가지 방법을 제공한다. 하지만, 우선, 색상 이름을 고려해 보자.

⚜ 색상명

R은 `colors()` 함수에서 (동일한 색에 대해 다른 철자를 포함하는) 전체 657개의 색상명 목록을 제공한다. 좀 더 흥미로운 일부 색상명에는 `"chocolate"`, `"thistle"`, `"lavenderblush"`, 그리고 "peachpuff"가 있다.

색상을 확인하려면, 모든 색상명과 해당하는 빨간색, 녹색 및 파란색 조성의 샘플을 포함하는 "colors.pdf" 파일을 작업 디렉토리에 생성하는, lessR 함수 `showColors()`[3]를 동작시킨다. **그림 10.2**는 일부 그레이스케일 색에 대한 `showColors()` 출력에서 발췌한 내용을 보여준다.

그림 10.2: `showColors()` 출력에서 발췌된 일부 그레이스케일 색.

[3] 명명된 모든 R 색상과 해당 RGB 성분을 보여주는 함수.

그레이스케일은 검정색 "gray00"에서 흰색 "gray000"까지 다양하다. 이런 색상명은 중간 명도의 잿빛에 대한 gray(0.5)와 함께, gray(0) 및 gray(1)과 같이, 검정색에 대해 0부터 흰색에 대해 1까지의 입력 값으로 기저를 이루는 gray() 함수를 참조한다.

색상명은 사용하기 간단하지만, 궁극적으로 시각화를 위해 선택된 특정 색상에 대한 보다 세심한 관리가 필요하다. 그것은 색 공간(color space)의 목적이다.

RGB 색 공간

rgb() 함수는 빛의 빨간색, 녹색 및 파란색 성분에 따라 색을 지정하는 수단을 제공한다. 부분적인 투명성을 얻기 위하여 선택적으로 4번째 성분, alpha를 추가할 수 있다. 기본적으로, rgb() 함수의 3개 또는 4개 값은 0부터 1까지 변하는 비율이다. 예를 들어, rgb(0,0,0)은 지정된 색상 "black"과 동일하고, rgb(1,1,1)은 지정된 색상 "white"과 동일하고, 그리고 rgb(1,0,0)은 지정된 색상 "red"와 동일하다. 기본 1의 alpha 값은 불투명한 색상, 즉 투명도가 없는 색을 대표한다. 도면용 Adobe Illustrator 및 사진용 Adobe Photoshop과 같이, 색상 조작용 기타 응용 프로그램은 0~255 범위의 값으로 색을 지정한다. 이렇게 큰 범위의 숫자를 적용하려면, rgb() 함수 내에서 매개변수 maxColorValue=255로 지정한다.

R은 표준 16진수 표기법으로 색을 처리하기 때문에, R은 rgb()를 16진숫자로 평가한다. 우리의 통상적인 10진수들과 동등하지만, 0부터 15까지 16자리 수를 다루기 위하여, 십육진숫자는 0부터 9까지와 A부터 F까지 다양하다. 색상의 16진수 표현의 앞 두 자리는 빨간색의 양을, 둘째 두 자리는 녹색의 양을, 그리고 마지막 두 자리는 파란색의 양을 나타낸다. 두 표기법 모두 동일한 색 공간, 즉 빨간색, 녹색, 그리고 파란색 성분에 관하여 표현된 기저를 이루는 색을 참조한다. RGB 표기법으로 파란색을 평가한 예가 **리스트 10.1**에 보인다.

```
> rbg(0,0,1)
> "#0000FF"
```

리스트 10.1: 기본 R rgb() 함수의 16진수 출력.

이 예에서, rgb() 함수 호출의 빨간색과 녹색 성분 값은 모두 0이며, 파란색 성분은 최대값 1을 포함한다. 이 16진수 출력은 빨간색의 경우 00에 해당하며, 녹색의 경우 00에 해당하며,

그리고 파란색의 경우 FF로 표현되는 최대 16진수 값으로 번역된다.

`rgb()` 선택사항은 컴퓨터 화면이 색을 표시하는 방법의 물리적 특성에서 나온다. 불행하게도, 물리적 하드웨어의 공학적 사양은 색에 대한 인간의 획일적인 인식으로 해석하지 못한다. 예를 들어, RGB 색상을 이용해서 체계적으로 색을 바꾸고 같은 수준의 밝기를 유지하는 간단한 방법은 없다. 인간이 색을 지각하는 방식과 컴퓨터 모니터 작업하는 방식은 다른 색 공간의 필요성을 시사하는 두 개의 다른 프로세스이다.

HCL 색 공간

데이터 시각화를 위해 일반적으로 선호되는 색상 사양, `lessR` 및 `ggplot2`에 대한 기본값은 기본 R `hcl()`[4] 함수의 3개의 HCL 좌표에서 나온다. 다른 색조로 표시되는 시각화의 다른 영역이 같은 수준의 강도를 유지할 수 있는 것이 HCL 색 공간의 주된 장점이다. 그렇지 않으면, 더 강렬하고 밝은 영역이 더 어두운 영역보다 시각적으로 선호된다.

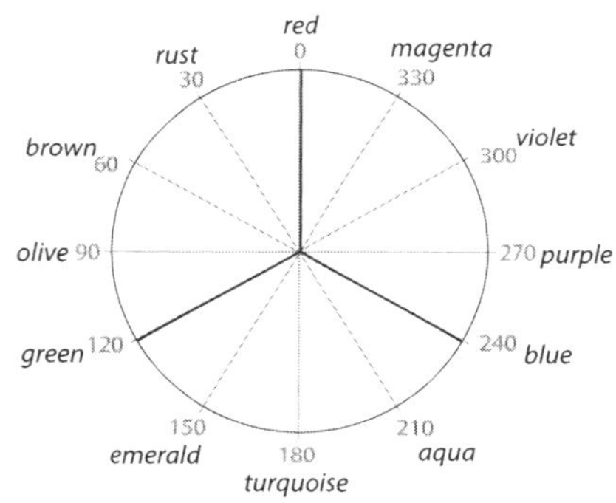

그림 10.3: 30도 단위로 명명된 HCL 색상.

이런 좌표로 정의된 HCL 색 공간은, 우리가 색을 인지하는 것처럼, 색조(hue: 무지개 위에 놓인 것과 같은 색상 이름), 채도(chroma: 회색에서 화려한 색까지 색상의 강도), 그리고 명도(luminance: 밝기)에 관해서 색상을 표현한다. HCL 색 공간의 색조를, 빨간색을 0으로 설정한 0부터 360까지의(그리고 그 배수의) 각도에 관하여 표현한다. 빛의 다른 원색들, 녹색과 파란색은 120도 단위로 설정되어, 각각 120과 240도가 된다. **그림 10.3**은 `lessR` 색 관리 시스템이 식별한 30도씩 증가하는 색상환(color wheel) 주위의 HCL 색상에 본 저자가 선택한 이름을 나타낸다.

3개의 `hcl()` 좌표의 매개변수 이름은 `h`, `c`, 그리고 `l`이다. `hcl()` 함수는 채도와 명도를 차원을 0에서 100까지 조정한다. `h`의 값에 상관없이, `c` 값이 0이면, 0에 가까운 `l` 값에 해당하는 어두운 회색에서 l 값이 100에 가까워질 때 밝은 회색까지의 그레이스케일이 발생한다. `c` 값

[4] 색조(hue), 채도(chroma), 그리고 명도(luminane)에 관하여 색을 정의하는 기본 R 함수.

을 100에 가깝게 증가시키면, 채도가 높은 선명한 색채를 낸다. 100에 가까운 l 값은 파스텔을 초래한다. l 값이 낮은 경우, 더 깊고 선명한 색을 만들어진다.

rgb() 함수의 출력과 마찬가지로, R 시각화 함수는 **리스트 10.2**에 표시된 예처럼, hcl() 함수의 16진수 출력을 직접 입력할 수 있도록 사용자 지정을 허용한다. 불행하게도, 인간이 인식하는 HCL 색 공간의 모든 색상이 컴퓨터 모니터의 RGB 색 공간으로 번역되지 않는다. 유효한 입력 값을 이용해서 HCL 색 공간의 모든 색상을 표시하려면, RGB 색 공간으로 번역된 일부 색상의 (동등한 16진수의) 근사치가 필요하다. hcl() 함수의 fixup 매개변수는 기본적으로, 필요에 따라 색상의 근사치를 허용하도록 TRUE로 지정된다. 실제 HCL 색상만 표시하려면, fixup 매개변수를 FALSE로 지정한다. 대부분의 채도와 명도의 조합은 HCL 색상의 전체 스펙트럼을 만들지 못한다는 문제가 자주 발생한다. 채도 c를 70으로 명도 l를 50으로 지정한 것과 같이, 중간 정도의 값만 모든 색조를 적절한 HCL 색상으로 만든다.

```
> hcl(240,70,50)
> [1] "#007FBB"
```

리스트 10.2: 파란색에 대한 hcl() 함수의 출력.

10.1.2 매개변수: fill과 color

R에서 색상을 지정할 수 있는 능력이 주어지면, 어떻게 지정된 특성의 시각화 색상을 사용자 지정하는가? 이런 작업에 유용한 두 가지 매개변수에는 fill과 color가 있다. 매개변수는 fill은 점, 막대, 또는 파이 조각의 면적과 같은 다각형의 내부(interior)를 가리킨다. fill 매개변수는 다각형의 내부가 표시되는 방식을 설명한다. 매개변수 color는 다각형 또는 선의 외부(exterior)에서 보는 색에 대한 지각, 즉 겉모습을 가리킨다. 다각형의 경우, 매개변수 color는 테두리의 색을 말한다. 선분에 대한 color 매개변수는 선의 색을 가리킨다. **그림 10.4**는 밝은 회색으로 막대를 채우고 검은색으로 테두리를 칠하도록 **그림 2.1**의 기본 막대 그래프를 다시 그려서, 이 두 가지 매개변수를 사용하는 방법을 설명한다.

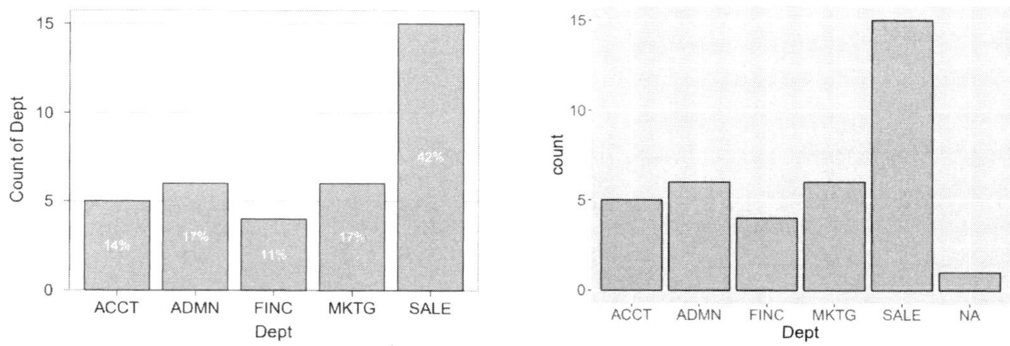

(a) lessR (b) ggplot2

그림 10.4: 채우기 및 색상 값이 지정된 막대 그래프.

fill 및 color 매개변수를 사용자 지정하는 코드는 다음과 같다.

R 입력 채우기 및 색상 값이 지정된 기본 막대 그래프

데이터 : d <- Read("http://lessRstats.com/data/employee.csv")

lessR : BarChart(Dept, fill="gray20", color="black")

ggplot2 : ggplot(d) + geom_bar(aes(Dept), fill="gray20", color="black")

"gray20"과 "white"를 대신해서, 색에 대한 다른 유효한 R 참조가 대체될 수 있다. 이러한 다른 가능성은 rgb() 또는 hcl() 함수들을 통해서뿐만 아니라 다른 색상명도 사용할 수 있다.

10.2 팔레트

시각화는 그레이스케일의 회색 음영을 포함해서, 관련 색상의 조합을 적용한다. 예를 들면, 단일 색상의 변형, 또는 같은 수준의 그레이스케일 채도(chroma) 및 명도(luminance)를 들 수 있다. 관련 색상 집합은 색상명의 벡터로 표현된, 색상 팔레트(color palette)를 구성한다. 참조된 글로벌 테마, 아마도 기본 테마를 이용한 시각화를 통해 드러나는 연관성 및 패턴 전달을 돕는 해당 팔레트를 포함시키거나, 개별적으로 선택한 팔레트로 사용자 지정한다.

최적의 색상 팔레트는 몇 가지 기준을 만족시킨다. 연속형 변수의 경우, 색을 인식하는 데이터 값 매핑의 중심은 지각의 균일성(perceptual uniformity)이다. 지각적으로 균일한(perceptually uniform)[5] 팔레트 색은 데이터 값의 크기 변화량에 따라 적절히 변화한다. 예를 들어, 데이터 값의 작은 변화가 표시된 색상에 큰 변화로 이어지면, 팔레트는 균일하지 않다. 지각 불균일 데이터를 색상에 매핑하면, 기저를 이루는 데이터 값의 해당 변경 사항에 대한 왜곡된 지각을 낳는다.

막대 그래프의 막대 또는 파이 차트의 조각과 같은 시각화를 갖는, 범주형 변수의 경우, 일부 영역의 색상이 다른 영역보다 밝지 않도록 일반적으로 모든 색상은 동일한 수준의 채도와 명도로 표시되어야 한다. 그렇지 않으면, 예를 들어, 밝은 빨간색 막대는 인접한 어두운 파란색 막대보다 그 영역으로 더 많은 관심을 끌 수 있다. 다른 색들은 다른 범주에 해당하는 다른 영역을 구별해야 하지만, 다른 영역에 비해 일부 영역에 대한 시각적 관심을 너무 편향시키지 않는다.

모든 시각화 시스템은 내장된 색상 팔레트 기능을 제공한다. 또한 사용자는 전문화된 함수에 의해 생성되거나 수동으로 입력해서 선택한 어떤 팔레트라도 자유롭게 정의할 수 있다. 세 가지 기본 유형의 색상 팔레트가 시각화에 사용된다: 정성(qualitative), 순차(sequential), 그리고 발산(divergent) 팔레트.

10.2.1 정성 팔레트

순서가 지정되지 않은 수준이 있는 범주형 변수의 예에는 설문에 응한 사람들의 미국 거주지(State of Residence)가 있다. 한 주는 다른 주보다 크거나 작지 않으므로, 거주지는 명목 데이터(nominal data)를 산출한다. 하나의 옵션이, 막대 그래프의 막대, 파이 차트의 조각, 또는 수준에 따라 다른 색상의 점과 같은, 모든 수준을 같은 색으로 표시한다. 그러나, 색상 팔레트를 적용하려면, 범주형 데이터에 대한 명목 데이터의 수준 표시를 위한 적절한 척도로, 때때로 이산 스케일(discrete scale)라고 하는, 정성 스케일(qualitative scale)[6]을 사용한다. 특정 수준의 변수에 해당하는 각 영역은 그 자체의 색조를 나타내면서, 결과적으로 무지개색이 된다. 일반적으로, 모두 색조는 다르지만 채도와 명도는 같은, **그림 10.3**에 보이는 HCL 색상환(color wheel)에서 도출된 HCL 색 공간에서 색을 지정한다.

[5] 표시된 색상이 해당 데이터 값의 변화량에 따라 적절히 변경된다.

[6] 명목 데이터에 적용된 혼합 색조의 색상 팔레트.

⚜ 동일한 채도와 명도의 HCL 팔레트

팔레트. lessR 함수 getColors()는 다양한 색상 팔레트를 위한 색을 발생시키며/발생시키거나 **그림 10.3**의 HCL 색상환을 포함하는, 결과 색상을 표시한다. ggplot2 생태계를 이용해서 그렇게 하려면, scales 패키지에 포함된 2개의 함수가 필요하다. 이 패키지는 tidyverse의 일부가 아니므로, 별도로 내려받은 다음, library() 함수를 실행해서 구성 함수에 접근한다.

R 입력 12개의 색조에 대한 HCL 정성 색상 팔레트 생성

```
lessR : getColors(shape="wheel")
scales : show_col(hue_pal()(12))
```

HCL 색상환 주위에 지정된 수의 색조를 발생시키는, 기본 값이 "hues"인 팔레트에 대하여, getColors() 함수의 매개변수 목록은 pal로 시작한다. 생성된 스케일의 색상 수는 12의 기본 값을 갖는 n으로 표시된다. 기본적으로 getColors() 함수는 후속 시각화에서 호출된 순서대로 색조의 간격으로 나누어진 직사각형을 생성한다. 색상 구분을 최대화하기 위해 인접하는 값이 선택된다. 색조 값 h은 16진수 및 RGB 정보가 포함된 콘솔뿐 아니라 그래프에도 표시된다. **그림 10.3**에 해당하는 실제 색상환을 생성하려면, 매개변수 shape을 "wheel"로 지정한다.

hue_pal() 함수를 이용해서 16진수 코드의 색상 벡터를 생성하고, show_col() 함수를 이용해서 벡터를 직사각형 격자로 표시한다. 아래 예시된 것처럼, 함수 호출의 일부로서 색상 수, 여기서는 12로 지정한다. HCL 색상 값은 표시되지 않는다. **리스트 10.3**에 보이는 것처럼, getColors()와 hue_pal() 함수 모두 각 함수의 출력을 벡터, 여기서는 *clr*로 저장해서, 16진수 표기법으로 색상명 벡터를 생성한다. 함수의 출력은 16진수 코드의 색상으로 구성된 벡터이기 때문에, getColors()는 hue_pal()[7] 함수로부터 색을 표시할 수 있으며, show_col()[8] 함수는 getColors()로부터 색을 나타낼 수 있다.

[7] HCL 색 공간에서 다양한 색조의 색상 명으로 구성된 벡터를 생성하는, scales 패키지 함수.

[8] 이름에서 색상을 직사각형 격자로 표시하는 scales 패키지 함수.

```
> clr <- getColors()
> clr
 [1] "#2D8BC3" "#A57E08" "#51932E" "#C7657B" "#8E76C9" "#009B8B"
 [7] "#BB714D" "#838A00" "#0097AD" "#C561A2" "#009962" "#B068BE"

> clr <- hue_pal()(12)
> clr
 [1] "#F8766D" "#DE8C00" "#B79F00" "#7CAE00" "#00BA38" "#00C08B"
 [7] "#00BFC4" "#00B4F0" "#619CFF" "#C77CFF" "#F564E3" "#FF64B0"
```

리스트 10.3: 색상명 벡터.

getColors()는 기본 채도와 명도를 각각 65와 55에 적용하고, hue_pal()은 기본 채도와 명도를 각각 100과 65에 적용하기 때문에, 두 함수에서 얻은 12가지 색상은 다르다. 이러한 색상 지정 벡터의 처리는 lessR과 ggplot2 사이의 근본적인 설계 차이를 보여준다. 전자는 함수의 수를 최소화하고, 후자는 더 많은 수의 함수, 여기서는 팔레트를 생성하기 위해 하나의 함수, 그리고 표시하기 위해 또 다른 함수를 적용한다. 게다가, lessR은 getColors()를 사용해서 다양한 팔레트를 생성하고, scales 패키지를 통한 ggplot2 생태계는 각 팔레트 스타일에 따라 다른 함수를 제공한다.

HCL 색 공간의 시각적 특성을 탐색하기 위하여, 여러 가지 색상에 걸쳐서 다른 값의 채도와 명도에 대한 HCL 색상환을 생각해 보자. 높은 값의 채도와 명도는 파스텔색을 생성한다. c와 l을 사용해서 이 값들을 지정한 다음, 기본 R hcl() 함수로 전달해서 색상을 표시한다.

R 입력 HCL 파스텔 색 생성

lessR : getColors(n=8, c=100, l=90)
scales : show_col(hue_pal(c=100, l=90)(8))

높은 채도 값과 낮은 명도 값에서 생동감 있고 풍부한 색조를 얻는다.

R 입력 HCL 생동감 있고 풍부한 색 생성

lessR : getColors(n=8, c=90, l=40)
scales : show_col(hue_pal(c=90, l=40)(8))

채도와 명도를 일정하게 유지하고, 색조만 변화시키는 HCL 색 공간을 이용해서, 생성된 HCL 색상 팔레트에서 무지개 색을 낳는 그레이스케일 변환은 전체 스펙트럼에 걸쳐서 일정한 회색 수준을 나타낸다. 어떤 색들은 채도가 낮은 색보다 더 밝거나 더 화려하지 않다는 것이 결과이다. 막대 그래프, 지도, 그리고 밝은 색에 치우치지 않고 계속되는 색상 변화와 같은 시각화에서, `hcl()` 색 공간은 보다 유용하게 다양한 색상을 비교할 수 있다.

<u>팔레트 적용</u>. `lessR`과 `ggplot2` 모두 기본 정성 척도를 나타낸다. 차이점은 기본적으로 (즉, `style("gray")`를 먼저 명시하지 않고), `lessR`은 막대 그래프와 파이 차트에 대해 기본 정성 스케일 `"colors"`를 표시한다는 것이다. 처음 5개에 대한 색조의 순서는 파란색(240), 갈색(60), 녹색(120), 빨간색(0), 그리고 자주색(275)으로 시작하는, 인접한 색조 사이에 차이를 최대화하기 위하여 선택되었다. 기본 정성 색상 팔레트와 같이, `getColors()`를 이용하여 전체 사양을 지정한 팔레트보다 더 쉽게 접속하도록, `lessR`을 이용한 많은 팔레트가 미리 정의된다.

ggplot2를 이용해서 막대 그래프에 대한 기본 무지개색을 표시하려면, `fill` 매개변수로 색채 미학적으로 묘사된 변수 값을 매핑(map)[9]한다. **그림 10.4**에서처럼, 색상의 매핑 할당은 `fill` 매개변수를 단일 색상 또는 색상 벡터로 설정(set)[10]하는 것과 다르다. 이 예에서, 변수 값을 설정하는 것과는 반대로 변수의 데이터 값에서 색상을 매핑하며, 즉, 해당하는 `fill` 매개변수, 여기서는 *Dept*의 값에 따라 각 막대의 색을 할당한다. *Dept*는 범주형 변수이기 때문에, 색상을 매핑하기 위하여 기본 정성 스케일이 할당된다. 변수를 시각적 미학에 매핑하면, 색과 같은 미학에 따라 매핑된 변수 값을 조정하는 범례가 생겨난다.

ggplot2의 경우, 데이터 값 매핑을 명시된 시각적 미학으로 지정하는 `aes()`의 일부분으로서, `fill` 매개변수를 이용해서 매핑할 변수를 할당한다. 그에 반해서, **그림 10.4**에서 `fill` 매개변수는 `aes()` 외부에서 일정한 색으로 설정되었다.

R 입력 색조의 정성 팔레트가 사용된 막대 그래프

데이터 : `d <- Read("http://lessRstats.com/data/employee.csv")`

lessR : `BarChart(Dept)`

ggplot2 : `ggplot(d) + geom_bar(aes(Dept, fill=Dept))`

모든 막대를 같은 색으로 나타내도록 `lessR`의 기본 동작을 변경하는 경우, 기본적으로

[9] 변수 값을 시각적 미학으로 매핑하는 경우, 표시되는 객체의 색상, 크기, 또는 모양은 다른 변수 값에 의존한다.

[10] 시각적 미학 매핑의 경우, 표시된 미학은 다른 변수에 의존하지만, 시각적 미학 설정의 경우, 표시된 미학은 다른 변수에 독립적이다.

ggplot2도 그렇지만, fill 매개변수로 색을 설정하거나 별도로 style() 함수를 실행해서 "lightbronze"와 같은 또 다른 테마를 선택한다. 기본 "colors" 스타일의 경우, lessR은 암묵적으로 다른 색조의 정성 스테일을 막대에 매핑하지만, 다른 스타일에 대해서 현재 스타일의 색에 따라 모든 막대 색깔을 같게 설정한다.

정성 팔레트의 색상을 사용자 지정할 수 있다. 여기서는 채도 c를 90으로 증가시키고 명도 l을 40으로 감소시켜서, 더욱 풍부하고 선명한 색상을 선택한다. lessR을 이용해서 사용자 지정하려면, c와 l의 사용자 지정 값을 사용하여 getColors() 함수를 호출한다. ggplot2의 경우, 색을 생성하는 hue_pal() 함수를 호출하는, scale_fill_hue() 함수를 이용해서 사용자 지정 값을 명시한다.

R 입력 사용자 지정 색상을 사용한 카운트의 막대 그래프

데이터 : d <- Read("http://lessRstats.com/data/employee.csv")

lessR : BarChart(Dept, fill=getColors(c=90, l=40))

ggplot2 : ggplot(d) + geom_bar(aes(Dept, fill=Dept)) +
　　　　scale_fill_hue(c=90, l=40, na.value="black")

일반적으로, 정성 팔레트의 색상은 동일한 수준의 채도와 명도를 공유해야 한다는 원리를 따른다. 그러나, 특정한 효과를 거두기 위하여 다른 가능성도 고려될 수 있다.

웨스 앤더슨 팔레트

팔레트를 생성하기 위한 다른 기준은 미학적 디자인이다. 영화감독 Wes Anderson은 굵은 원색이 섞인 파스텔을 장려하는, 매력적인 색상 테마를 가진 영화를 제작한다. Karthik Ram과 Hadley Wickham(2018)은 그의 많은 영화의 색상 테마로 만들어진, 팔레트 패키지, wesanderson를 개발하였다. 사용할 수 있는 테마에는 "BottleRocket1", "BottleRocket2", "Rushmore1", "Royal1", "Royal2", "Zissou1", "Darjeeling1", "Darjeeling2", "Chevalier1", "FantasticFox1", "Moonrise1", "Moonrise2", "Moonrise3", "Cavalcanti1", "GrandBudapest1", "GrandBudapest2", "IsleofDogs1", 그리고 "IsleofDogs2"이 있다.

lessR은 fill 및 color 매개변수에서 직접 접근할 수 있는, 이런 테마들을 통합하였다. ggplot2를 이용해서 구현하려면, 우선 wesanderson 패키지에 접속한 다음, wes_pallette()

함수로 색상명 벡터를 생성한다. 지정된 색상명 벡터에 따라 시각적 미학을 설정하는, ggplot2의 scale_fill_manual() 함수를 지정한다.

다음은 Wes Anderson의 영화, The Royal Tenenbaums를 기반으로 한 wesanderson 패키지의 "Royal1" 테마에 따라 막대 그래프의 막대들을 채운 예이다.

R 입력 wesanderson 팔레트로부터 채워진 막대 그래프의 막대들

데이터 : d <- Read("http://lessRstats.com/data/employee.csv")

```
lessR : BarChart(Dept, fill="Royal1")
wesanderson : my.palette <- wes_palette("Royal1", n=5, type="continuous")
ggplot2 : ggplot(d) + geom_bar(aes(Dept, fill=Dept)) +
          scale_fill_manual(values=my.palette)
```

"Royal1"와 같은 wesanderson 패키지의 모든 테마는 4, 5가지의 색깔만을 정의한다. wes_palette() 함수의 매개변수 type은 *Dept* 변수의 5가지 수준에 필요한 5가지 색상과 같이, 더 많은 가능성을 제공하기 위해 중간색을 보간하는, "continuous" 옵션을 갖는다. lessR은 자동으로 type 매개변수를 "continuous"로 설정하고, 색깔을 입히는 해당 간격의 수를 제공한다.

10.2.2 순차 팔레트

순차 팔레트(sequential palette)[11]는 순서가 정해진 값이 있는 수치형 변수에 적용한다. 정성 스케일은 색조가 다양하다. 연속형 변수에 대한 하나의 전략은 색조는 같게 유지하지만, 명도 또는 채도를 변화시키거나, 둘 다 변화시킨다. 또는 색조의 범위를 연속적으로 지정한다. lessR과 ggplot2도 순차 스케일을 통해 기본 연속성을 입증하는, 팩터형 객체의 수준이 순서대로 표현된 것을 인식한다.

일정한 색조 팔레트

<u>팔레트</u>. HCL 색상의 순차 스케일을 생성하려면, 색조 값 h와 채도 값 c를 설정한 다음에, 명도 l에 대하여 n 간격의 범위에 걸쳐 명도의 시작 값과 끝 값을 나타내는, 2개의 값을 갖는

[11] 동일한 색조에 대한 색상 순서를 일정하게 지정한 팔레트.

벡터를 지정한다. **그림 10.5**의 8개 간격에 대하여 예시된 것처럼, 채도를 0으로 설정하고 명도를 변화시켜 그레이스케일을 얻는다.

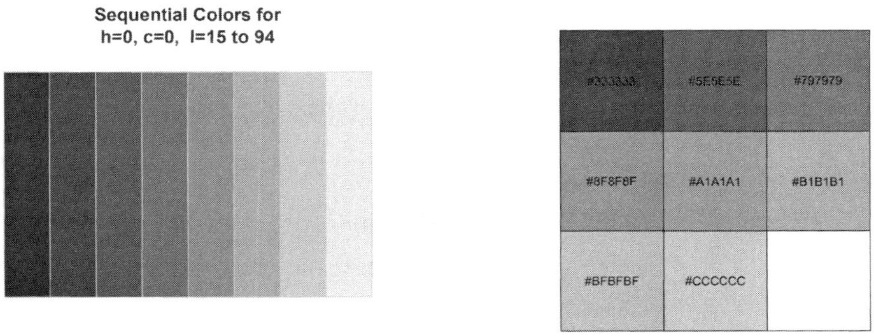

(a) lessR (b) scales

그림 10.5: 그레이스케일 팔레트.

lessR은 그레이스케일을 포함한, 순차 팔레트를 생성하는 getColors()에 의존한다. c를 0으로 설정하고, 명도에 대한 하한 및 상한 값을 제공한다. ggplot2에서 참조하는 스케일을 제공하는, scales 패키지는 그레이스케일을 생성하기 위하여 특화된 show_col(grey_pal) 함수를 제공한다. 여기서 0~100 사이 스케일의 회색 값으로 그레이스케일 범위를 지정한다.

R 입력 그레이스케일 생성 및 표시

```
lessR : getColors(n=8, c=0, l=c(15,94))
scales : show_col(grey_pal(start=0.2, end=0.8)(8))
```

조금 더 단순화하기 위해, getColors()는 해당 색조를 기준으로 하는 미리 정의된 순차 범위(sequential range)를 제공한다. 미리 정의된 범위는 **그림 10.3**의 색상환에서 따온 이름에 "s"가 추가된 색조 이름이다. 예를 들어, 240도에 있는 색조, "blue"는 "blues"라는 이름의 해당 순차 범위를 정의한다. 기본적으로, 순차 스케일에 대해 12가지 색상 이름과 "colors"를 더한 각 색상에 대해, 범위가 정의되며, 그레이스케일에 대해 색상 이름에 "grays"를 더해 범위가 정의된다. 함수는 지정된 n 값에 대한 스케일을 생성하며, 생성된 간격의 수에 따라 명도 범위의 크기를 조정하므로, 간격의 수가 적을수록 순차 범위가 작아진다.

다음에 보이는 함수 호출은 보다 간단하게 **그림 10.2**와 동일한 lessR 그레이스케일을 생성한다. 명도의 시작 값과 끝 값을 사용자가 지정해서 l 매개변수를 지정할 수도 있다.

```
lessR : getColors("grays", n=8)
```

미리 정의된 해당 순차 색상 스케일에 접근하려면, **그림 10.3**의 "blues", "emeralds" 또는 "purples" 또는 다른 HCL 색상환 복수 버전의 이름으로 대체한다. scales 패키지의 경우, 순차 색상 범위를 생성하는 함수는 seq_gradient_pal()이다. 불연속 구간 수를 생성하는 해당 색조와 그레이스케일 함수와 달리, 이 함수는 0부터 1 사이 연속된 값의 범위에서 작동한다.

R 입력 채도와 명도에 변화를 준, blues의 순차 스케일 생성 및 표시

```
lessR : getColors("blues", n=12)
scales : x <- seq(0, 1, length.out=12)
       getColors(seq_gradient_pal(low=hcl(240,35,94),
                 high=hcl(240,75,15))(x))
```

"blues"와 같이 미리 정의된 팔레트는 채도와 명도뿐 아니라 색조도 미리 선택한다. getColors() 함수를 호출할 때 사용자 지정 c와 l 값을 포함시켜서 제공된 기본값을 다시 정의한다. 미리 정의된 각 팔레트의 기본 수준의 채도는 35에서 75까지 다양하다. 명도의 기본 범위는 생성된 구간의 수에 따라 달라진다.

lessR도 기본적으로 12개의 미리 정의된 순차 팔레트, 정성 HCL 팔레트, 그리고 그레이스케일 팔레트를 표현하는 showPalettes() 함수를 제공한다. 이 함수를 실행하면, 작업 디렉토리에, 미리 정의된 12개의 순차 팔레트, 그레이스케일 팔레트 그리고 HCL 팔레트를 나타내는, "hcl.pdf" 화일이 생성된다. 기본 구간의 수는 12이지만, 원하는 대로 조정할 수 있다. 이 팔레트를 생성하는 pal 매개변수의 기본값은 "hues"이다. "wesanderson"과 "viridis"도 사용할 수 있으며, 다음에 논의할 것이다.

viridis 팔레트

비리디스(viridis) 팔레트(Rudis, Ross, & Garnier, 2018)는 다음 원리에 따라 개발되었다.

- 쉽게 검출된 이상치와 더불어, 인접한 색상의 차이를 두드러지게 하기 위하여 색상 팔레트를 최대한 넓게 펼친다.
- 비슷한 값의 데이터는 비슷한 색으로 보이며 서로 어긋나는 값의 데이터는 확실히 다른 색으로 보이도록, 모든 범위의 값에 대한 지각 일관성은 일관되어야 한다.
- 그레이스케일 인쇄뿐 아니라, 색맹의 흔한 형태를 가진 사람들에게 위의 성질이 유효하도록, 색맹에 강해야 한다.

lessR과 ggplot2 모두 viridis뿐만 아니라 magma, plasma, inferno, 그리고 cviridis 팔레트를 포함하는, viridis 팔레트 계열에 직접적인 접근을 포함한다. viridis 그리고 viridisLite 패키지에 포함된 5가지 viridis 팔레트 계열을 확인하려면, lessR 함수 showPalettes()를 수행한다. 구간 수에 대한 기본값은 12이지만, 일반적으로 매개변수 n으로 지정한다. n=100과 같이 큰 값은 연속성에 근접한다.

```
lessR : showPalettes("viridis", n=100)
```

viridis 팔레트만 확인하려면, lessR의 getColors() 함수를 사용한다. ggplot2의 경우, 연관된 패키지 scales는 tidyverse 패키지에 포함되지 않아서, 먼저 별도의 library(scales)를 실행한 다음, scales 패키지의 viridis_pal() 함수를 이용한다.

```
lessR : getColors("viridis")
scales : show_col(viridis_pal()(12))
```

viridis 팔레트는 짙은 파란색에서 밝은 노란색까지 넓은 색역에 걸쳐있다. 짙은 파란색 또는 밝은 노란색으로 표시되는, 크거나 작거나에 상관없이, 극단적인 데이터 값은 다른 데이터 값과 구별된다는 것을 암시한다. 지각의 균일성 측면에서, 색상 차이가 크더라도 인접한 색상 값을 침범하지 않는다. 대신, 짙은 파란색은 파란색으로, 청록색으로, 녹색으로, 그리고 노란색으로 부드럽게 변한다. 색맹의 가장 흔한 형태는 붉은 색조가 없는, viridis 팔레트에 의해 회피된 문제, 즉 빨간색과 녹색을 구별하지 못한다.

viridis 팔레트 계열에서 다른 팔레트를 확인하려면, lessR의 경우, getColors() 함수 호출에서 "magma"와 같은 다른 팔레트 이름을 "viridis"으로 교체한다. ggplot2의 경우, show_ col(viridis_pal()) 함수 호출에서 option 매개변수 값으로, 따옴표 내에 동일한 이름을 지정한다. viridis_pal() 함수도 전체 팔레트의 하위 집합을 볼 수 있도록, 0에서 1 사이의 간격으로 조정되는, 매개변수 start와 end를 제공한다.

순차 팔레트로서, viridis 계열의 모든 팔레트는 일반적으로 순서가 있는 수준의 크기를 갖는 변수, 연속체의 순서형 변수와 수치형 변수에 가장 잘 적용된다. 논의한 바와 같이, R은 순서형 데이터를, *JobSat* 변수 값(low, medium, 그리고 high)과 같은 범주형 데이터 값의 순서 정렬, 즉 순서형 팩터의 데이터 유형으로 나타낸다. 막대 도표에 적용된 바와 같이, 순서형 팩터는 시각화의 주요 측면으로서 시각화될 수 있으며, 또는 산점도에서 그룹마다 점을 다른 색으로 표시하는 것처럼, 군집 변수 역할을 할 수 있다.

순서가 지정된 데이터가 있는 변수에 대한 ggplot2의 기본 표시로서 "viridis" 팔레트 대신, 순서형 팩터에 대하여 lessR은 기본적으로 일정한 색조를 갖는 순차 팔레트로 설정된다. 비리디스 스케일의 한쪽 끝에 노란색은 밝지만, 표준 컬러 모니터에 뚜렷하게 표시되지 않는다. 해당 막대 그래프에서 결과는, 예를 들어, 저자의 견해에 의하면, 노란색 막대는 나머지 막대와 너무 구별되는 것 같아서, 나머지 막대와 같은 연속체의 일부로서 주관적으로 인식되지 않는다. 또는, 다른 비리디스 색상으로 표시된 다른 그룹의 순서형 변수로부터 표시된 점을 갖는 산점도에서, 노란색으로 표시된 점은 특히 ggplot2의 기본 회색 배경에 비해 거의 알아볼 수 없고, 너무 희미하다.

lessR의 경우, 예를 들어, fill 매개변수를 이용해서 "viridis" 스케일에 쉽게 접근할 수 있다. ggplot2를 이용하려면, 제일 먼저 변수를 순서형 팩터 유형으로 전환한다.

R 입력 범주형 변수에 기준을 둔 viridis 막대 그래프 팔레트

데이터 : d <- Read("http://lessRstats.com/data/Mach4.csv")

lessR : BarChart(m06, fill="viridis")
base R : d$m06 <- factor(d$m06, ordered=TRUE)
ggplot2 : ggplot(d, aes(m06, fill=m06)) + geom_bar()

비리디스 스케일을 얻는 또 다른 예는 *x* 또는 범주형 변수 값에 기준을 두지 않고, *y* 또는 수치형 변수 값에 기준을 둔다.

10.2.3 발산 팔레트

양 쪽에 하나씩 두 가지 색은 발산 스케일을 고정시켜서, 중간으로 갈수록 각각의 색이 옅어진다. 발산 색상 스케일의 첫 예는 20개의 단일 열 누적 막대 차트로 구성된, **그림 2.3**에서 찾을 수 있다. 각각의 막대 그래프는 Strongly Disagree에서 Strongly Agree까지 연속체를 나타내기 위하여 0부터 5까지 정수로 매겨진, 6-포인트 Likert 척도 항목에 대한 응답을 표시한다. **그림 2.3**의 표현은 그레이스케일로 제한되지만, 실제로, 스케일의 양쪽은 일반적으로 상호 보완적인 서로 다른 색을 표시한다.

그림 10.6은 기존 방식으로 단일 막대 그래프에 적용된 발산 팔레트를 보여준다. 각 막대는 해당 수준의 범주형 변수에 대한 데이터 값의 도수에 해당한다. 다시 한번, 막대 그래프의 양쪽은 두 가지 상반된 색깔 대신에 회색으로 고정된다.

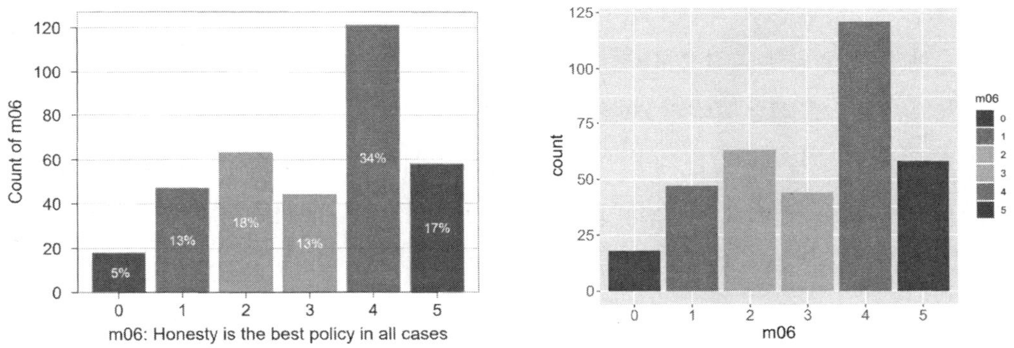

(a) lessR (b) ggplot2

그림 10.6: 6-포인트 Likert 응답에 대한 발산 스케일의 막대 그래프.

lessR의 경우, 발산 스케일을 정의하는 가장 일반적인 방법은 **그림 10.3**에서 12개의 HCL 색상명을 기반으로 한 `"blues"` 및 `"greens"`와 같은, 12개의 미리-정의된 순차 팔레트에서 나온다. 발산 스케일을 정의하는 `fill` 매개변수는 2개의 성분을 갖는 벡터이다. 첫 번째 인수는 스케일의 왼쪽 색깔을, 두 번째 인수는 오른쪽 색깔을 나타낸다.

배율 조정 함수(scaling function)는 연속형 변수에만 적용되는데, `ggplot2`는 6개의 정수 응답을 이산형 변수로 해석하기 때문에, 발산 `ggplot2` 함수 `scale_fill_gradient2()`는 이 상황에서 작동하지 않는다. (`scale_fill_gradient2()`의 직접 사용을 예시한 다음 장의 예를 참조.) 그러나, ggplot2는 scale_fill_gradient2() 함수가 의존하는 핵심 배율 조정 함수, scales 패키지에 포함된 div_gradient_pal()에 접근하게 해준다. 기본 R 배열 함수, seq()을 이용해서, 0에서 1까지 균등하게 분포된 6개의 수치 값을 생성한다. 이 값들에서 이산적이지만, 발산적인 6개의 색상명을 생성한 다음, 이 6개의 값들을 그래프 함수에 전달하기 위하여 scale_fill_manual()로 입력한다.

R 입력 Likert 스케일 응답 도수의 막대 그래프에 대한 발산 스케일

```
데이터 : d <- Read("http://lessRstats.com/data/Mach4.csv")
         d <- factors(m01:m20, levels=0:5, ordered=TRUE)
```

```
lessR : BarChart(m06, fill=c("grays", "grays"))
scales : clr <- div_gradient_pal(low="gray20", high="gray20",
         seq(0,1,length.out=6))
ggplot2 : ggplot(d, aes(m06, fill=m06)) + geom_bar() +
          scale_fill_manual(values=1:6)
```

그레이스케일로 출력할 목적으로, 팔레트 양쪽에 표시된 "grays"로 발산 스케일을 정의한다. 보다 일반적으로, **그림 10.3**의 HCL 색상환에서 약 180도 떨어져 있는, 색상 차이를 극대화하기 위하여, 두 가지 색깔은 다를 수 있다. 예를 들어, hcl(0,90,40)에서 hcl(240,90,40)까지이다. lessR의 경우, 실제 발산 스케일의 중립점을 얻으려면, "reds" 및 "blues"와 같은 미리-정의된 스케일 중 하나를 사용한다.

10.3 테마

각 시각적 미학, 색상 또는 스타일 옵션에 대한 값은 시각적 미학 성분들로 조화를 이룬 것으로 추정되는 혼합, 테마(theme)를 정의하기 위하여 그룹으로 미리-설정할 수 있다. 기본 테마를 포함해서, lessR과 ggplot2 모두 미리-정의된 다양한 테마를 제공한다. 두 시스템 모두 사용자가 사용자 지정 테마를 구성한 다음, 나중에 사용할 수 있도록 저장하게 한다.

기본 lessR 테마, "colors"는 비교적 화려한 팔레트를 표시한다. lessR 테마는 다른 색상 조합을 나타낸다. style() 함수를 이용해서 lessR 테마를 변경 또는 조정한다. theme 인수는 함수를 위한 매개변수 목록의 첫 번째 인수이므로, style()에 대한 첫 번째 이름 없는 인

수는 테마를 명시한다. lessR 테마 이름은 테마의 지배적인 색상에 해당한다. 기본 "colors" 테마 이외에, lessR 테마에는 "lightbronze", "dodgerblue", "darkred", "gold", "darkgreen", "blue", "red", "rose", "green", "purple", "sienna", "brown", "orange", "white", 그리고 이 책 전체에 걸쳐 예시된, style("gray")로 설정된 그레이스케일에 대한 "gray"가 있다.

추가적인 유연성을 위해, lessR은 sub_theme 매개변수도 제공한다. 예를 들어, 그레이스케일 시각화의 한 형태는 검정색 배경에 흰색 글씨를 갖는다. 하위-테마 "black"은 모든 1차 테마에 대하여 검정색 배경을 설정한다. 검정색 배경의 그레이스케일을 얻으려면, "black" 하위-테마를 "gray" 테마로 지정한다. **그림 10.7**에 보이는 것처럼, 다른 하위-태마는 색상 이외의 특성을 바꾼다.

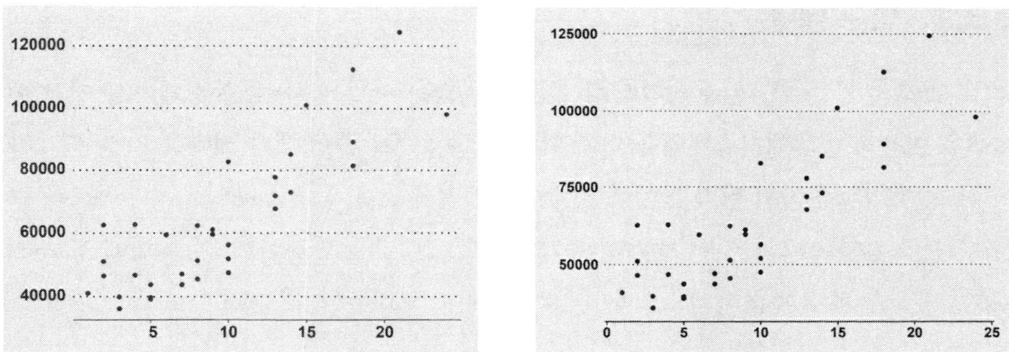

(a) lessR (b) ggplot2

그림 10.7: ggthemes 패키지의 wsj 테마 및 lessR의 하위-테마 구현.

이전의 ggplot2 시각화에서 설명한 바와 같이, 기본 ggplot2 테마, theme_gray()는 흰색 격자선이 있는 회색 배경을 나타낸다. 기본 테마 이외에, ggplot2 테마에는 theme_bw(), theme_linedraw(), theme_light(), theme_dark(), theme_minimal(), theme_classic(), 그리고 theme_void()이 있다. 모든 테마에 대한 간단한 사용법을 보려면, ?theme_gray를 입력한다.

ggthemes 패키지(Arnold, 2018)는 추가 geom 및 scales뿐 아니라, 추가 ggplot2 테마를 제공한다. 예를 들어, **그림 10.7b**에 예시된, *The Wall Street Journal*이 사용하는 스타일과 유사

한 그래프를 생성하는 theme_wsj()가 있다. 또 다른 두 가지 테마, theme_solarized()와 theme_solarized_2()는 태양광선을 받은 색, 쾌적하고 정확하게 정의된 컴퓨터용 색상 팔레트를 바탕으로 그래프를 생성한다(Schoonover, 2017). ggthemes 테마에 접근하려면, 다른 R 기여 패키지와 마찬가지로, 작업 중인 R 세션에서. 컴퓨터에 패키지를 설치한 다음, library() 함수를 사용하여 패키지를 활성화한다.

그림 10.7은 ggplot2 산점도에 적용된 theme_wsj(), 그리고 ggthemes 버전에서 영감을 받은, 해당 lessR 하위-테마를 보여준다. 그레이스케일로 시각화를 만들지 않는 한, 기본 배경은 밝은 청동색이다. 밝은 청동색 배경을 적용하고 축과 격자선의 형식을 변화시키면서, 기본 테마를 수정하지만, 현재 테마에 따라서 표시되는 점의 색깔은 그대로 유지되기 때문에, lessR에서 수정은 하위-테마에 대한 것이다.

10.3.1 영구 테마

달리 수정하지 않는 한, 후속 시각화에 걸쳐 지속되는 단일 함수 호출로 테마를 전환한다. lessR을 이용해서 그레이스케일을 얻기 위하여 "gray"로 주된 색상 테마를 지정하고, 아래 예시된 것처럼, wsj 하위-테마를 사용하여 *y*-축 제거와 같은, wsj 스타일을 준수하도록 추가로 수정한다. ggplot2의 경우, theme_set()[12]으로 테마를 변경한다. 이후 절에서 보는 바와 같이, 윈도우 배경색을 회색으로 수정해서 그레이스케일로 변환한다.

R 입력 테마 변경

```
lessR : style(sub_theme="wsj")
ggplot2 : theme_set(theme_wsj())
```

10.3.2 현재 시각화에 적용된 테마

단일 시각화에 대한 테마를 변경하려면, 지시사항을 수정하여 시각화를 생성한다. 이 lessR 예에서, "darkred" 테마에 따라 생성된 막대 그래프의 모양을 수정한다. 격자선이 없는 흰색 배경을 나타내는, classic 테마에 따라 결과 ggplot2 막대 그래프를 수정한다.

[12] 후속 시각화를 위해 일반 테마를 지정하는 ggplot2 함수.

R 입력 사용자 지정 테마를 포함하는 도수의 막대 그래프

데이터 : d <- Read("http://lessRstats.com/data/employee.csv")

lessR : BarChart(Dept, theme="darkred")

ggplot2 : ggplot(d, aes(Dept)) + geom_bar() + theme_classic()

lessR의 경우, theme 매개변수를 동작시켜서 기본 "colors" 또는 style() 함수로 설정된, 현재 테마와 다른 테마를 지정한다. ggplot2의 경우, 시각화를 정의하는 함수에 테마 함수를 추가해서 단일 시각화를 수정한다.

10.4 사용자 지정 개별 특성

이 장 전반에 걸친 몇 가지 예는 fill 매개변수를 이용해서 막대와 관련 다각형의 내부 그리고 color 매개변수를 이용해서 다각형과 선의 테두리를 수정하는 방법을 예시하였다. 보는 바와 같이, 데이터 값에 매핑하거나 색상을 설정해서 이런 색상들을 수정한다. 이런 매개변수를 직접 해당 lessR 및 ggplot2 시각화 함수에 적용한다.

시각화의 다양한 측면은 축 레이블과 같은 데이터 값에 직접 의존하지 않는다. 기본적으로, lessR 그리고 ggplot2는 변수 이름을 축 레이블로 표시한다. 그러나, 변수 레이블이 있는 경우, lessR은 변수 이름 다음에 변수 레이블을 표시한다.

축 레이블을 변경하기 위하여, lessR은 표준 기본 R 매개변수 xlab과 ylab, *x*-축 아래 부제목을 위해 sub, 그리고 축 제목을 위해 main을 사용한다. 축 레이블을 지정하는 ggplot2 함수, labs()는 매개변수 x, y, title, 그리고 subtitle을 포함한다. ggplot2도 같은 목적을 달성하기 위하여 아주 유사한 함수 집합, xlab(), ylab(), 그리고 ggtitle()을 포함한다.

R 입력 지정된 x-축 레이블을 갖는 도수의 막대 그래프

데이터 : d <- Read("http://lessRstats.com/data/employee.csv")

lessR : BarChart(Dept, xlab="Annual Salary (USD)")

ggplot2 : ggplot(d, aes(Dept)) + geom_bar() +
        labs(x="Annual Salary (USD)")

lessR도 시각화 시스템에 상관없이 기존 변수 레이블을 표시하는, label() 함수를 갖는다. 첫 번째 열에 변수 이름 그리고 두 번째 열에 전체 또는 일부 변수에 대한 변수 레이블 형식의, 1 데이터 프레임에 변수 레이블이 있는 경우, 다음 코드는 이전 예와 같은 *x*-축 레이블을 구현한다.

```
ggplot2 : ggplot(d, aes(Dept)) + geom_bar() + labs(x="Salary")
```

그러나, 잠재적인 수정은 훨씬 더 확장된다.

10.4.1 개별 특성 목록

녹색의 축 레이블을 특대 크기로 생성할까요? 보라색 배경을 원하나요? 시각화의 거의 모든 측면을 사용자 지정하기를 원하나요? 간단한 함수 호출로 lessR 또는 ggplot2에서 사용할 수 있는 색상 및 스타일 옵션을 고려해 보자. 두 시스템 모두에 대하여, 이 옵션 목록은 결과 시각화의 해당 특성을 바꾸는 열쇠이다. 각 목록은 이름을 통해 특성을 식별한 다음, 수정할 수 있는지 여부를 판단한다.

```
lessR : style(show=TRUE)
ggplot2 : theme_get()
```

설명하기 위하여, *x*와 *y* 좌표 축으로 정의된 직사각형, 패널의 그래프 영역에 대한 새로운 배경색을 지정한다. 여기서는, 패널 배경색과 관련된 lessR 매개변수에 대한 정보만 표시된다. 각 색상 사양은 4개의 정수, 각각 0~255의 범위에 있는, 빨간색, 초록색, 푸른색, 그리고 지정된 색상의 투명 성분으로 표시된다. lessR 및 ggplot2 모두에 대하여, fill은 직사각형과 같은 객체의 내부색을 참조한다. 그 자체 또는 직사각형과 같은 다각형의 테두리를 구성하는 부분 중 하나로, 매개변수 color는 선분색을 참조한다.

```
some lessR parameters

BACKGROUND
window.fill .. Window fill color ......... 247 242 230 255
panel_fill ... Panel fill color .......... 255 255 255 0
panel.color .. Panel border color .......  222 217 205 255
panel.lwd .... Panel border line width ..  0.5
panel.lty .... Panel border line type ...  solid
```

lessR 및 ggplot2 모두 표준 6가지 기본 R의 선 유형과 선이 없는 "blank"를 제공한다[13]. lessR 목록에, panel.lty은 그래프의 각 패널에 대한 할당된 선 유형, 여기서는 "solid"를 참조한다.

다음은 ggplot2 매개변수 목록에서 발췌한 일부 결과이다.

```
some lessR parameters
$ panel.background      :List of 5
 ..$ fill          : chr "gray92"
 ..$ colour        : logi NA
 ..$ size          : NULL
 ..$ linetype      : NULL
 ..$ inherit.blank: logi TRUE
```

size(너비)와 linetype 매개변수에 대한 NULL 값은 무엇을 의미하는가? lessR 및 ggplot2 모두 속성 계층을 정의한다. ggplot2 특성 계층 구조의 맨 위에 있는 것이 가장 일반적이다: 계층에서 낮은 속성, line, rect 그리고 text는 달리 수정하지 않는 한, 그 값들을 계승한다. 이런 NULL 값은 더 높은 계층에 있는 매개변수에서 상속되는 것을 의미한다. line 매개변수의 경우, 실선 선분을 참조하는, 1 값을 갖는 수치형 변수 num 유형의 linetype 속성이 있다. size 매개변수의 경우에도, 수치형 변수 num 유형의 속성, 기본 선 너비는 0.5이다.

수정할 수 있는 사용 가능한 속성 목록에서, 일반 테마 또는 단일 시각화만 수정하기 위한 다른 갱신이 있을 때까지, 지속되는 수정을 가한다.

10.4.2 사용자 지정 단일 분석

이 예는 "slategray1"를 이용해서 패널 배경을, 그리고 "darkred"을 이용해서 축 텍스트를 나타내기 위하여 **그림 2.7**의 산점도를 수정하였다.

[13] R에서 제공하는 선 유형: 정수 1부터 6까지 참조되는 "solid", "dashed", "dotted", "dotdash", "longdash", 또는 "two-dash", 그리고 정수 0으로 참조되는 "blank".

R 입력 (산점도에 대한) 스타일 성분의 일시적인 변경

```
lessR : style(panel_fill="slategray1", axis_text_color="darkred")
        Plot(Years, Salary)
        style()
ggplot2 : ggplot(d, aes(Years, Salary)) + geom_point() +
          theme(panel.background = element_rect(fill="slategray1")) +
          theme(axis.text = element_text(color="darkred"))
```

lessR의 경우, 적합한 매개변수는 panel_fill과 axis_text_color이다. style()[14] 함수를 이용해서, 이 두 가지 매개변수처럼, 시각화 함수의 매개변수 목록에 있지 않은 모든 매개변수를 수정한다. 또 다른 style() 함수 호출로 구체적으로 수정될 때까지 적용할 수 있는, style()을 이용한 변경은 지속된다. 그 테마와 일치하는 모든 스타일 매개변수를 동시에 재설정하는 새로운 테마를 동작시킨다. 재초기화하는 가장 간단한 함수 호출은, 모든 매개변수를 기본 테마로 재설정하는, style("colors")와 동등한, style()이다.

ggplot2 함수 theme()[15]은 단일 시각화에 적용될 때 테마의 개별 비-데이터 성분을 수정한다. 비-데이터 성분의 예에는 격자 선과 축이 있다. 기본 테마에서, panel.background 특성에 대한 fill 매개변수 속성은 문자형 변수를 위한 chr 유형이며, "gray92"의 값으로 할당된다. 새 배경색을 지정하는 방법은 무엇인가?

ggplot2의 경우, 해당 element() 함수에서 테마 성분 또는 요소의 구체적인 설정을 에워싼다: element_text(), element_rect(), 또는 element_line(), 또는 속성을 삭제하기 위한 element_blank(). element() 함수는 변경할 속성의 기본 구조에 해당한다. fill 매개변수 속성에 대한 함수는 element_rect()이다. 앞의 코드 예에서 설명한 바와 같이, element() 함수 호출에서 속성 이름과 할당 값을 에워싼다.

10.4.3 영구 테마 갱신 및 저장

미리-정의된 테마는 추가 수정이 필요한 모든 후속 시각화에 적용할 수 있도록 수정될 수 있다.

---

[14] 시각화의 속성을 사용자 지정하는 lessR 함수.

[15] 시각화의 속성을 사용자 지정하는 ggplot2 함수.

R 입력 테마 업그레이드

```
lessR : style(panel_fill="slategray1", axis_text_color="darkred")
ggplot2 : theme_update(
        panel.background = element_rect(fill="slategray1"),
        axis.text = element_text(color="darkred"))
```

lessR의 경우, style() 함수는 테마를 새로운 미리-정의된 스타일로 변경하고 현재 스타일을 갱신할 수도 있다. style() 함수 호출의 첫 번째 인수로서 스타일 이름을 포함시킴으로서 새 스타일의 변경 사항을 나타낸다. ggplot2의 경우, theme_update() 함수를 이용해서 테마를 갱신한다.

나중에 사용할 수 있도록, 사용자 지정 테마를 포함하는, 테마를 R 객체로 저장한다. 현재 세션에서 나중에 사용할 수 있도록 테마를 검색하거나, 파일로 저장한 다음, 나중 R 세션을 위해 파일을 탐색한다.

R 입력 같은 세션에서 나중에 사용할 수 있도록 현재 테마를 저장

```
lessR : mystyle <- style(get=TRUE)
          ... 다른 시각화와 분석
      style(set=mystyle)
ggplot2 : mystyle <- theme_get()
          ... 다른 시각화와 분석
          theme_set(mystyle)
```

lessR의 경우, style() 함수에 대한 get 매개변수를 TRUE로 설정해서, 현재의 테마를 타당한 이름의 R 객체로 가져온다. 그런 다음, set 매개변수를 저장된 객체, 여기서는 mystyle로 설정해서, 나중에 저장된 객체에서 설정을 검색한다. ggplot2의 경우, theme_get() 함수는 현재 테마를 지정된 객체에 저장한다.

두 시각화 시스템 모두의 경우, 생성된 테마는 R의 list 유형의 데이터 객체이다. 여기서 하위-테마 wsj를 이용해서 그레이스케일을 생성한다. 그리고 새 테마를 다시 읽는, 나중 세션에서 사용할 목적으로 저장한다.

R 입력 테마를 화일 시스템으로 저장하고 검색

```
lessR : grayWSJ <- style("gray", sub_theme="wsj")
        Write("grayWSJ", data=grayWSJ, format="R")
        ...
        mystyle <- Read("grayWSJ.rda")
        style(set=mystyle)
```

lessR 함수 Write()는 R 객체를 토종 R 형식으로 현재 작업 디렉토리의 파일에 쓴다. R 파일 유형은 .rda이다. 그리고, 여기에서도 파일 사양에 표시된 경로 이름이 없는 것과 동일한 디렉토리에 있는 것으로 추정하고, lessR 함수 Read()를 이용해서 파일을 읽는다. 그리고 후속 시각화에 대한 현재 테마로서, 새로 읽은 테마 mystyle을 이용해서 lessR 또는 ggplot2를 활성화한다.

10.4.4 사용자 지정 여백

lessR과 ggplot2 모두 구체적인 시각화의 특성에 의존하는 축과 축 레이블의 배치를 계산한다. 일반적으로 적절하기는 하지만, 다른 배치를 선호하는 몇 가지 상황이 있을 수 있다. 두 시각화 시스템 모두 이런 사용자 지정을 제공한다.

lessR의 경우, BarChart(), Histogram(), 그리고 Plot() 함수 호출의 일부로서 lab_adj 및 margin_adj 매개변수를 적용한다. 매개변수 lab_adj는 지정된 축 레이블의 위치를 조정하는, *x*-축 레이블과 *y*-축 레이블에 대한 2-성분 벡터이다. margin_adj 매개변수는 그래프의 지정된 상단, 왼쪽, 하단, 그리고 오른쪽 여백을 조정하는, 4개의 성분으로 구성된 벡터이다. 이 예에서, 하단 여백이 처음 위치에서 1/4인치 위로 이동한다.

```
lessR : ... margin_adj=c(0,0,.25,0) ...
```

lessR의 경우, 양수 (+)의 lab_adj와 margin_adj는 그래프 테두리로부터 인치 단위로 처음에 계산된 해당 여백을 이동시키며, 음수 (−)의 lab_adj와 margin_adj는 그래프 테두리 쪽으로 인치 단위로 처음에 계산된 해당 여백을 이동시킨다. ggplot2의 경우, theme() 함수에 대한 매개변수 plot.margin은 그래프 주위의 여백, 즉 테마 성분을 지정하므로, 일반 테마 함수 또는 theme_update()와 같은 변형 함수에 사용한다. 기본값보다 작은 하단 여백의 사양을 다음에 나타낸 바와 같이, plot.margin 값은 margin 함수에서 호출된, 상단, 왼쪽, 하단, 그리고 오른쪽 여백에 따른 4-성분 벡터이다.

```
ggplot2 : ... theme(plot.margin=margin(5.5,5.5,2,5.5)) ...
```

기본 ggplot2 측정 단위는 pt, 인치당 72 포인트이며, 모든 네 여백에 대해 5.5 포인트의 기본값을 갖는다. 또 다른 측정 단위를 적용하려면, margin의 다섯 번째 인수로서 인치에 대한 "in"처럼, 적절한 축약어로 단위를 추가한다. ggplot2의 기준점은 그래프의 테두리이다.

또 다른 연관된 lessR 매개변수에는 scale_x와 scale_y가 있다. 3개의 값으로 구성된 벡터로서 이러한 각 매개변수의 값을 표현한다: 각 축의 시작 값, 종료 값, 그리고 간격의 수. 이러한 매개변수는 아마도 기본값을 초과해서 축이 얼마나 멀리 확장되는지 뿐만 아니라, 축의 레이블링을 완전하게 제어한다.

lessR 매개변수 pad_x와 pad_y는 기본값을 초과한 해당 축의 추가 연장을 제공한다. 여기서 계량은 scale_x와 scale_y 매개변수와 다르다. 이런 각 변수를 단일 값, 원래 축과 확장된 축의 비율로 표현한다. 이렇게 매개변수를 사용하면, 시작 점을 변경시키지 않으며, 축을 따라 표시된 레이블이 붙은 간격은 표준 R 축 레이블링 과정에 의해 계속 설정된다.

요약하면, 사실상 시각화의 거의 모든 측면은 단일 시각화 또는 후속 시각화에서도 적용할 수 있는 수정을 위하여, 사용자 지정할 수 있다.

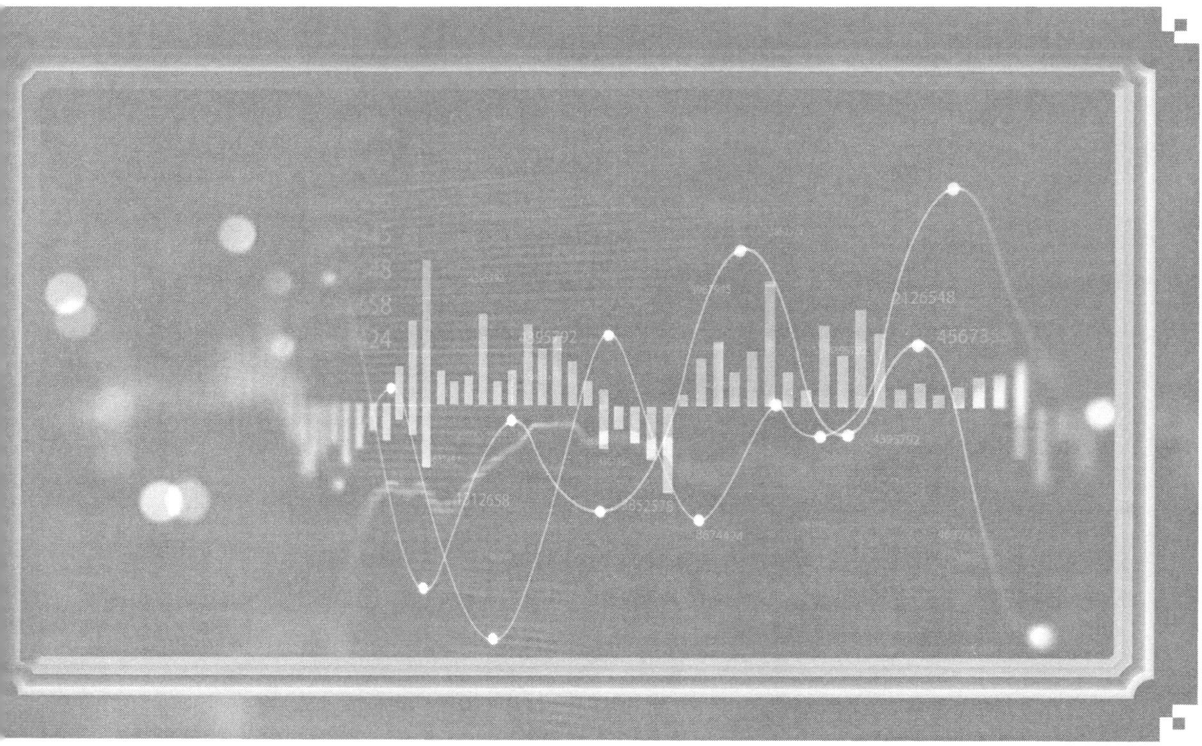